互联网营销系列丛书

新媒体文案

完全操作手册

叶龙　主编

清华大学出版社
北　京

内 容 简 介

文案的定位、写作的预热、标题的制作，以及正文的创作如何进行？

文案的配图、内容的排版、人气的暴涨，以及商业的变现怎样展开？

本书通过“内容＋实战”，从两条线帮助读者精通新媒体文案写作，从零开始学运营，成功打造属于自己的百万大号！

内容线从新媒体文案定位、写作预热、标题制作、正文写作、精美配图、内容排版、引流推广和变现技巧8个方面进行全面解说。

实战线通过对配图、排版、引流以及变现等操作分步骤进行解读，帮助新手快速入门，成为新媒体文案运营高手！

本书适合新媒体文案写作人员、运营人员，以及对软文感兴趣的人阅读。

图书在版编目(CIP)数据

新媒体文案完全操作手册／叶龙主编．—北京：清华大学出版社，2020.1（2023.8 重印）
（互联网营销系列丛书）
ISBN 978-7-302-53399-3

Ⅰ．①新…　Ⅱ．①叶…　Ⅲ．①传播媒介—文书—写作—手册　Ⅳ．①G206.2-62

中国版本图书馆CIP数据核字(2019)第178610号

责任编辑：杨作梅
装帧设计：杨玉兰
责任校对：李玉茹
责任印制：沈　露
出版发行：清华大学出版社

网　　址：http://www.tup.com.cn, http://www.wqbook.com
地　　址：北京清华大学学研大厦A座　　**邮　　编**：100084
社 总 机：010-83470000　　**邮　　购**：010-62786544
投稿与读者服务：010-62776969, c-service@tup.tsinghua.edu.cn
质量反馈：010-62772015, zhiliang@tup.tsinghua.edu.cn

印 装 者：涿州市般润文化传播有限公司
经　　销：全国新华书店
开　　本：170mm × 240mm　　**印　　张**：16　　**字　　数**：260千字
版　　次：2020年1月第1版　　**印　　次**：2023年8月第3次印刷
定　　价：69.80元

产品编号：076734-01

前言

这是一个“酒香还怕巷子深”的时代，如果缺乏了必要的营销，即便是金子的光芒也可能会被各种霓虹灯所掩盖。而在这个网络化时代，要做好营销还得重点把握各种新媒体渠道。

新媒体之所以被冠以一个“新”字，不仅在于它们是新出现的媒体，还在于这些媒体是在受众需求的基础上诞生的，并且经过了市场的检验。也正是因为如此，新媒体便成了营销的重要介质。

借助新媒体的流量和影响力，运营者的营销活动可能会更容易获得成功。然而，说到底新媒体始终只能为运营者提供一个展示的舞台。而营销的效果，除了舞台之外，还需要用内容来做保证。

“内容”这两个字看起来何其简单，但是，在网络时代，要想让内容打动受众，还得将内容系统化、营销化，打造成具有吸引力的文案。在这种情况下，一个以新媒体为渠道、以文案为内容的营销方式便成了许多运营者的选择。而对于大多数运营者来说，新媒体平台的运营和文案的打造都不是一件容易的事。

虽然市面上关于新媒体文案的图书不少，但是大多数图书仍停留在理论上，以至于许多新媒体运营者只能看到图书中的文案效果，自己却无论如何也做不出想要的效果。为此，笔者在编写本书时，在结合理论的基础上，尽可能地将相关内容以如何操作执行来呈现，让受众既可以看到文案的展示效果，也能通过自身的操作，让自己的文案达到本书中所展示的文案的水准。

具体来说，本书就新媒体文案的 8 大内容进行了详细的解读，从怎么做准备、创作文案内容，到如何引流营销、商业变现。可以说，即便是毫无新媒体文案操作经验的人群，也能通过本书的学习快速入门，成为一名新媒体文案人。本书的内容框架具体如下。

第 1 章　定位：成功文案来自需求的满足

第 2 章　预热：这样写出来的文案都靠谱

第 3 章　标题：1 秒抓住目标受众的目光

第 4 章　正文：爆款文案王牌内容来保障

第 5 章　配图：精美图片为内容增光添色

第 6 章　排版：为受众营造极致观感体验

第 7 章　引流：挖掘构建亿级流量渠道

第 8 章　变现：让新媒体文案价值增值

本书是对笔者多年新媒体文案运营经验的精华总结，内容力求实用，在具体解读时，又对重点内容进行了步骤分解。可以说，这就是一本零基础的新媒体文案精华总结类实操图书。

当然，每个新媒体文案运营者所面临的实际问题不尽相同，本书作为笔者经验的总结，或多或少可以给大家的运营工作提供一定的借鉴，但是，要想让新媒体文案获得更好的营销效果，还得举一反三，在学习相关经验、技巧的基础上，打造出一套更适合自身情况的新媒体文案制作方案！

本书由叶龙主编，参与编写的人员还有高彪、刘胜璋、刘向东、刘松异、刘嫔、苏高、刘伟、卢博、周旭阳、袁淑敏、谭中阳、杨端阳、李四华、王力建、柏承能、刘桂花、柏松、谭贤、谭俊杰、徐茜、柏慧等人，在此表示感谢。由于作者知识水平有限，书中难免有错误和疏漏之处，恳请广大读者批评、指正，联系微信：157075539。

编　者

目录

第 4 章 正文：爆款文案王牌内容来保障............................93

第 1 章

定位：成功文案来自需求的满足

学前提示

想要写好新媒体文案，就一定要学会掌握定位的方法和技巧。只有准确地了解了产品、平台、用户、内容和特色之后，才能对受众有一个清楚的了解。

除此之外，新媒体运营者还需要通过一些方式，对受众的需求进行调研。毕竟一个文案成功与否，从很大程度上来说取决于其作品是否满足了受众的需求。

要点展示

- 释义：给文案做一个定位
- 对象：明确需要市场调研内容
- 方向：通过调研探明受众需求

1.1 释义：给文案做一个定位

随着社会的不断发展，文案的应用越来越广泛，从事文案写作的人也在不断增多，那么，写新媒体文案都需要了解什么呢？本章将从文案的基本概念、内容构成、主要种类和价值体现等方面帮大家先对文案做一个定位。

1.1.1 文案的基本概念

文案，最初的意思就是指用于放书的桌子，后来泛指在桌子上写字的人。现在所说的文案就是用文字表现创意，也指在公司里从事与文字工作相关的人。

在实际的写作应用中，文案在内容上是“广告文案”的简称，由英文 copy writer 翻译而来。文案有广义和狭义的区别，如图 1–1 所示。

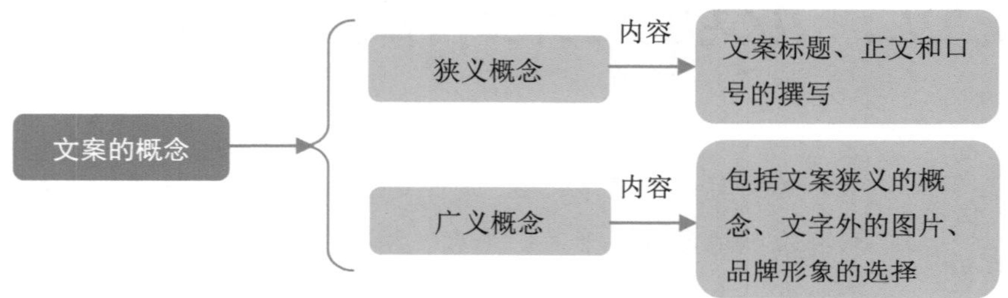

图 1-1　文案的概念

互联网的不断发展使利用新媒体平台进行推广变得越来越普遍。基于此，本书中的文案特指新媒体文案。新媒体文案是植根于微信公众号和各种自媒体平台等新兴媒体用文字来体现广告创意和内容的文字表达。新媒体文案的分类如图 1–2 所示。

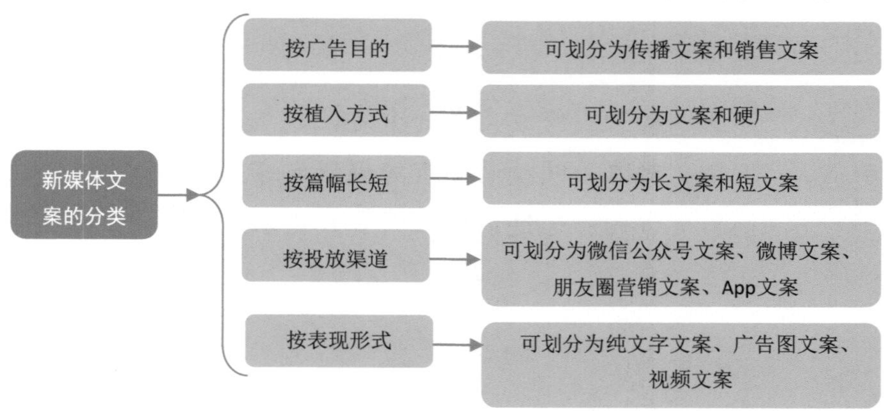

图 1-2　新媒体文案的分类

1.1.2 文案的内容构成

随着各行业企业对于文案的不断重视，文案逐渐渗透到多个行业领域，尤其是在新媒体领域中发挥着越来越大的作用，成为宣传领域的主角。在文案的编写中，一般都会包含文字和图片，二者的形式虽然不同，但却是服务于同一个主题。

可能有人会问，那视频、音频内容呢？其实，在新媒体文案中，即使是视频、音频的推送内容，也都包含文字式的标题和图片式的封面。因此，在撰写文案内容安排文字和图片时，必须让二者紧密结合，使其服务于同一主题。

图 1–3 所示为飞利浦剃须刀的文案，该文案通过简洁的文字（一句“愿你出差半月 归来依然有型”）搭配精美的图片（旅行箱、剃须刀、候机室等）来突出即便出差半月，但是，因为有飞利浦剃须刀在手，回来的时候依然可以是一个型男，从而突出该剃须刀在出差时发挥的作用，达到推广的目的。

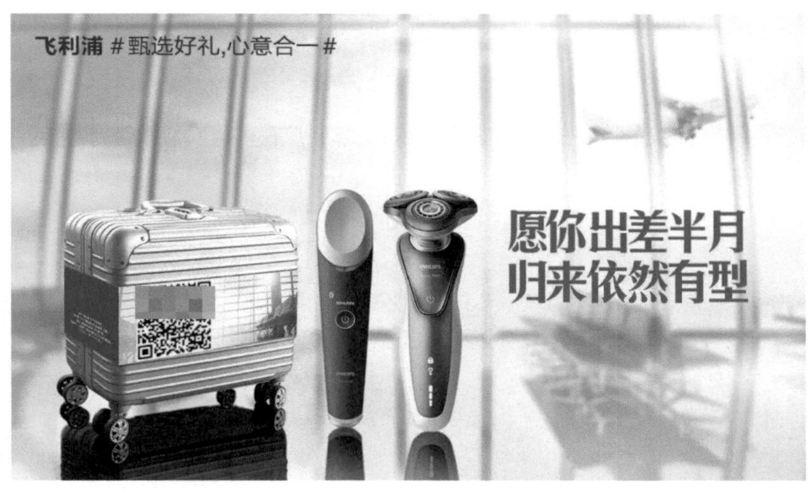

图 1-3 飞利浦剃须刀的文案

在实际的应用中，除了图 1–3 所示的这种表现推广用意的内容属于文案之外，还有很多其他方面与文案有着不可分割的关系，如产品相关内容、企业相关内容等。图 1–4 所示为荣耀手机的宣传文案，可以看到在该文案中，就是通过信号不好难以再成为拒绝别人的理由，以突出该手机信号好的特点。

新媒体平台根据行业需求的不同，创造了种类繁杂的文案类型，比如创意文案、品牌文案等。一个完整的文案是推广内容的文字化表现，主要由两个部分构成。下面针对新媒体文案的两个组成部分进行简单分析，目的是让大家对各部分在文案中所起的作用进行认识，从而更加深入地了解文案本身。

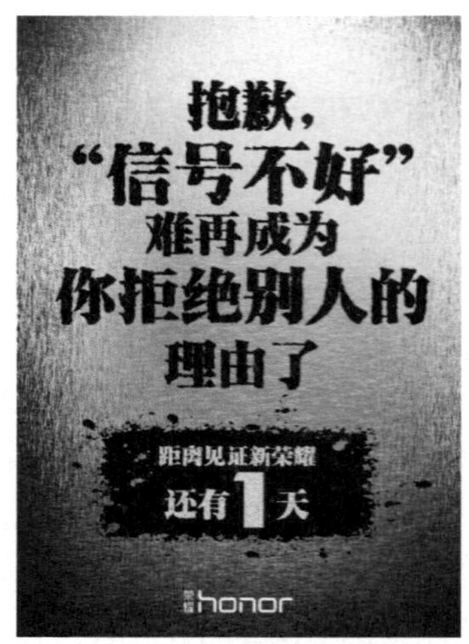

图 1-4　荣耀手机的宣传文案

1. 标题

标题是新媒体文案的主题，往往也是重点推广的内容，针对标题的相关分析如图 1–5 所示。

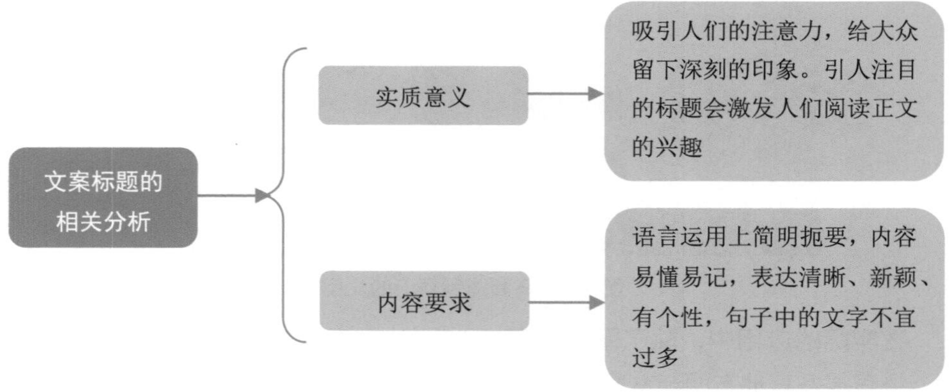

图 1-5　文案标题的相关分析

2. 正文

对于任何行业而言，要想打败竞争对手，获得受众的认同，就不能没有品牌宣传和推广，而新媒体文案的正文就是宣传推广中最为直接有效的部分，具体分析如图 1–6 所示。

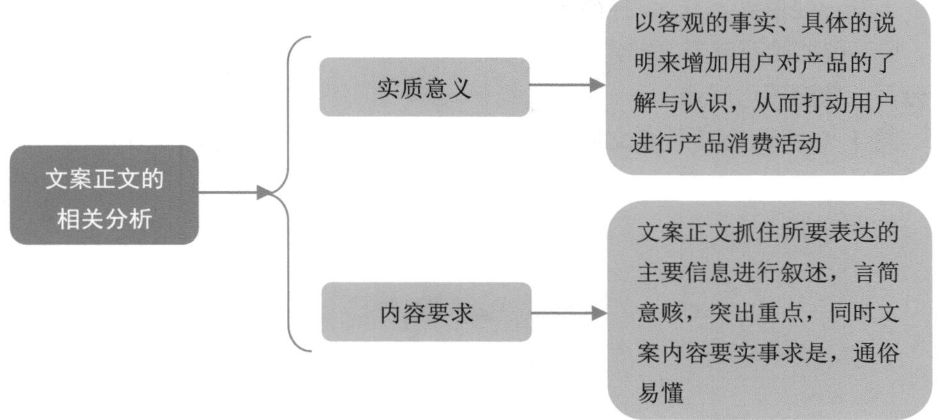

图 1-6　正文的相关分析

常规的文案包括标题和正文，但也有很多短文案只有一两句话。图 1–7 所示为海飞丝的短文案。

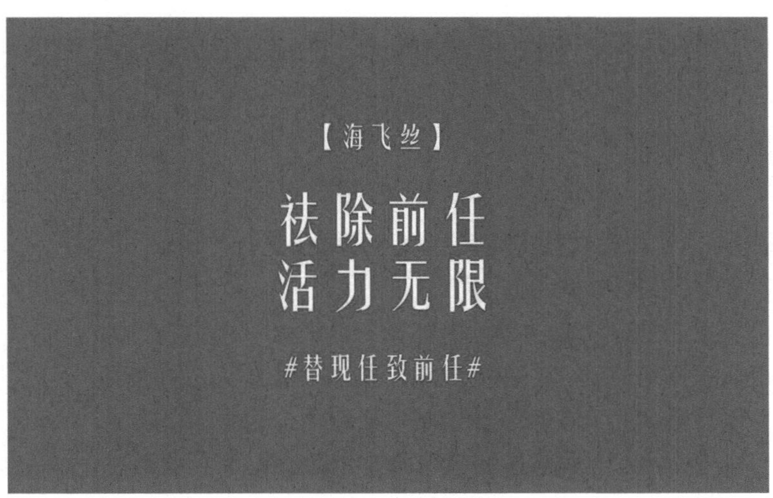

图 1-7　短文案

1.1.3　文案的 3 大种类

对于企业推广商来说，试水文案营销能够迅速占领市场，从文案营销作用的角度来分类，常见的文案种类包括以下 3 大类。

1. 推广类文案

上文已经讲到，文案在推广优化上的威力是不同凡响的，尤其是一篇好的文案，它不仅能给商家带来非常多的外部链接，而且一旦被大量转载，那么一传十，十传百，效应不可限量。

图 1–8 所示为某博客文章，从中大家可以看到博主给出的博客链接，这其实就是一种推广类文案。

图 1-8　推广类文案

一般来说，推广类文案主要包括以下几种形式。

（1）网站站长在文案中推荐店址。

（2）网店店主在文章中推荐店址。

（3）从搜索引擎优化的角度出发，设计网页文本的关键词。

（4）网页信函，大多数是一个域名只有一个网页的模式。

（5）以 E–mail 方式投放销售信函或者海报。

（6）在报纸杂志上直接介绍相关产品知识。

2. 公众类文案

公众类文案就是有助于企业或机构处理好内外公共关系以及向公众传达企业各类信息的文案。例如，有的企业就是通过企业内刊来处理企业与员工之间的关系，一旦企业发生危机，就需要第一时间处理好企业与公众之间的关系，如

2018 年的滴滴女乘客被害事件，企业就必须给公众一个交代。

图 1–9 所示为某企业的内刊，利用这类文案，企业可以向员工和公众传递企业信息。

综合资讯
COMPREHENSIVE INFORMATION
规划引领美好临汾建设
国务院继续支持首套自住购房信贷
梦想比太空更深邃
下期主题
寻找最美恒安
《恒安内刊》有奖征稿
编委会成员
恒安内刊
第2期
全力以赴保交房 协调奋战完任务
幸福像花儿一样绽放

图 1-9　公众类文案

专家提醒

事实上公众类文案可以分为公关文案与新闻文案。公关文案就是关于企业或机构组织为了塑造良好组织形象，培养良好公共关系而进行的新近事实的报道。这也是公众类文案的目的所在。

3. 品牌力文案

品牌力文案指有助于品牌建设，能累积品牌资产的文案。品牌力文案能够塑造品牌形象，可以由内部撰写，也可以是用户对该产品品牌的使用体验。一般由企业主导，以提升品牌知名度、联想度、美誉度及忠诚度为目的进行撰写，如图 1–10 所示。

品牌力当中最强大者莫过于使用故事的推广。在笔者看来，品牌力离不开故事力，甚至故事力决定了品牌力。一个广告的好坏取决于文案的内容，一个品牌的传播自然离不开它核心的品牌价值，而可以演绎品牌价值的莫过于故事。由故事去传播品牌，去传承品牌价值，从而创造传奇品牌。

今日头条 首页 / 科技 / 正文

370

微博

Qzone

微信

华为全球首发7nm制程手机芯片！支持5G！Mate 20系列首发搭载

华为 2018-08-31 21:17:54

就在今天的德国柏林，2018消费电子展（IFA）盛大开幕，华为消费者业务CEO　　也在电子展上发表"**The Ultimate Power of Mobile AI**"的主题演讲，面向全球推出**华为新一代顶级人工智能手机芯片——麒麟980**。

具备更优秀的性能、能效、智慧和通信能力的麒麟980，只为带给华为用户更强大、更丰富、更智慧的使用体验。

图 1-10　品牌力文案

1.1.4　文案的价值体现

在现代商业竞争中，精彩的文案往往能够让一个企业在众多同类型公司中脱颖而出，文案是竞争的利器。

图 1-11 所示，以蒙牛新养道牛奶为例，其创造的文案就着重突出了它零乳糖、多吸收、好营养的特点，无形之中表现出其产品的优质性与适用性。

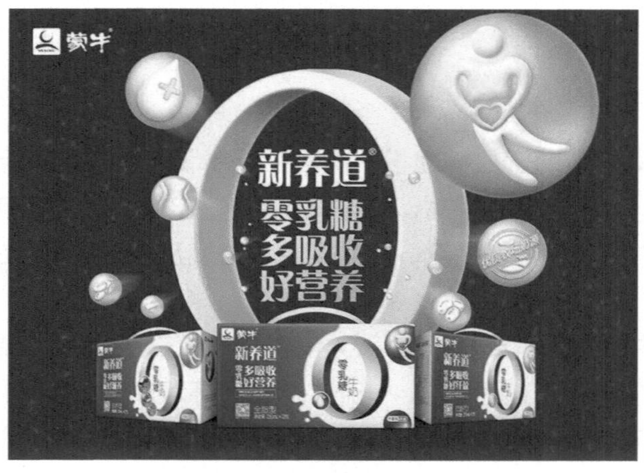

图 1-11　蒙牛新养道的广告文案

在广告业蓬勃发展的商业社会中，文案的作用十分广泛。对于企业而言，一个优质的文案可以促进品牌推广、提高人气和影响力，进而提升企业声誉，获得更多的用户。

而在网络营销推广中文案更是起着举足轻重的作用，一篇好的文案不仅能为企业网站带来大量流量，如果将这种流量加以转化，就可以变成一种较大的商业价值，那就是文案营销的最终体现。

在众多的网络推广方式中，文案以可读性强、流通性广、效果持久等特点广受追捧。至于文案具体有什么样的作用，笔者个人认为主要包括以下 3 点。

1. 提高关注度

大量的同一时间段的网络文案发布，可以很快地使推广的产品被人关注，在被收购或者新站刚刚建立的初期，这种操作是非常必要的，能够有效吸引一批初期的关注者或者潜在客户。

这一点对于品牌新产品的宣传推广来说特别重要，正是因为如此，许多企业在新产品推出之后，都会通过对应的文案来进行宣传推广。图 1-12 所示为肯德基新品——金枕榴梿酥饼的宣传文案。因为其放在肯德基官网首页中，所以，很快就受到了许多人的关注。

图 1-12　肯德基的新品文案

2．增加知名度

通过互联网营销，最主要的一个问题就是信誉，很多网站都存在信誉方面的问题。因此推广者可以通过大量的文章写作，宣传自己公司的形象、专业的领域，通过提供敏锐的洞察力，去解决客户的实际问题，从而提高自身的可信度和知名度。

如果文案写得好，和受众切身相关，又能提供有建设性的帮助和建议，就能非常有效地影响和说服受众。

3．传播价值观

文案不同于广告，这主要是因为文案很大程度上带有个人分析的色彩，而不只是将内容广而告之，这就属于自己价值观的一种表达。这不仅可以表达自己的观点，而且可以宣传产品，引导用户消费。好的文案甚至还可以吸引相同观点的朋友共同讨论、进步。

1.2　对象：明确需要市场调研内容

在了解了文案的基础知识后，就是进行市场调研了。在此，新媒体运营者需要做好两个方面的准备工作：①确定对外的调研对象；②定位对内的平台运营，如图 1–13 所示。

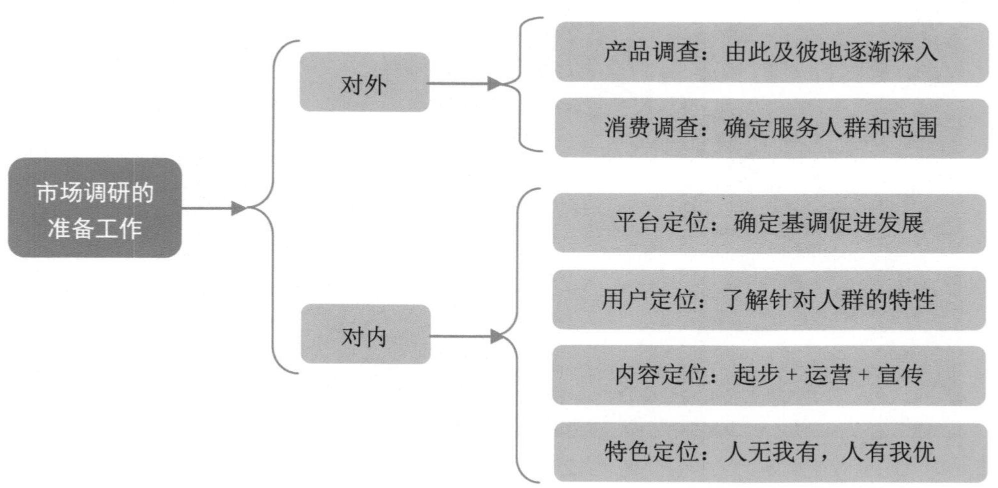

图 1-13　市场调研的准备工作

1.2.1 产品定位：找准主要卖点

调查销售的产品，其实质是多方面了解销售产品现状，为文案的写作寻找素材，它是市场调研的一个重要组成部分，也是市场调研的关键内容。销售产品调查的具体内容如图 1–14 所示。

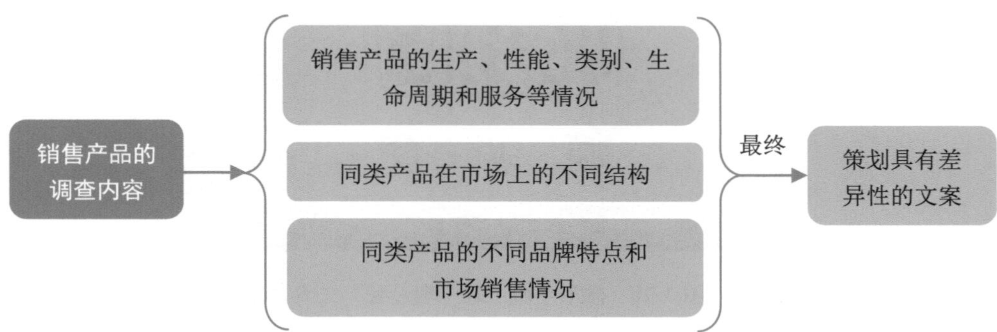

图 1-14 市场调研的销售产品调查内容分析

在销售产品市场调研中，需要体现一个由此及彼、由己及人的逐渐深入的过程，先要在自身产品上下功夫进行调查，然后再与市场上的其他同类产品进行对比，才能获得最佳的调查效果。对自身产品的调查内容如图 1–15 所示。

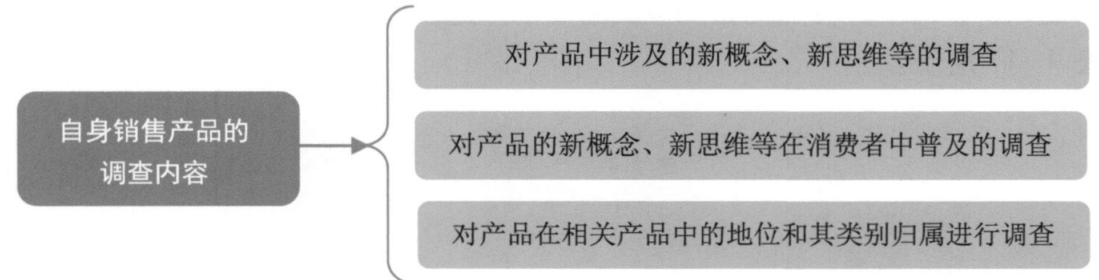

图 1-15 自身销售产品的调查内容分析

关于自身产品调查内容的 3 个方面，具体分析如下。

1. 新的突破

所谓“新的突破”，即在产品和服务领域中将要展现的具有全新意义的新概念、新思维等，基于某一新概念、新思维，产品和服务能够带给消费者相关的全新生活享受，如雕爷牛腩“轻 · 奢 · 餐”的新概念，如图 1–16 所示。

图 1-16　雕爷牛腩“轻·奢·餐”文案

2．样品检测

对产品的新概念、新思维等在消费者中普及的调查也是对产品样品进行检测，通俗地说，产品样品的检测即所谓的回访过程。从具体涉及的内容来说，它还包括消费者对产品的喜好反应和售后出现的问题等。从文案营销方面来说，对产品样品的检测是其营销理念是否继续坚持的判断标准，具体如图 1–17 所示。

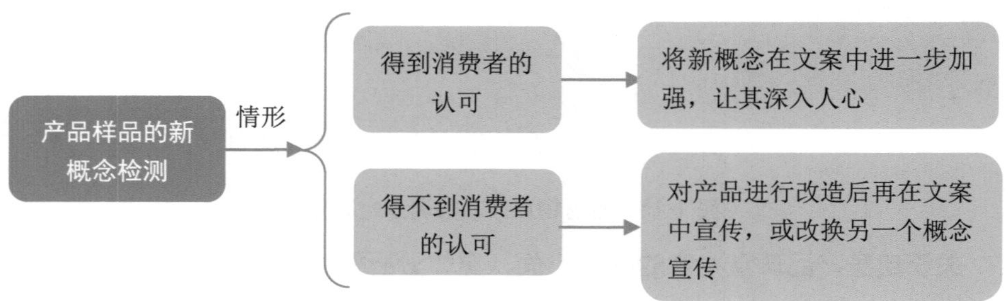

图 1-17　产品样品的新概念检测

很多产品都是通过某一特点来获取消费者认同的，比如，小米的“高性价比”就运用得很好，如图 1–18 所示。

图 1-18　小米手机的“高性价比”概念体现

3. 系统调查

产品总有着其所属体系和类型，因而，对销售产品的调查也应该包括对其体系和类型的调查，具体内容如图 1-19 所示。

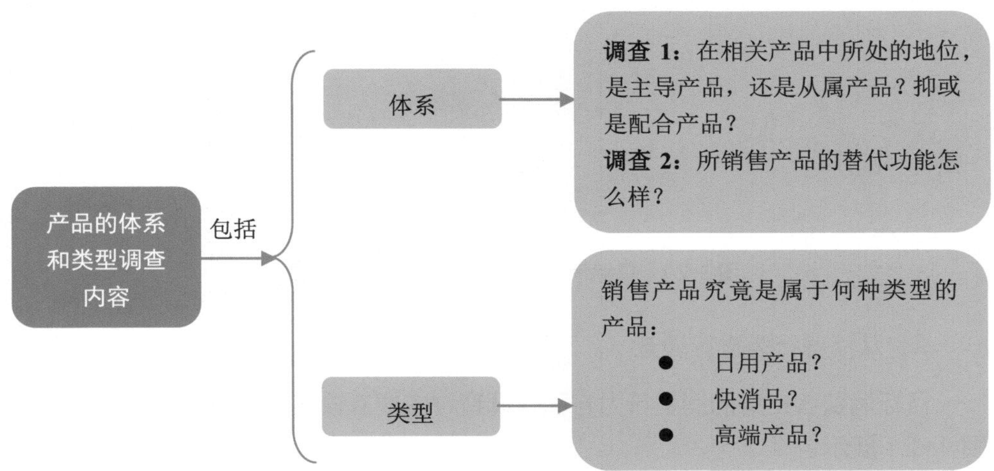

图 1-19　产品的体系和类型调查内容分析

保证产品体系和类型调查结果的准确，才能使产品的文案策划和设计更具有目标性和针对性，从而为产品文案营销的推进提供更好的帮助，获得运营者想要的效果。

1.2.2 消费调查：确定服务人群

从理论上来说，对销售产品而言，每一个社会成员都有可能是消费者，但在实际应用中，任何产品都不可能把所有人当作其目标消费者，它应该有一个特定的产品服务人群和范围，这些特定的服务人群就是该企业产品的目标消费者。

而目标消费者的确定，需要进行深入的市场调研才能得出准确的结果。针对目标消费者进行的调查，主要包括两个方面的问题：①从目标消费者对产品的印象进行调查；②从目标消费者自身的消费行为进行调查。

1. 从产品印象进行调查

目标消费者对产品的印象，主要包括其对产品的了解程度、好感度和具体看法等，这是由产品的客观质量和主观质量决定的。其中，产品的客观质量是产品本身所具有的，是不可改变的事实，所以，新媒体运营者要做的就是通过文案营销，在主观质量方面给消费者留下好印象。

产品的主观质量，即目标消费者的心理需求能够获得满足的产品或服务价值，具体内容如图 1-20 所示。

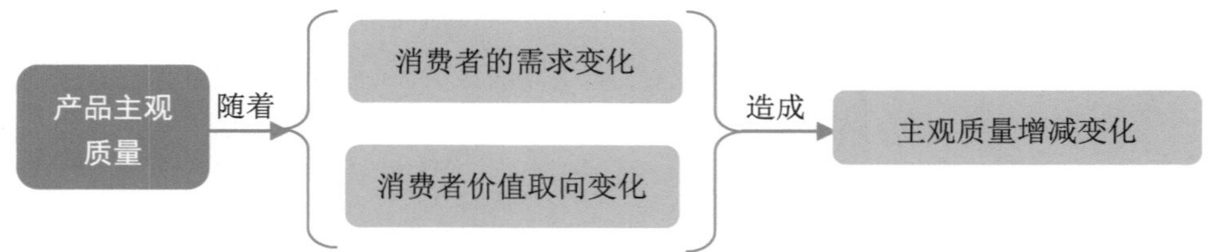

图 1-20 目标消费者的主观质量变化情况分析

2. 从消费行为进行调查

目标消费者自身的消费行为方面的调查，主要应该从 4 个方面着手，具体如图 1-21 所示。

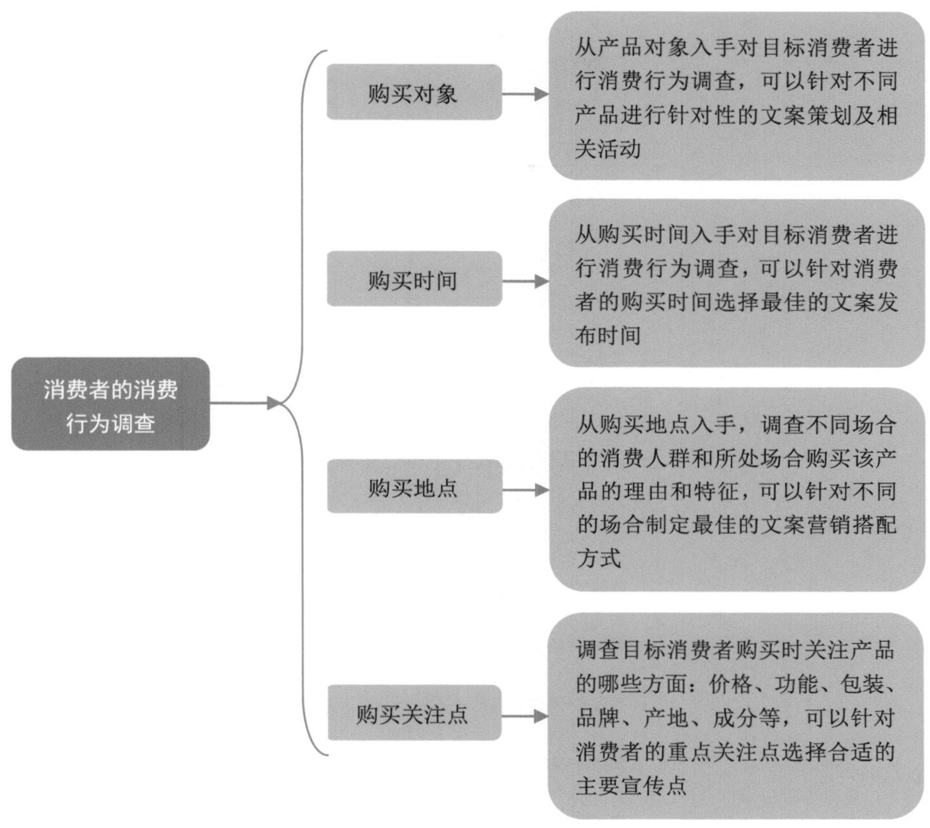

图 1-21　消费者的消费行为调查

1.2.3　平台定位：明确运营基调

在新媒体运营中，首先应该确定企业所要运营的平台是一个什么类型的平台，以此来决定平台的基调。平台的基调主要包括学术型、娱乐型、创意型、媒体型和服务型 5 种类型。

用户在不同平台中的需求，往往会呈现出一定的差异。图 1–22 和图 1–23 所示为同一时间段内，微博热搜和微信热点的相关界面。在微博中，明星娱乐信息在热搜中所占的比重较大。在微信热点中，呈现出来的热点通常更具实时性，且内容往往会包含各方面的热点，而不只是以明星娱乐信息为主。所以，如果一个新媒体运营者拥有多个平台，便可以根据平台的属性，选择合适的内容，重点进行运营。

图 1-22　微博热搜的相关界面

图 1-23　微信热点的相关界面

在做好平台定位时，应该根据自身条件的差异选择具有不同优势和特点的平台类型，具体分析如图 1–24 所示。

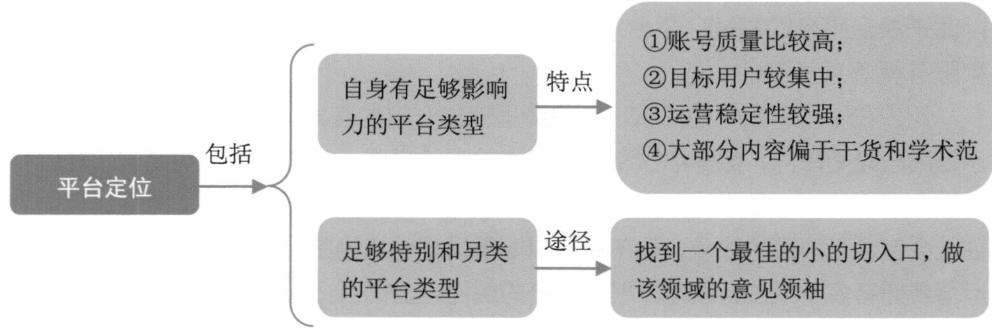

图 1-24　平台定位

在新媒体运营中，可通过网红、创业奇才、行业意见领袖、BAT 背景和学术范 5 种途径更好地实现平台定位。

另外，在定位平台、选择何种平台类型的同时，还应该对平台的自定义菜单进行相应规划，以便能够清楚地告诉用户“平台有什么”。对自定义菜单进行规划，其实质就是对其功能进行规划，它可从 4 个角度进行思考和安排，如图 1-25 所示。

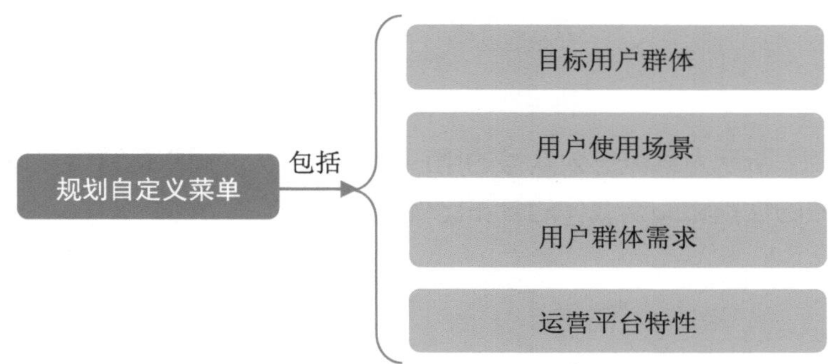

图 1-25　规划自定义菜单的思考角度

专家提醒

做好平台定位是非常重要的，要慎重对待，因为只有做好了平台的定位，并对其基调进行了确定，才能做好下一步要进行的用户运营和内容运营策略，最终促使平台更好地发展。

1.2.4　用户定位：找准受众特性

在企业的微信、App 等新媒体平台运营中，确定目标用户是其中至为重要的一环。而在进行平台的用户定位前，首先应该了解平台具体针对的是哪些人群，他们具有什么特性等问题。

用户的平台特性，一般可从属性特性和行为特性这两个方面进行分析，具体如图 1-26 所示。

在了解了用户平台特性的基础上，接下来要做的是怎样进行用户定位。在用户定位全过程中，一般包括 3 个步骤，具体内容如下。

（1）数据收集。可以通过市场调研等多种方法来收集和整理平台用户数据，再把这些数据与用户属性关联起来，如年龄段、收入和地域等，绘制成相关图谱，就能够大致了解用户的基本属性特征。

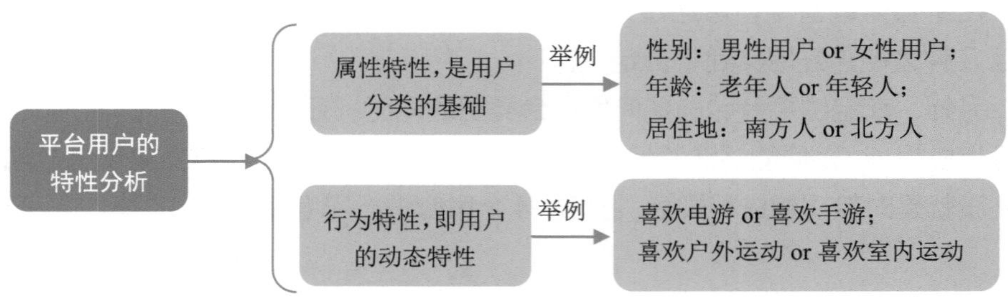

图 1-26　平台用户特性分析

图 1-27 所示为某微信公众号的用户分布图，从该图中运营者可以清楚地把握平台用户的性别和阅读载体的分布比例。

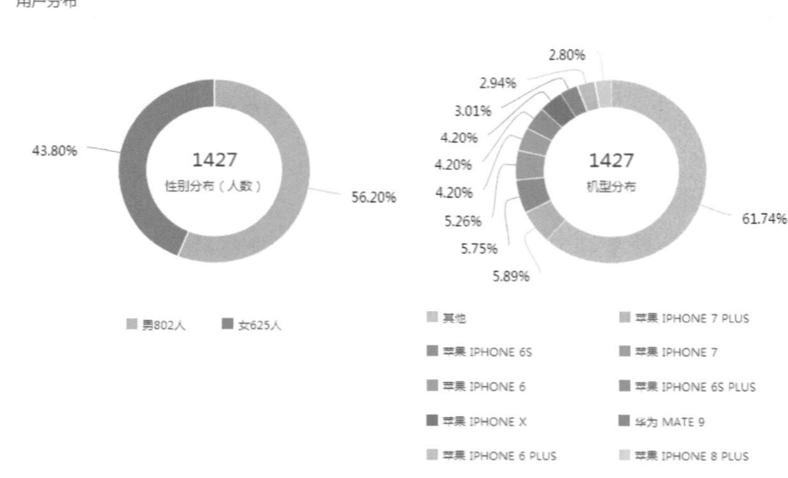

图 1-27　某微信公众号的用户分布图

（2）用户标签。获取了用户的基本数据和基本属性特征后，就可以对其属性和行为进行简单分类，并进一步对用户进行标注，确定用户的可能购买欲和可能活跃度等，以便在接下来的用户画像制作过程中对号入座。

（3）用户画像。利用上述内容中的用户属性标注，从中抽取典型特征，完成用户的虚拟画像，构成平台用户的各类用户角色，以便进行用户细分。

1.2.5　内容定位：充分发挥优势

“内容定位”，即微信、App 等新媒体平台能够提供给用户什么样的内容和功能。在新媒体平台的运营中，关于内容的定位主要应该做好 3 个方面的工作。

1. 找准方向

找准内容的发展方向是平台内容构建初始时期的工作，是做好文案内容定位的前提和准备，具体分析如图 1–28 所示。

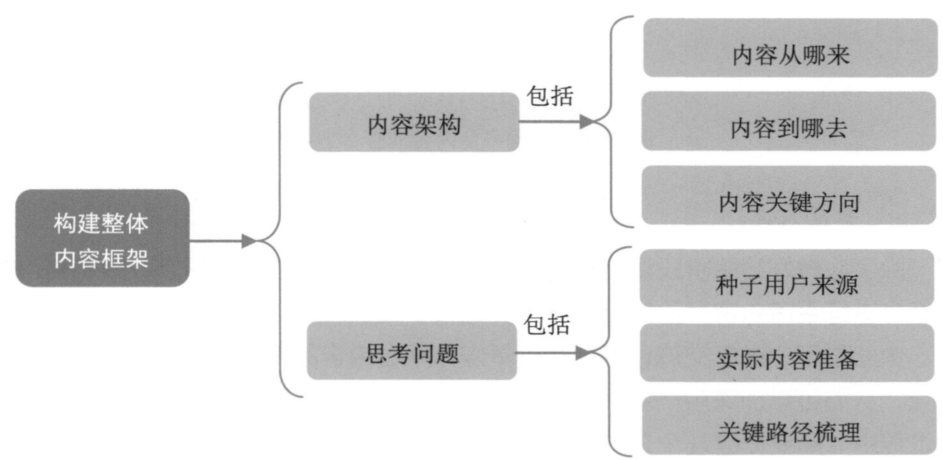

图 1-28 明确内容发展方向的具体分析

2. 内容呈现

在内容定位中，应该通晓运营阶段的内容展示方式。在打造优质内容的基础上，设法更好地展示平台内容，逐步建立品牌效应，从而扩大平台的影响力。平台内容的展示方式，一般可分为 4 种，如图 1–29 所示。

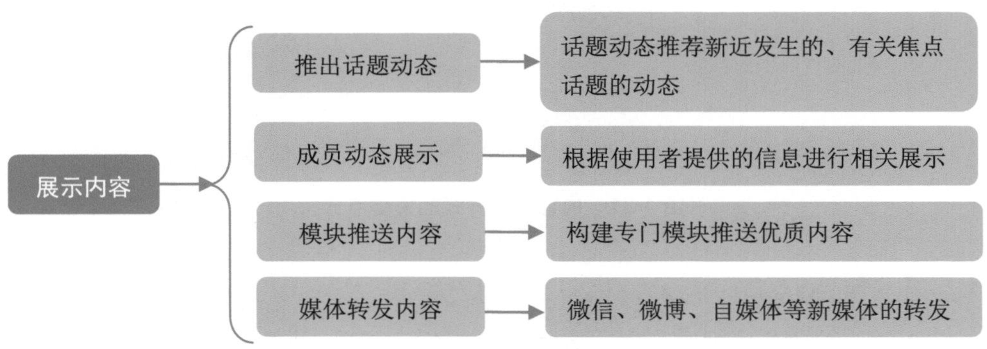

图 1-29 优质内容的展示方式分析

内容展示后，更重要的就是通晓内容的整合方式，具体分析如图 1–30 所示。

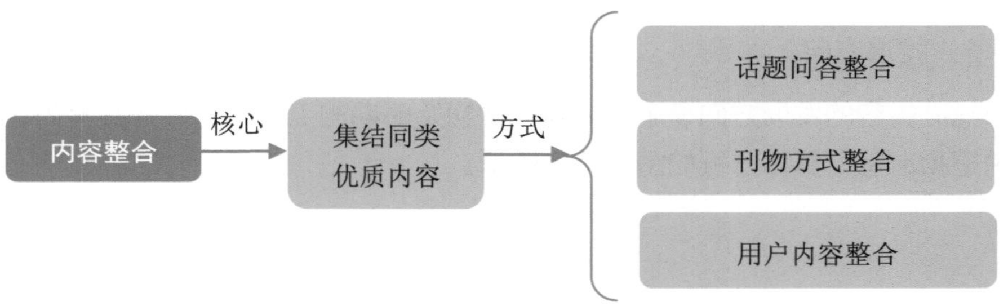

图 1-30　明确平台内容的整合方式

3. 互动交流

除了应做好初始阶段和运营阶段的内容定位，还应该确定宣传阶段内容定位，即怎样进行平台内容互动的问题。

企业与用户进行交流，更有利于新媒体平台内容的传播，用户的接受能力也更强，从而可以加深用户对平台的信任度和支持度。在确定文案内容的互动方式的过程中，需要把握几个关键点，如图 1–31 所示。

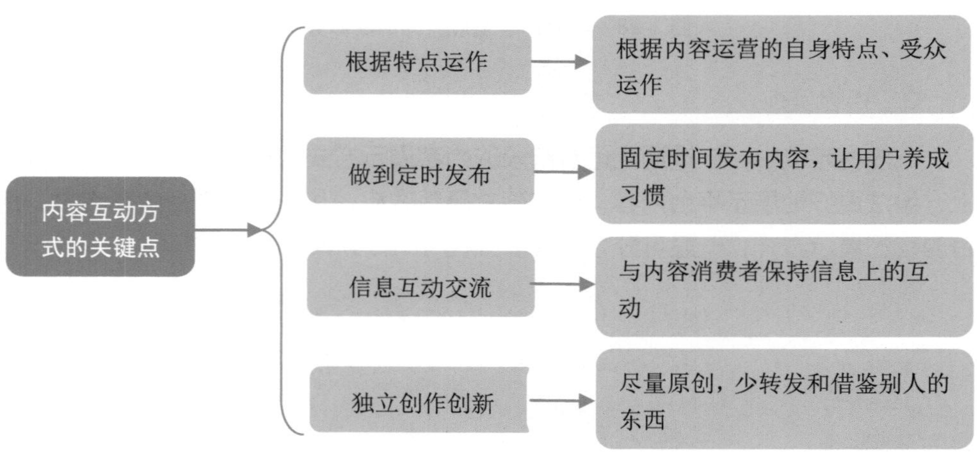

图 1-31　内容互动方式的关键点分析

1.2.6　特色定位：人无我有，人有我优

市场上有特色的东西，往往更能吸引受众的目光，文案也是如此。新媒体运营者在做文案定位时，可以遵循“人无我有，人有我优”的原则，让目标受众看

到运营者的特色。具体来说，在做特色定位时，可以从两个方面入手。

1．营销对象的特色

虽然一种产品能否卖出去，从根本上来说取决于其能否满足消费者在某方面的需求。但是，有时消费者可能并不知道自己是否有某方面的需求，甚至也不知道运营者的产品能否满足他（她）的需求。

所以，对于一些营销文案来说，最主要的目的就是让潜在消费者看到产品的亮点，让消费者知道该产品是能够很好地满足某方面需求的。而在大多数情况下，产品的亮点又需要运营者自身来挖掘。所以，运营者需要加深对产品的认识，并从中找到产品的特色。

比如，像花生夹心巧克力这种产品，大多数人的第一印象可能就是一种零食而已。但是，士力架却从中挖掘出补充能量、横扫饥饿的特点。因此，许多肚子饿了的人可能会觉得该产品值得一试，这便是在了解营销对象之后，成功营销的一个案例。图 1–32 所示为士力架的一则营销文案。

图 1-32 士力架营销文案

2．文案自身的特色

除了营销对象的特色之外，文案本身的特色也是非常重要的。因为许多受众在看到文案之前对其中涉及的对象是不了解的，在这种情况下，新媒体运营者需要做的就是通过特色文案，吸引受众的目光，并让受众对运营者所说的东西留下深刻的印象。

每个新媒体运营者打造文案的方法可能不尽相同，但是，文案作为重要的宣传和营销工具，就必须具有自身的特色。特色文案有很多，比如，某防晒霜通过人与动物相比，突出防晒霜的必要性，以及该防晒霜的主要功效，这便属于一则比较有特色的文案，如图 1-33 所示。

图 1-33　某防晒霜的特色文案

1.3　方向：通过调研探明受众需求

常言道：“没有调查就没有发言权”，调研的重要性不言而喻。如果想让文案在一字千金的同时妙笔生花，那么调研就必不可少，这是保证文案编辑方向正确和内容精准的前提，只有经过调研，才能预测微信、App 和自媒体等新媒体平台推送的文案是否能准确地传达到需要的用户群中，并最终达到预期的目的。

在进行调研之前，文案创作者首先需要了解市场调研的含义、作用和方法。

1.3.1　通过市场调研了解发展变化

市场之所以有调研的必要，是有其客观因素的，即市场基于两个方面的原因总是处于瞬息变化的状态之下，如图 1-34 所示。

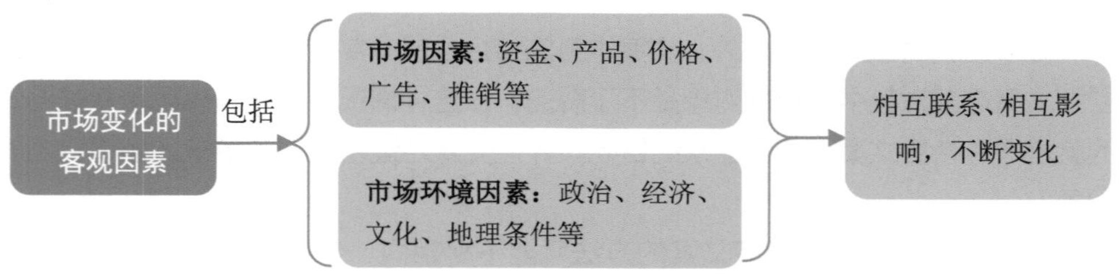

图 1-34　市场变化的客观因素分析

正是因为市场的这一客观情况，关于其情况的调研是任何处于市场这一环境中的活动所必需的。在智能手机普遍应用的社会环境下，与企业产品或品牌有着紧密联系的新媒体平台文案的内容构建和效果实现，也必须适应市场的变化，并进行积极且广泛的市场调研，只有这样才能实现最佳效果，如图 1–35 所示。

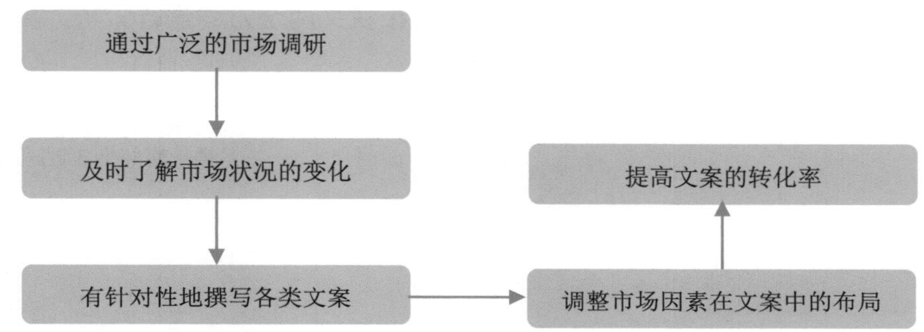

图 1-35　实现最佳效果的文案撰写分析

综上所述，所谓“市场调研”，即为了达到营销目的而进行的对营销信息的分析、甄别工作。关于市场调研的含义，具体分析如图 1–36 所示。

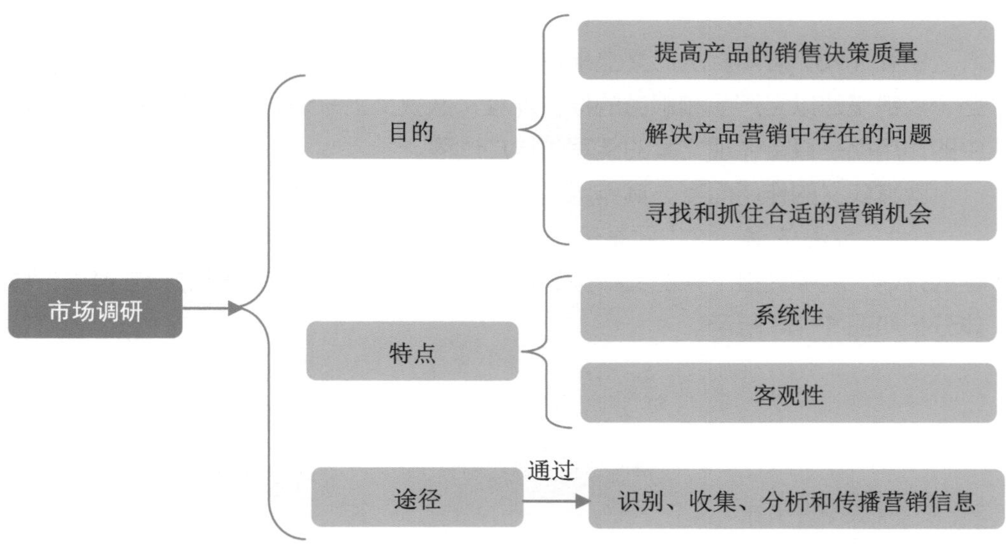

图 1-36　市场调研的含义分析

1.3.2 借助调研推动品牌发展

市场调研作为市场预测和经营决策过程中重要组成部分，一直有着举足轻重的地位，它是运营者进行营销策划和运作过程的基础，对企业产品和品牌的推广有着非常重要的作用。

市场调研所具有的重要作用可从广义和狭义两个方面进行分析，具体如图 1–37 所示。

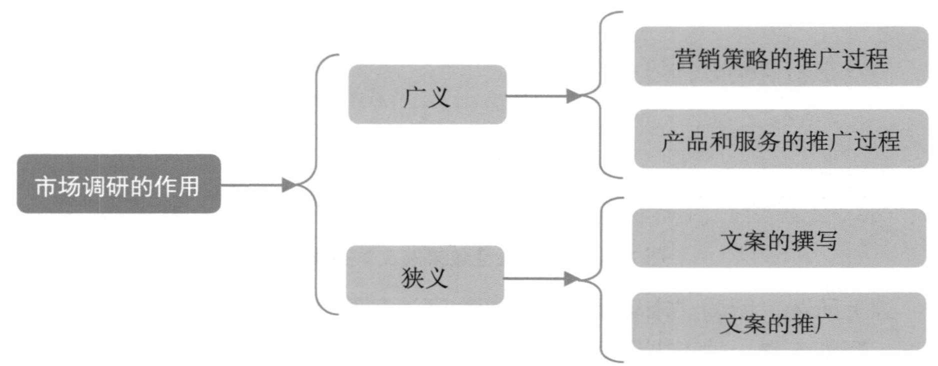

图 1-37 市场调研的作用分析

由图 1–37 可知，从广义上来说，市场调研所得出的结果作为参考标准贯穿整个营销策略以至产品和服务的推广过程；从狭义上来说，市场调研在文案营销中的作用就是直接体现文案的撰写和推广过程。

就其狭义的作用而言，其作用又主要表现在 3 个方面。

（1）参考依据。这主要基于文案策划过程而言。市场调研作为文案营销过程的开端，能够为接下来的文案策划提供科学的依据和富有价值的参考信息，具体分析如图 1–38 所示。

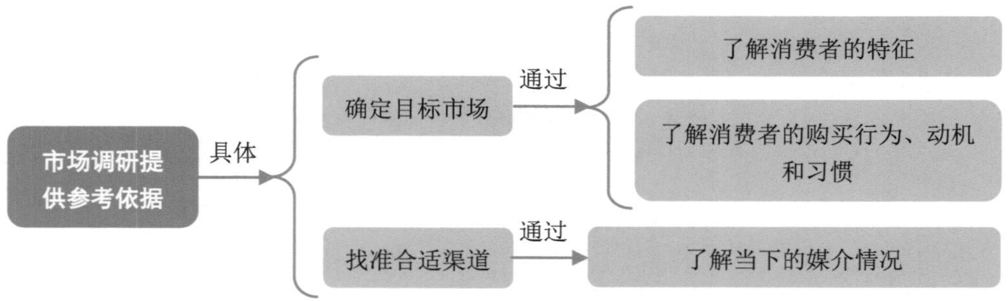

图 1-38 市场调研为文案策划提供参考依据

（2）素材库。文案创作的完成是建立在大量的素材基础之上的，只有提供丰富的生活素材，文案创作者才能更快地找到灵感，才能创作出更加具有创意的文案作品。

而生活素材的获得必须深入社会和实践，市场调研的广泛性、系统性和客观性决定了其所获得的数据信息是最好的生活素材来源，能够为文案创作者的创意提供重要支撑。

（3）评估标准。文案营销效果的实现是撰写和推广文案的最终目的，也是企业、商家和平台运营者最关心的问题。

从文案效果方面来说，其效果的考查主要表现在两个阶段，即文案发布之前的效果预测阶段和发布结束后的效果检验阶段，而这两个阶段的市场调研结果是评估其效果的标准，具体分析如图 1-39 所示。

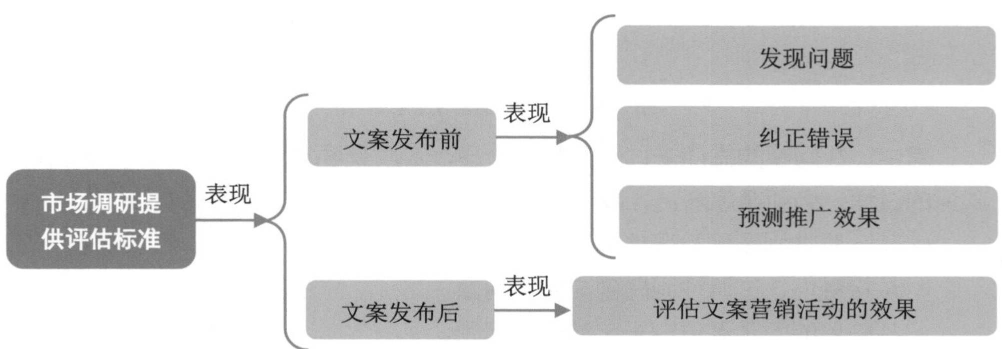

图 1-39　市场调研为文案发布提供效果预测与评估

1.3.3　多方调查精准把握需求

市场调研不应该只是用理论说说而已，而应该用市场数据来做支撑。那么，新媒体运营者如何获得市场数据呢？其中一个重要的方法就是通过各种调查方式，获得相应的数据，精准把握市场需求。市场调查的方式有很多，笔者将选取其中的 6 种进行解读。

1. 问卷调查

问卷调查，即调查人员把要调查的内容做成问卷形式进行的调查方法，是一种比较实用且常见的调查方法。通过这种方法进行调查，可以基于被调查者的问卷答案而收集市场资料，且具有 3 个方面的优势，具体如下。

- 调查范围广。
- 调查成本低。
- 被调查者可仔细考虑问题。

尽管采用问卷调查的方法具有诸多优势，但在具体实施过程中，还应该注意几个方面的问题，具体内容如图 1−40 所示。

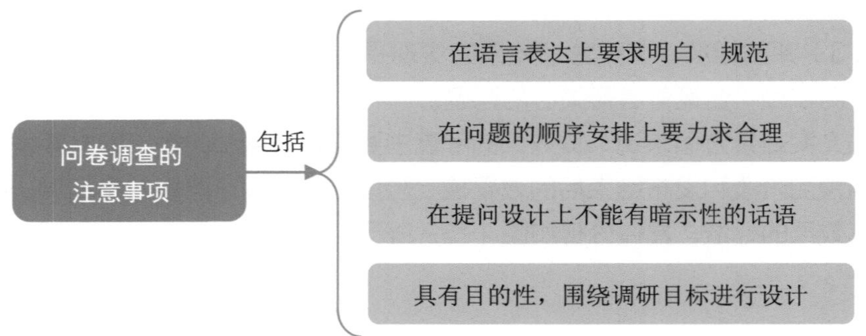

图 1-40　问卷调查的注意事项

其中，在问题的排序安排上要力求合理，实质是要求调查的问题有一个由浅入深的过程，必须循序渐进，具体表现如下。

- 从一般性问题到特殊性问题。
- 从接触性、过渡性问题到实质性问题。
- 从简单的问题到具有一定难度的问题。

在做问卷调查时，新媒体运营者如果觉得要单独制作一个问卷比较难，或者说没有足够的时间和精力来做这件事，可以从一些专业的调查问卷网站，寻找一个模板。比如，问卷星就为用户免费提供了许多模板，新媒体运营者可以从中寻找适合自身需求的模板，图 1−41 所示为问卷星的模板分类界面。

时代是不断变化的，而运营者看到的模板也可能是几年前的。因此，新媒体运营者在制作调查问卷时，还得学会根据实际情况对问卷内容进行一些调整，这样设计出来的调查问卷才能更好地符合市场需求。

图 1−42 所示为问卷星中的“手机市场需求调查问卷”模板，可以看到在第一个问题中，问卷调查中的手机品牌设计得不是很合理，因为像华为、VIVO 和荣耀等手机品牌在国内市场所占的份额相对来说是比较大的，但却未列入其中。而一些基本上很少再看到的手机品牌反倒赫然在列。

模板分类

180万问卷调查模板免费使用　搜索

问卷调查
在线考试
在线投票
报名表单
360度评估
在线测评

企业员工满意度调查问卷　预览
员工满意度调查问卷　预览
企业员工组织公平感与敬业度调查　预览
大润发客户满意度调查　预览
移动商务客户满意度调查　预览
手机市场需求调查问卷　预览
婴儿用品市场调查问卷　预览
大学生网络游戏调查问卷　预览
房地产行业学术论文调查表　预览

图 1-41　问卷星的模板分类界面

手机市场需求调查问卷

您对手机有什么要求呢？您更喜欢怎样的手机呢？您理想中的手机应该是怎样的呢？为了了解目前您对手机的需求，我们希望您能协助填写这份调查问卷，非常感谢！

* 1.　您目前使用的手机品牌是什么

诺基亚　三星　索爱　摩托罗拉　苹果　LG　OPPO
夏普　多普达　HTC　天语　魅族　纽曼　金立
夏新　酷派　中兴　海尔　飞利浦　联想　其他

* 2.　您的手机价位是多少？

1000元以下
1000-1999元
2000-2999元
3000-4999元
5000元以上

* 3.　您目前使用的是3G手机吗？

是

上一份　下一份　使用此模板

图 1-42　“手机市场需求调查问卷”模板

对此，新媒体运营者可以将该问题中的选项进行一些必要的调整，调整后的调查问卷如图 1–43 所示。

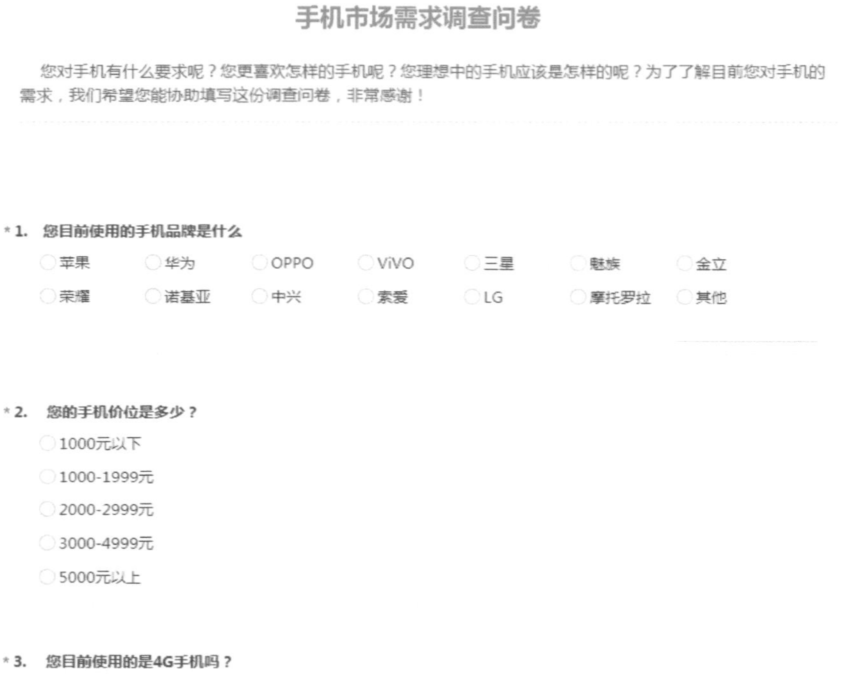

手机市场需求调查问卷
您对手机有什么要求呢？您更喜欢怎样的手机呢？您理想中的手机应该是怎样的呢？为了了解目前您对手机的需求，我们希望您能协助填写这份调查问卷，非常感谢！
* 1. 您目前使用的手机品牌是什么
苹果 华为 OPPO ViVO 三星 魅族 金立
荣耀 诺基亚 中兴 索爱 LG 摩托罗拉 其他
* 2. 您的手机价位是多少？
1000元以下
1000-1999元
2000-2999元
3000-4999元
5000元以上
* 3. 您目前使用的是4G手机吗？

图 1-43　调整后的调查问卷

2. 全面调查

全面调查，与其他方法的不同之处在于“全面”二字，要求的是全面性的普查式调查，其调查结果最突出的特点是全面而精准，因此，对于市场营销而言，全面调查的对象是产品的所有目标消费者。它主要分为两种类型，如图 1–44 所示。

全面调查的主要类型
组织专门的调查机构和人员而进行的对象“肢解”调查
利用机关团体、企业等内部统计报表进行汇总统计

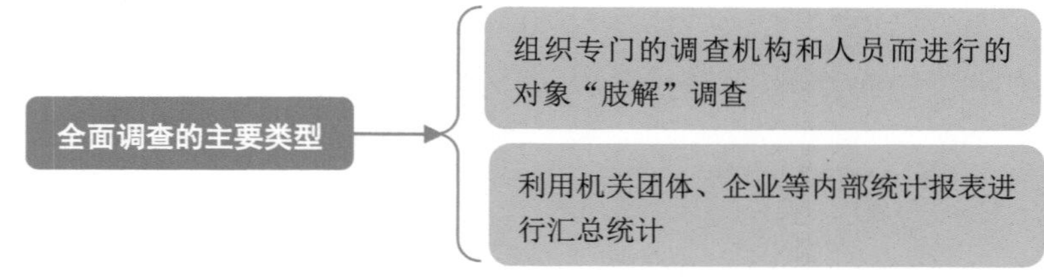

图 1-44　全面调查的主要类型

3. 抽样调查

抽样调查，就是在整个样本中抽取一部分样本进行调查，然后通过推算得出结果的调查方法。这一市场调研方法又可分为随机抽样调查和非随机抽样调查，具体内容如下。

（1）随机抽样调查。这一调查方法也称为概率抽样调查，是在整个样本中以随机的方法抽取一部分样本而进行的调查，具体介绍如图 1-45 所示。

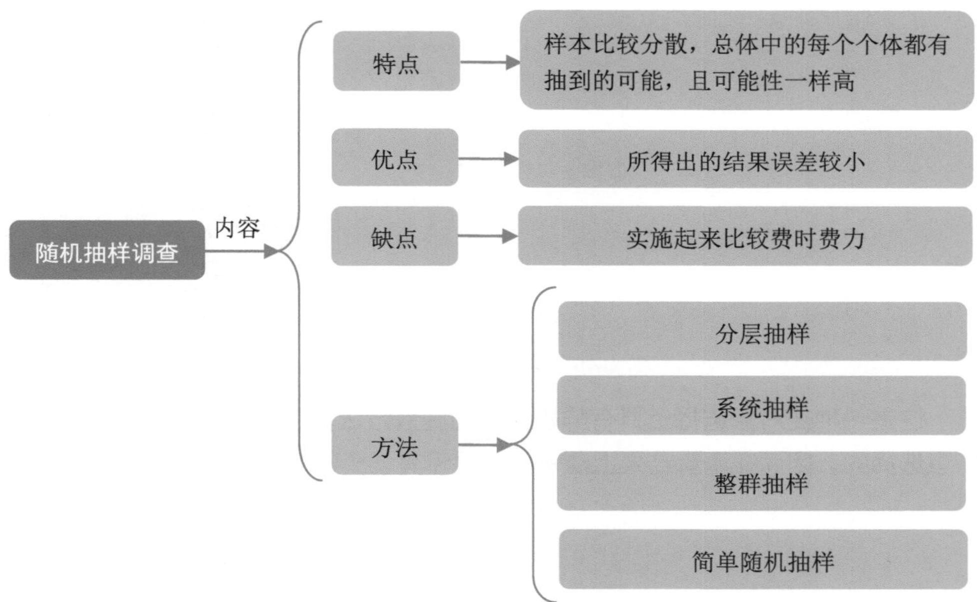

图 1-45　随机抽样调查分析

（2）非随机抽样调查。这一调查方法是在不遵循随机原则的情况下，在总体样本中按照调查人员的主观感受或其他条件抽取部分样本而进行的调查，具体介绍如图 1-46 所示。

4. 典型调查

典型调查，即一种以典型对象为调查目标，然后在得出的结果上推算出一般结果的调查方法。

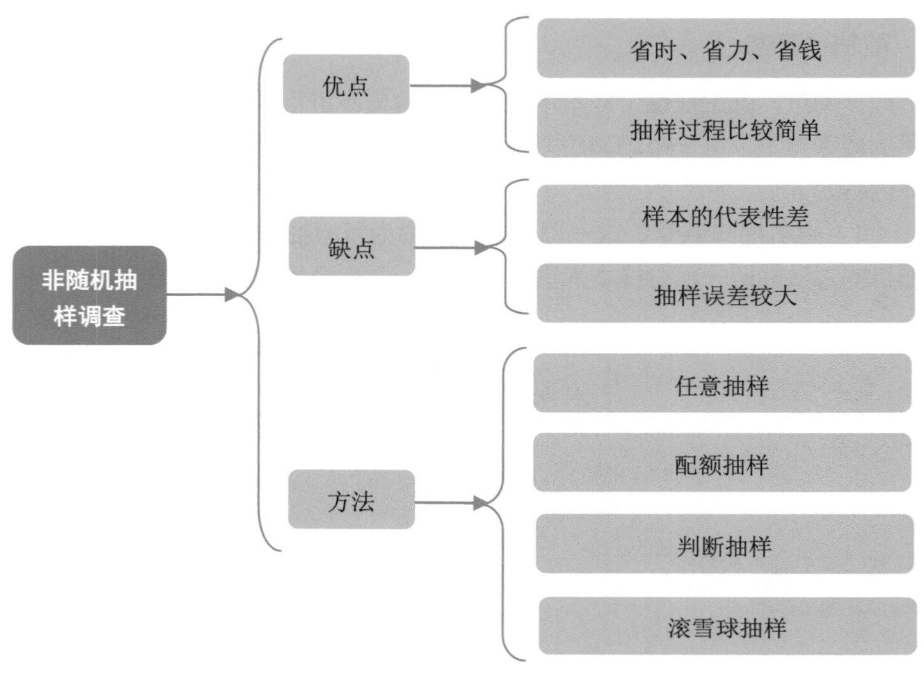

图 1-46　非随机抽样调查分析

这是一种在对象选择上具有鲜明特征的调查方法，是基于一定目的和标准而特意选择的，因而在调查结果上能够突出显示其调查的作用，如图 1-47 所示。

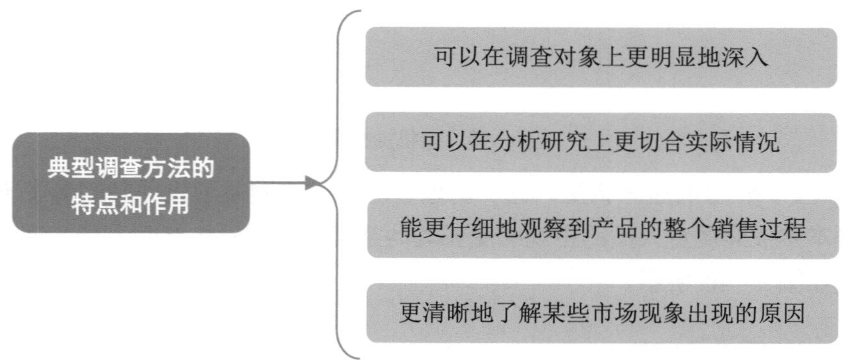

图 1-47　典型调查方法的突出特点和作用

典型调查方法有一个需要特别注意的问题，那就是需要重点把握好调查对象的典型程度——典型程度把握得越好，调查结果也就更符合现实，其所产生的误差也就越小。当然，这种具有突出特点和作用的调查方法也具有极大的优势，具体内容如图 1–48 所示。

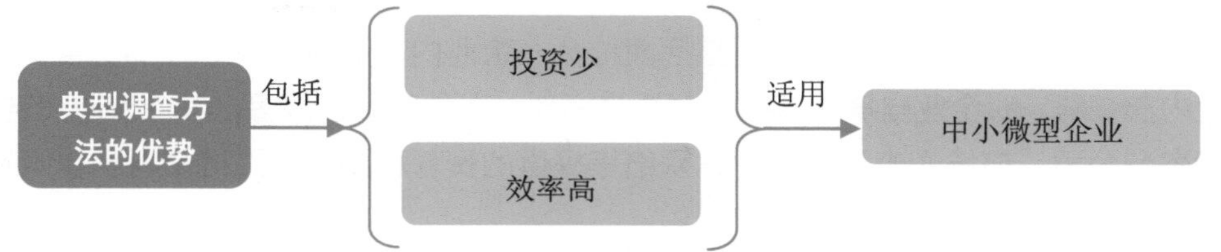

图 1-48 典型调查方法的优势分析

5. 访问调查

访问调查就是对被调查者进行直接询问而收集资料的方法，具体方法如图 1–49 所示。

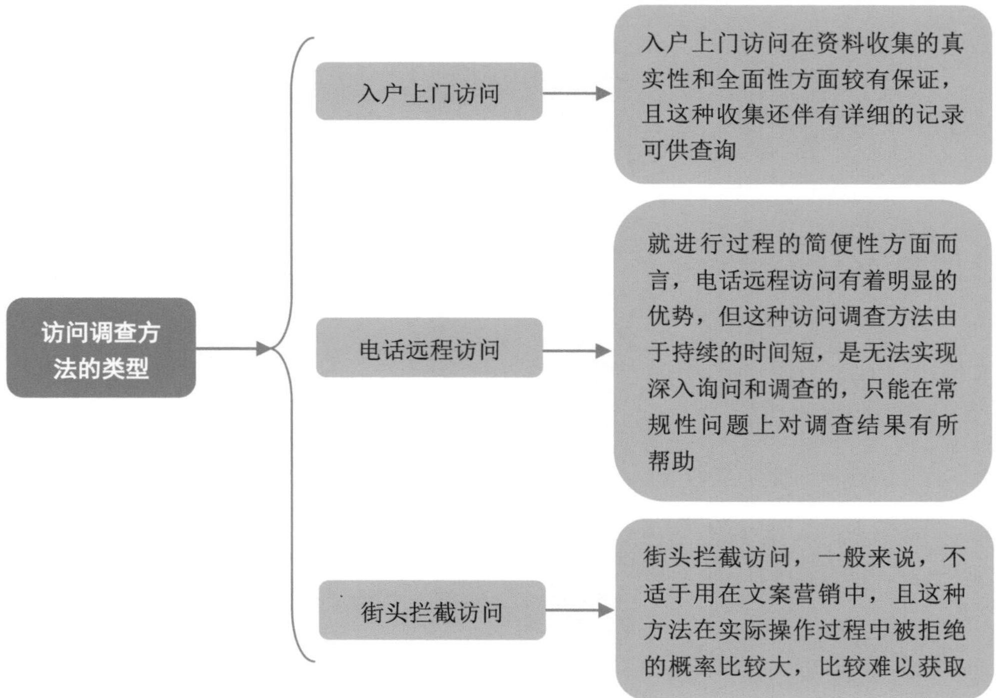

图 1-49 访问调查方法的类型

6. 文献调查

随着互联网和移动互联网技术的发展，在文案营销中使用文献调查方法越来越简便，特别是在大数据技术飞速发展的环境下，企业可以很容易地获取大量企业、消费者的资料和信息，这种调查方法的应用也就变得愈加实用。

其中，文献资料的来源主要包括两种——企业内部资料和其他外部资料。企业内部资料，即企业自身所具有的消费者资料、以往营销记录等；其他外部资料，即咨询公司、市场调查资料公司、网络等提供的资料和出版物上的资料，以及社会团体和组织提供的各种资料等。

第 2 章

预热：这样写出来的文案都靠谱

学前提示

对于文案创作本身而言，撰写技巧是至关重要的部分，尤其是文案新手，更需要全面地了解文案写作方面的内容。

本章主要针对文案写作的 4 个方面进行分析，逐步说明，通过技巧的传授，让大家更快地写出打动人心的文案。

要点展示

- 要求：文案就该这样写
- 易读：逻辑清晰，内容一看就懂
- 会玩：文案写作重在玩转文字
- 注意：7 大写作禁忌不可触犯

2.1 要求：文案就该这样写

文案是商业宣传中较为重要的一个环节，从其作用来看，优秀的文案具备强烈的感染力，能够给商家带来数倍的收益和价值。在信息繁杂的网络时代，并不是所有的文案都能够获得成功，尤其是对于缺乏技巧的文案写作者而言，获得成功并不是轻而易举的事情。

从文案写作的角度出发，文案内容的感染力主要来自 4 个方面，写文案时需要从这 4 个方面重点进行考虑。这一节笔者将对文案写作的相关要求重点进行解读。

2.1.1 符合规范，有效宣传

随着互联网技术的发展，每天更新的信息量十分惊人。“信息爆炸”的说法主要来源于信息的增长速度，庞大的原始信息量和更新的网络信息量通过新闻、娱乐和广告信息为传播媒介作用于每一个人。

要想让文案被大众认可，能够在庞大的信息量中脱颖而出，那么首先需要做到的就是准确性和规范性。

在实际应用中，准确性和规范性是对于任何文案写作的基本要求，具体的内容分析如图 2-1 所示。

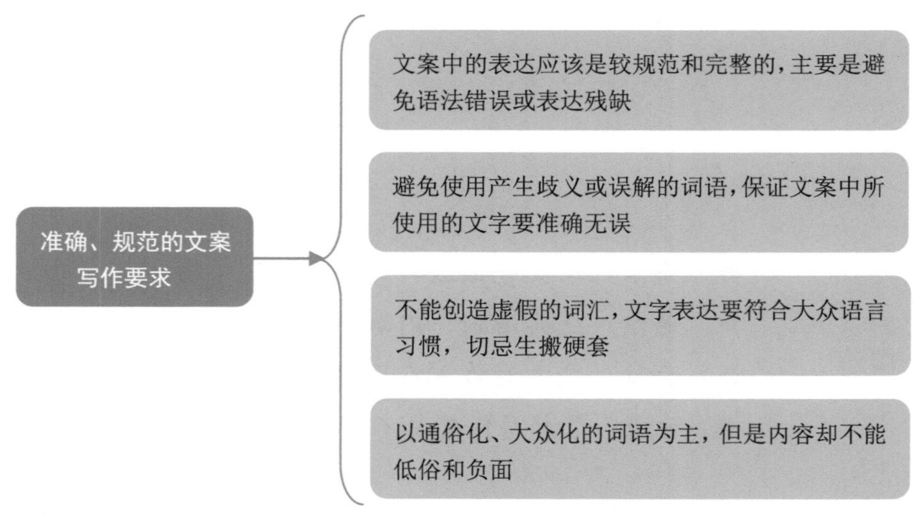

图 2-1 准确、规范的文案写作要求

图 2-2 所示的文案，笔者看来是不符合规范的。主要在于其否定了高考的

作用，向受众传达的是一种非常负面的形象。可以想象，当受众看到这则有些哗众取宠的文案时，对于文案及其宣传的产品，有的只能是反感。

图 2-2　不符合规范的文案

之所以要准确、规范地进行文案的写作，主要是因为准确和规范的文案信息更能够被受众理解，从而促进新媒体文案的有效传播，节省产品的相关资金投入和人力资源投入等，创造更好的效益。

2.1.2　正确定位，精准营销

精准定位同样属于文案的基本要求之一，每一个成功的广告文案都具备这一特点。图 2–3 所示为耐克的一则广告文案。

图 2-3　耐克的一则广告文案

耐克的这则广告文案主要体现敢于拼搏的伟大体育精神。其正确的定位不仅能够让产品更好地被受众群体所接受，还能让潜在用户也被相关的信息所打动。对写作者而言，要想做到精准的内容定位，可以从 4 个方面入手，如图 2–4 所示。

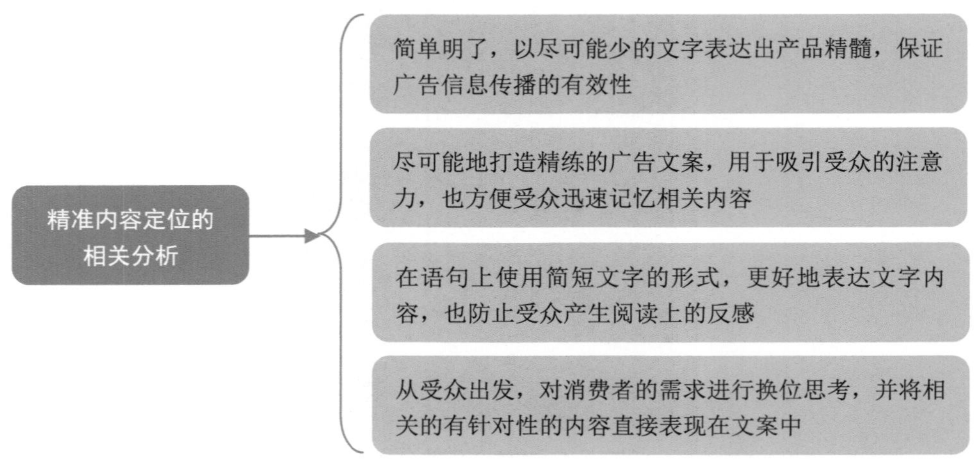

图 2-4　精准内容定位的相关分析

2.1.3　形象表达，留下印象

形象生动的文案表达，可以营造出非常强的画面感，从而加深受众的第一印象，让受众看一眼就能记住文案内容。图 2–5 所示为麦当劳的一则文案，其通过颜色的相似性，将包装着的薯条和番茄炒蛋联系在一起。而“撞衫”这两个字则是在生动表达两者颜色相似性的同时，让受众对文案和薯条产生了深刻的印象。

图 2-5　麦当劳的生动文案

每一个优秀的文案在最初都只是一张白纸，需要创作者不断地添加内容，才能够最终成型。要想更有效地完成任务，就需要对相关的工作内容有一个完整认识。

一则生动形象的文案则可以通过清晰的别样表达，在吸引受众关注，快速让受众接收文案内容的同时，激发受众对文案中产品的兴趣，从而促进产品信息的传播和销售。

2.1.4 融入创意，赢得关注

创意对于任何行业的新媒体文案都十分重要，尤其是在网络信息极其发达的社会中，自主创新的内容往往能够让人眼前一亮，进而获得更多的关注。图 2–6 所示为将颜色和行动联系起来的新媒体文案。

图 2-6 创意十足的新媒体文案

文案将绿色与成长、承受和癫狂联系在一起，将红色与倔强、不凡和绽放相互关联，可谓创意十足，在突出产品主题的前提下，可以更好地让受众从视觉上接受手机广告。

创意应为文案主题服务，所以文案中的创意必须与主题有着直接关系，创意不能生搬硬套，牵强附会。在常见的优秀案例中，文字和图片的双重创意往往比单一的创意更能打动人心。

图 2–7 所示为一个双重创意文案系列，该系列文案通过动物特点、折叠处

理和文字说明，对该车房网的利息低、提车快等特点进行了形象的表达，可谓创意满满。

图 2-7　双重创意文案

正在创作中的文案，要想突出文案特点，就必须在保持创新的前提下通过多种方式更好地打造文案本身。文案表达主要有 8 个方面的要求，具体为词句优美、方便传播、易于识别、内容流畅、契合主题、易于记忆、符合氤氲和突出重点。

2.2　易读：逻辑清晰，内容一看就懂

在互联网时代，小成本的公司大放异彩，比如凡客、雕爷牛腩、黄太吉煎饼等，而这些公司成功的主要原因之一就在于文案创作的优秀。

要想通过文案产生逆袭大品牌的效果，首先要认识到文案本身的逻辑问题。只有逻辑清晰，内容一看就懂的文案才能被大多数受众所接受，在各群体间获得广泛的传播。

2.2.1　语义简单，通俗易懂

文字要通俗易懂，能够做到雅俗共赏。这既是文案文字的基本要求，也是在文案创作的逻辑处理过程中，写作者必须了解的思维技巧之一。

通俗易懂并不是要将文案中的内容省略，而是通过文字组合展示内容，让受

众在看到文案之后，便心领神会。图 2-8 所示为麦当劳的一则文案，在该文案中虽然只有短短十几个字，但是却将吃“堡”（谐音“吃饱”）才有力气等待下一届奥运会看到奥运健儿拿奖牌，表达得淋漓尽致。

图 2-8　通俗易懂的文案文字

从通俗易懂的角度出发，我们追求的主要是文字所带来的实际效果，相关分析如图 2-9 所示。

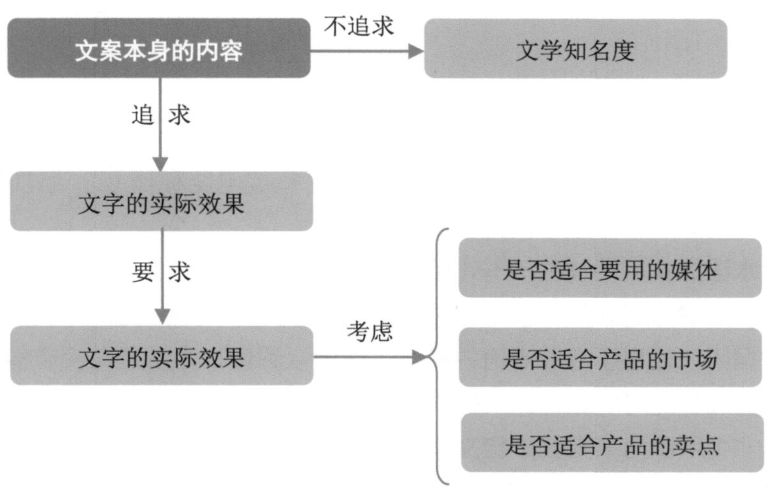

图 2-9　通俗易懂的文案文字

2.2.2 删除不必要的内容

成功的文案往往表现统一，失败的文案则原因众多。文字的累赘是失败的主因，其导致的结果主要包括内容毫无意义、文字说服力弱和问题模棱两可等。

解决多余文字最为直接的方法就是将其删除，这也是强调与突出关键字句最为直接的方法。图 2-10 所示为一则减肥文案，虽然这则文案不过短短几个字，可以说是没有任何多余的内容，但是却将减肥的核心问题讲得非常透彻，而且受众一看就能懂得写作者的意图。

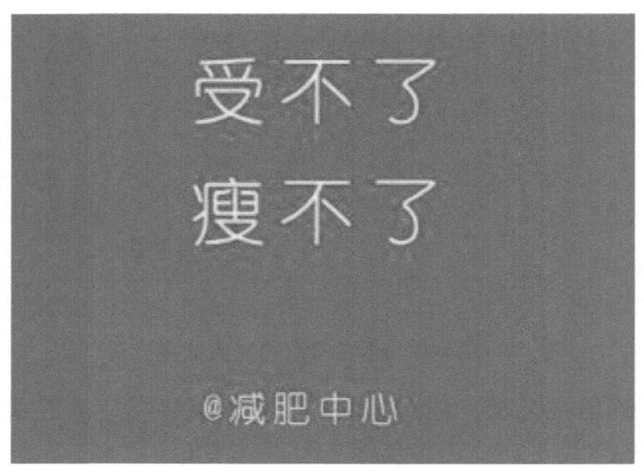

图 2-10　减肥文案

2.2.3 减少术语的使用量

专业术语是指特定领域和行业中，对一些特定事物的统一称谓。在现实生活中，专业术语十分常见，如在家电维修业中对集成电路称作 IC；添加编辑文件称加编；大企业中称行政总裁为 CEO 等。

专业术语的实用性往往不一，但是从文案写作的技巧出发，往往需要将专业术语用更简洁的方式替代。专业术语的通用性比较强，但是文案中往往不太需要。相关的数据研究也显示专业术语并不适合给大众阅读，尤其是在快节奏化的生活中，节省阅读者的时间和精力，提供良好的阅读体验才是至关重要的。

图 2-11 所示为某电脑广告文案的部分内容，可以看到在这则文案中有一些行外人看不太懂的词汇，如“GTX1050 独立显卡”“Nvidia Pascal 构架”和 DirectX12 等。

当然，减少术语的使用量并不是不能使用专业术语，而是要控制使用量，并且适当对专业术语进行解读，让受众知道文案中专业术语表达的意思，把专业内容变得更通俗。

图 2-11　某电脑的广告文案

2.2.4　重点突出直奔主题

文案主题是整个文案的生命线，作为一名文案人员，其主要职责就是设计和突出主题。所以要以内容为中心，投入时间和精力，以确保主题的绝妙性，并有一定的真实价值。整个文案的成功主要取决于文案主题的效果。

在任何一个文案中，中心往往是最为醒目的，也是文字较为简洁的，在广告类文案中，甚至只有一句话，如图 2−12 所示。

图 2-12　一句话式的广告类文案

需要注意的是，写作者要想突出文案的中心内容，还要提前对相关的受众群体有一个定位，比如一款抗皱能力突出的衬衣，其相关的定位应该从图 2-13 所示的 3 个方面入手。

图 2-13　衬衣文案的内容定位

除了醒目的重心内容之外，文案中的重点信息也必须在一开始就传递给受众，但是因为写手能力的不同，文案产生的效果也会有所差异。优秀的文案应该是简洁突出重点，适合产品，适合媒介，适合目标群体的，形式上不花哨，更不啰唆。图 2-14 所示为某招聘文案，其“招贤纳士”的重点内容便非常突出。

图 2-14　某招聘文案

2.2.5　思路清晰循序渐进

在文案创作的写作思路中，常用的主要有归纳、演绎、因果、比较、总分和递进等思路，其中应用最为广泛的是归纳、演绎和递进 3 种。而这 3 种写作思路同样都要遵循循序渐进的基本要求，其相关分析如图 2-15 所示。

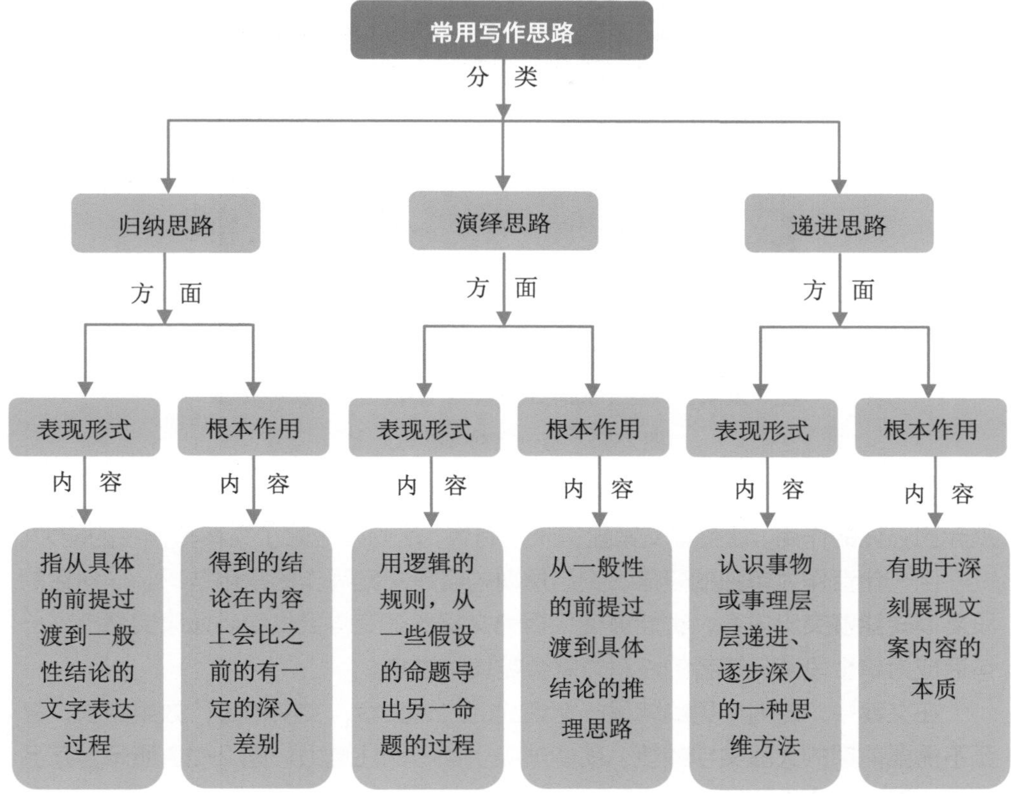

图 2-15　常用写作思路的相关分析

2.3　会玩：文案写作重在玩转文字

文案写作者是专业的文字工作者，需要有一定的文字水平。而要想更高效、高质量地完成文案任务，除了掌握写作技巧之外，还需要学会玩转文字，让表达更合受众的口味。

2.3.1　适当控制段落长度

控制段落字数，将整体内容的字数稳定在一个可以接受的范围内，这是首要的技巧。除此之外，就是必须创造一定的韵律感，这种方式同样在广告类的文案中比较常见，图 2-16 所示为某品牌的新年系列文案，可以看到该系列文案便是带有韵律感的对联。

图 2-16　有一定韵律感的文案

控制段落字数同样有突出文字内容的作用，在长篇的文案中采用较多，主要是起到强调的作用。让整篇文案显得长短有致，这同样考验了文案写作者的能力。

用一句话作为单独的段落，突出展现内容是文案写作的常用技巧。一句话的段落模式能够突出内容，也能够使呆板的文案形式变得更生动。如果突然出现一句话成为单个段落，读者的注意力就会被集中过来。

在文案中，更为常见的就是一句话式的广告文案，文字精练，效果突出，甚至不需要前期的大段文字铺垫，就能够吸引读者的注意力。图 2-17 所示为某品牌的一句话式广告文案。

图 2-17　一句话文案展示

2.3.2 连接顺畅便于阅读

对非单句形式的文案，将文案内容进行合适的分割自然是重要的，但为句子间造出顺畅的连接也同样重要。图 2-18 所示的一则广告文案，便是通过“越是……越是……”成功地将文字连接在一起。这样的处理，也让整个文案读起来更加顺畅。

图 2-18 顺畅的文字连接

2.3.3 视觉设计区别显示

突出关键内容不仅可以从写作技巧方面入手，还可以在关键内容的视觉设计上做文章，强调与突出字句，比如文字加粗、变形、加色等。图 2-19 所示为一则招聘文案，可以看到在该文案中“有才”两个字便是区别显示的，正是因为如此，受众第一时间便会被这两个字所吸引。

图 2-19 区别显示的招聘文案

2.3.4 多方展示全面呈现

文案内容信息的全面性主要是指多角度地对广告信息进行展示，满足受众对广告信息深度了解的需求。需要注意的是，除了全面性之外，还有一种方法就是通过重复播放加深读者的记忆，在目标上与全面性是一致的。

为了获得最终的效果，有些企业选择通过多则不同形式的文案来表现。在这一系列的文案作品中，文案所表现的信息内容之间，主要呈现 3 种不同的关系，相关内容如下所示。

- 信息并列关系。
- 信息同一关系。
- 信息递进关系。

全面展示内容的文案，很多情况下通过几个文案组成一个系列。图 2-20 所示就是某产品的系列文案，该系列文案通过对不同使用对象进行解读，向受众展示其使用人群的广泛性。

图 2-20 某产品的系列文案

2.3.5 项目编号引导阅读

对于文案而言，大量铺陈的内容往往让读者望而生畏，即使是逻辑清晰，排列整齐的文案，仅仅靠一个标题还是很难将文案内容的信息完美地传达出去，这时我们可以运用视觉设计中的一些方法来解决问题。

在文案中添加项目编号就是一个很好的办法。通常来说，在段落的中心字句前添加项目编号，可以起到一个类似目录的作用，让读者能够快速了解文案内容信息，如图 2-21 所示。

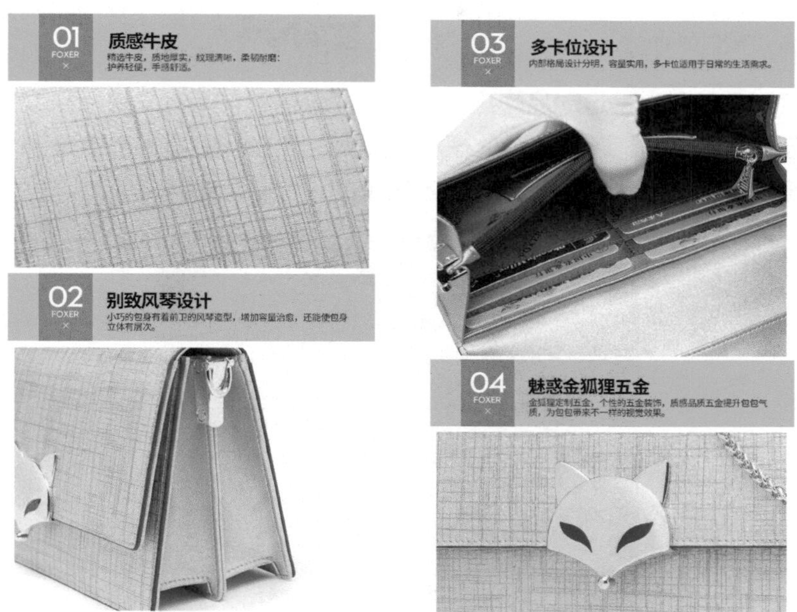

图 2-21　项目编号在文案中的应用

2.4　注意：7 大写作禁忌不可触犯

与硬广告相比，文案不仅可以提升品牌的知名度、美誉度，同时发布在门户站点的文案更能增加网站外链，提升网站权重。然而，要想撰写出一篇好的文案并非易事，它对写作者的专业知识和文笔功夫有着很高的要求。

不少微信、App 运营人员和文案编辑人员在创作文案时，往往因为没有把握住文案编写的重点事项而以失败告终。下面盘点一下文案编写过程中需要注意的 7 大禁忌事项。

2.4.1　中心主题不明确

有的文案人员在创作文案时，喜欢兜圈子，可以用一句话表达的意思却要反复强调，不但降低了文章的可读性，还可能会令读者嗤之以鼻。尽管文案是广告的一种，但是它追求的是“润物细无声”，在无形中将所推广的信息传达给目标客户，过度地说空话、绕圈子，会有吹嘘之嫌。

此外，文案的目的是推广，因而每篇文案都应当有明确的主题和内容焦点，并围绕该主题和焦点进行文字创作。然而，有的写作者在创作文案时偏离主题和中心，乱侃一通，导致受众一头雾水，营销力也就大打折扣。

图 2-22 所示为某运动品牌广告文案的部分内容，笔者只是在原文案的基础上去掉了品牌 Logo。通过这个处理后的文案，你能从中看得出这是哪个品牌的营销文案吗？相信绝大部分受众是看不出来的。

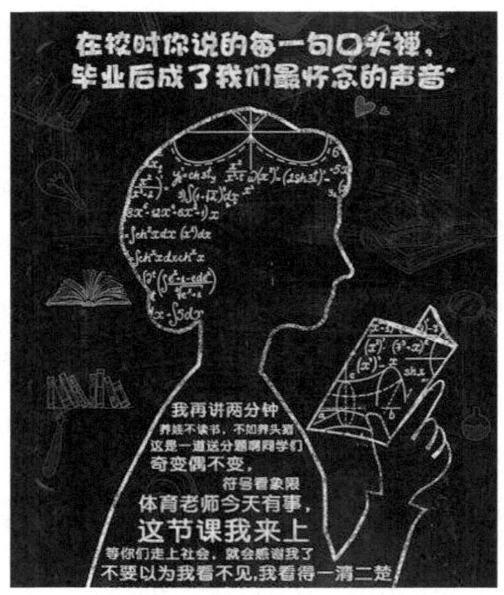

图 2-22　某运动品牌广告文案的部分内容

专家提醒

广告文案的主要目的是营销，如果在一个文案中却看不到品牌，也看不到任何营销推广的意图，那么这就是一则中心主题不明确的典型文案了。

2.4.2　内容求全不求精

文案写作无须很有特点，只需要有一个亮点即可，这样的文章才不会显得杂乱无章，并且更能扣住核心。

如今，很多文案在传达某一信息时，通篇就像记“流水账”一般，毫无亮点，这样的文章其实根本就没有阅读价值，并且这样的文章字符较多，往往导致可看性大大降低，让受众不知所云。

不管是怎样的文案，都需要选取一个细小的点来展开文章脉络，总归一个亮点，才能将文字有主题地聚合起来，形成一篇阅读价值强的文案。

2.4.3 有数量没有质量

文案相对其他营销方式成本较低，成功的文案也有一定的持久性，一般文案成功发布后就会始终存在，除非发布的那个网站倒闭了。虽然始终有效，但并不能马上见效。

事实上，文案营销并不是每天发很多篇，更重要的是质量，一篇高质量的文案胜过十几篇一般的文章。然而事实却是，许多新媒体运营者为了保证文案的推送频率，宁可发一些质量相对较差的文章。

比如，在很多微信公众号中，几乎每天都会向受众推送内容，但是，自己的原创内容却很少，如图 2-23 所示。而这种不够用心的文案推送策略，所导致的后果往往就是内容推送出来之后却没有多少人看。

除此之外，还有部分微信公众号运营者仅仅将内容的推送作为一个自己要完成的任务，只是想着要按时完成，而不注重内容是否可以吸引到目标受众。像这一类的文案，质量往往没有保障，并且点击阅读数量也会比较低，如图 2-24 所示。

针对“求量不求质”的平台运营操作误区，企业应该怎样避免呢？办法有如下两个。

（1）加强学习，了解文案营销的流程，掌握文案撰写的基本技巧。

（2）聘请专业的文案营销团队，因为他们不像广告公司和公关公司那样业务范围比较广，他们专注于文案撰写，文案质量较高。

此外，对于一些低质量文案站点也要取缔，常用的评判该类站点文案质量高低的工具是“百度绿萝算法”。

百度绿萝算法是百度于 2013 年 2 月 19 日上线的一种搜索引擎反作弊的算法。该算法主要打击超链中介、出卖链接、购买链接等超链作弊行为。该算法的推出有效地制止了恶意交换链接，发布外链的行为，有效净化了互联网生态圈。

图 2-23　原创内容少　　　　图 2-24　阅读数量低

2.4.4　粗心大意错误多

众所周知，报纸杂志在出版前，都要经过严格审核，以保证文章的正确性和逻辑性，尤其是涉及重大事件或是国家领导人，一旦出错就需要追回重印，损失巨大。文案常见的书写错误包括文字、数字、标点符号以及逻辑错误等方面，文案撰写者必须严格校对，防止校对风险的出现。

（1）文字错误。文案中常见的文字错误为错别字，例如一些名称错误，包括企业名称、人名、商品名称、商标名称等。对于文案尤其是营销文案来说，错别字可能会影响文案的质量，这种错误在报纸中显得尤为重要。

例如报刊的定价，有些报刊错印成了“订价”，还错误地解释为“订阅价”不是报纸完成征订后的实际定价，好像发布广告时是一个价，到订报纸时是另一个价，这必定是不符合实际的。

（2）数字错误。参考国家《关于出版物上数字用法的试行规定》《国家标准出版物上数字用法的规定》及国家汉语使用数字有关要求，数字使用有三种情况：①必须使用汉字；②必须使用阿拉伯数字；③汉字和阿拉伯数字都可用，但要遵守“保持局部体例上的一致”这一原则，在报刊等文章校对检查中错得最多的是情况③。

例如“1 年半”，应为“一年半”，“半”也是数词，“一”不能改为 1；再如，夏历月日误用阿拉伯数字：“8 月 15 中秋节”，应改为“八月十五中秋节”，“大年 30”应改为“大年三十”，“丁丑年 6 月 1 日”应改为“丁丑年六月一日”。还有世纪和年代误用汉字数字。如“十八世纪末”“二十一世纪初”，应写为“18 世纪末”“21 世纪初”。

此外，较为常见的还有数字丢失，如“中国人民银行 2018 年第一季度社会融资规模增量累计为 5.58 亿元”。我们知道，一个大型企业每年的信贷量都在几十亿元以上，何况整个国家的货币供应量才 5.58 亿元？所以，根据推测应该是丢失了“万”字，应为“5.58 万亿元”。

（3）标点错误。无论是哪种文章中，标点符号错误都是应该尽力避免的，在文案创作中，常见的标点错误包括以下几种。

①引号用法错误。这是标点符号使用中错得最多的。不少报刊对单位、机关、组织的名称及产品名称、牌号名称都用了引号。其实，只要不发生歧义，名称一般都不用引号。

②书名号用法错误。证件名称、会议名称（包括展览会）不用书名号。但有的报刊把所有的证件名称，不论名称长短，都用了书名号，这是不合规范的。

③分号用法常见错误。这也是标点符号使用中错得比较多的。主要是简单句之间用了分号：不是并列分句，不是“非并列关系的多重复句第一层的前后两部分”，不是分行列举的各项之间，都使用了分号，这都是错误的。

还有的两个半句，合在一起构成一个完整的句子，但中间也用了分号。有的句子已很完整，与下面的句子并无并列关系，该用句号，却用成了分号，这也是不对的。

（4）逻辑错误。逻辑错误是指文案的主题不明确，全文逻辑关系不清晰，存在语意与观点相互矛盾的现象。

2.4.5　排版杂乱无章法

如果在文案内容的布局和书写上没有大问题出现，但是内容呈现出来却是错乱的，此种情况下，是无法阅读的，极其容易影响读者的阅读兴趣。

在手机界面上，由于其屏幕相对于 PC 端来说明显小得多，本来阅读就比较困难，如果还出现了排版错乱的问题，阅读更是雪上加霜。

因此，在撰写文案时，还需要考虑读者的视觉效果，一个比较舒适的视觉环境，能让读者多一丝的耐心，停留在一篇文章上。

因此，最好每个自然段不超过 150 个字，一般以 3 行为一段，两、三个句号，给读者阅读喘息的机会。

当然并不是每一篇文章都是这样，撰写文案并没有固定的写作手法，每篇文案都有自己独特的写作技巧，而这些技巧要看文案撰写者有没有抓住，若是没有把握，则可以按照“3 行一段，不陇长”的做法进行。

另外，在手机界面发布的文案，尤其应该注意文字之间的间距。

（1）字符与字符之间应该留出更多的空白位置。

（2）行与行之间应该加大相隔间距。

（3）段落与段落之间（三至四行文字之后）应该留出一定的间隔。

专家提醒

有很多内容新媒体运营者可能是无法掌控的，但是排版却是完全可以控制的。新媒体运营者在排版时可以通过分段控制段落长度、调整行距增加排版美观度的方式，让文章更具可读性。

图 2-25 所示为某公众号文章的相关界面，可以看到其排版不仅是一段段的长文字，而且各段文字之间是没有间距的。这样看上去就是所有内容都挤在一起了，而许多受众在看到这样的排版之后，可能就不会再有兴趣看下去了。

你见过成年人在竞赛中为了奖品发挥智慧、勇敢闯关、挑战自我，可是你见过小宝宝们克服赛道上动画片、玩具、玩偶的诱惑，一步步爬到终点吗？

《[illegible]》被誉为婴儿版的《[illegible]》，第一季共14期节目，节目时长为120分钟，由8-22个月大宝宝和爸爸妈妈组成的3人团队进行比赛，宝宝要在90秒内爬完12米的赛道。与其他亲子类节目不同的是，《[illegible]》并不以“明星与星二代”为主角，而将目光转向草根大众与普通萌娃。节目选取8到22个月的新生婴幼龄萌娃作为比赛主角。婴儿版的《[illegible]》是个怎样的玩法呢？这又是一条怎样的赛道，让宝妈们在终点使尽浑身解数呼喊宝宝，却难以避免宝爸们惨遭落水惩罚呢？

演播室内布了一条9米的赛道专供宝宝爬行，这可不是一条普通的赛道，赛道上没有障碍物，却有宝宝们喜欢的玩具、玩偶，甚至还有诱人的动画片。宝妈们在赛道的终点，可以拿宝宝喜欢的玩具、零食，指引宝宝在规定的时间内完成比赛。

若宝宝在限定时期内，爬到比赛终点，他们一家就可以获得奖品；若宝宝未能在规定时间抵达终点，台上的爸爸可就要接受落水的惩罚。每期会请到十组来自全国各地的宝宝，不同的萌娃会有完全不同的表现，全场下来，笑料百出，心都会被这些萌娃萌化了。

图 2-25　某公众号文章的相关界面

2.4.6 闭门造车脱离市场

文案，多是关于企业产品和品牌的文章，这些产品和品牌处于具体市场环境中，其所针对的目标也是处于市场环境中的具有个性特色的消费者，因此，不了解具体的产品、市场和消费者情况是行不通的，其结果必然是失败的。

因此，在编写和发布文案时，必须进行市场调研，了解产品情况，才能写出切合实际、获得消费者认可的文案。在文案编写过程中，应该充分了解产品，具体分析如图 2-26 所示。

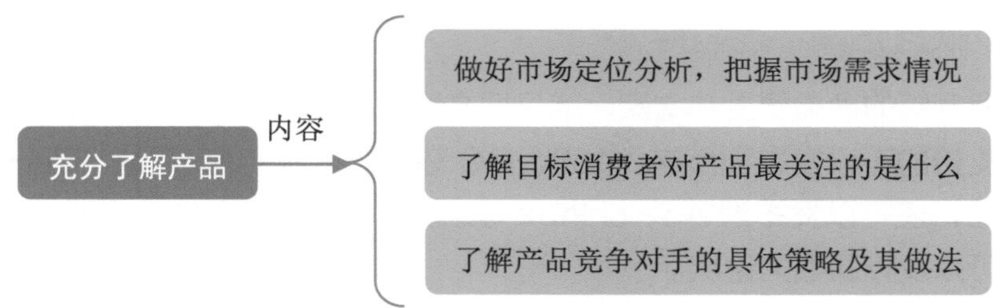

图 2-26　充分了解产品的相关分析

而从消费者方面来说，应该迎合消费者的各种需求，关注消费者感受。营销定位大师特劳特曾说过："消费者的心是营销的终极战场。"那么文案也要研究消费者的心理需求，也要从这里出发，具体内容如下。

（1）安全感。人是趋利避害的，内心的安全感是最基本的心理需求，把产品的功用和安全感结合起来，是说服客户的有效方式。

比如，新型电饭煲的平台销售文案写道：这种电饭煲在电压不正常的情况下能够自动断电，能有效防范用电安全问题。这一要点的提出，对于关心电器安全的家庭主妇一定是个攻心点。

（2）价值感。得到别人的认可可以获得一种自我价值实现的满足感。将产品与实现个人的价值感结合起来可以打动客户。脑白金打动消费者掏钱的恰恰是满足了他们孝敬父母的价值感。

例如，销售豆浆机的文案可以这样描述："当孩子们吃早餐时，他们多么渴望不再去街头买豆浆，而喝上刚刚榨出来的纯正豆浆啊！当妈妈将热气腾腾的豆浆端上来时，看着手舞足蹈的孩子，哪个妈妈会不开心呢？"一种做妈妈的价值感油然而生，会激发为人父母的消费者的购买意念。

（3）支配感。"我的地盘我做主"，每个人都希望表现出自己的支配权利来。支配感不仅是对自己生活的一种掌控，也是源于对生活的自信，更是文案要考虑的出发点。

（4）归属感。归属感实际就是标签，无论是成功人士、时尚青年，或是小资派、非主流，每个标签下的人都有一定特色的生活方式，他们使用的商品、他们的消费都表现出一定的亚文化特征。

比如，对追求时尚的青年，销售汽车的文案可以写："这款车时尚、动感，改装也方便，是玩车一族的首选。"对于成功人士或追求成功的人士可以写："这款车稳重、大方，开出去见客户、谈事情比较得体，也有面子。"

2.4.7 缺乏方案不能坚持

文案营销的确需要发布文案，就是把文案发布到一些网络新闻媒体上，比如有资金支持的可以发布到新浪、163、QQ 等门户网站，也可以发布到一些地方门户网站，还可以发布到 A5、chinaz 等站长网站以及 SNS 社区网站，当然最简单的可以发布到相关论坛。

文案发布只要有媒体资源就可以做到，但微信、App 平台运营上的文案推送远远不止这些。

如果把平台文案运营比作一顿丰盛的午餐，那么，文案的干货内容就是基本的食材，文案的编写是食材的相互组合和制作，文案的发布就是餐盘的呈现顺序和摆放位置，这些都需要有一个全盘的策划，平台文案营销也是如此。

微信、App 和自媒体平台的文案营销，需要有一个完整的整体策划，需要根据企业的行业背景和产品特点策划文案营销方案，根据企业的市场背景做媒体发布方案，文案创意人员策划文案等，而不仅仅是文案的发布这一个动作。关于文案的策划流程，具体介绍如图 2–27 所示。

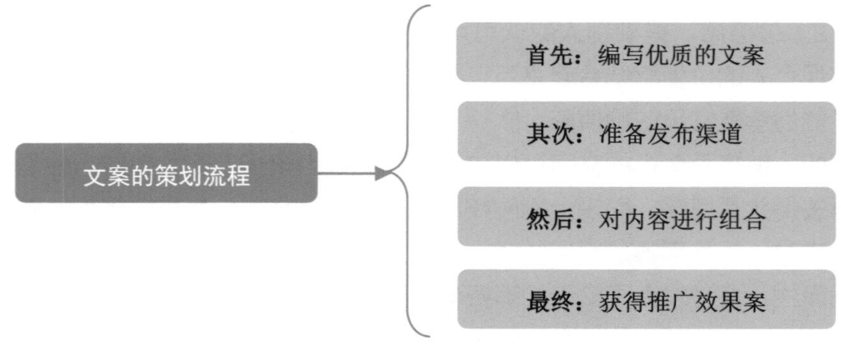

图 2-27 文案的策划流程

对于文案营销推广，有的客户一天发好多篇，天天在发；但也有的客户一年发一次、两次。笔者了解到，许多推广客户觉得文案可以做些口碑，但是直接带来的客户还是少的，因此只是在工作之余才发几篇文章。

其实，文案营销是一个长期过程，别想着只发一篇文案就能带来多少流量和效益，既不是“三天打鱼，两天晒网”，也不是今天发十篇，更不是下个月想起来了再发几篇，毫无规律可言。

文案营销，从实质上来说，并不仅仅是直接促成成交量的增长，而是长期有规律的文案发布可以提升企业品牌形象，提高潜在客户的成交率。所以，要想让文案营销对受众产生深刻的影响，还得长期坚持文案推送。

潜在用户一般是通过广告认识企业，但最终让他们决定购买的往往是长期的文案催化，当用户长期见到这个品牌文案，就会不知不觉地记住它，潜意识里会形成好印象，最后当用户需要相关产品时，就会购买了。

因此，在微信、App 和自媒体平台的运营中，文案的编写和发布是不能缺乏而必须长期坚持的，“坚持就是胜利”，对文案营销而言，并不只是说说而已，它要求去具体地实施，并在这一过程中使运营者获取胜利的目标。对于坚持而言，它有两个方面值得运营者注意：①方向的正确性；②心态与行动的持续性。

（1）方向的正确性。只有保证在坚持的过程中方向的正确性，才不会有与目标南辕北辙的情况出现，才能尽快地实现营销目标。在微信朋友圈营销中，方向的正确性具体可表现在市场大势的判断和营销技巧、正确方式的选择上。

（2）心态与行动的持续性。在营销过程中，必须在心态上保持不懈怠、行动上继续走下去才能更好地获得成功。以微信朋友圈为例，新媒体运营者要想获得预期的文案营销效果，长久、坚持不懈的经营可以说是不可或缺的。

那么，微信朋友圈如何坚持文案营销呢？具体内容如图 2-28 所示。

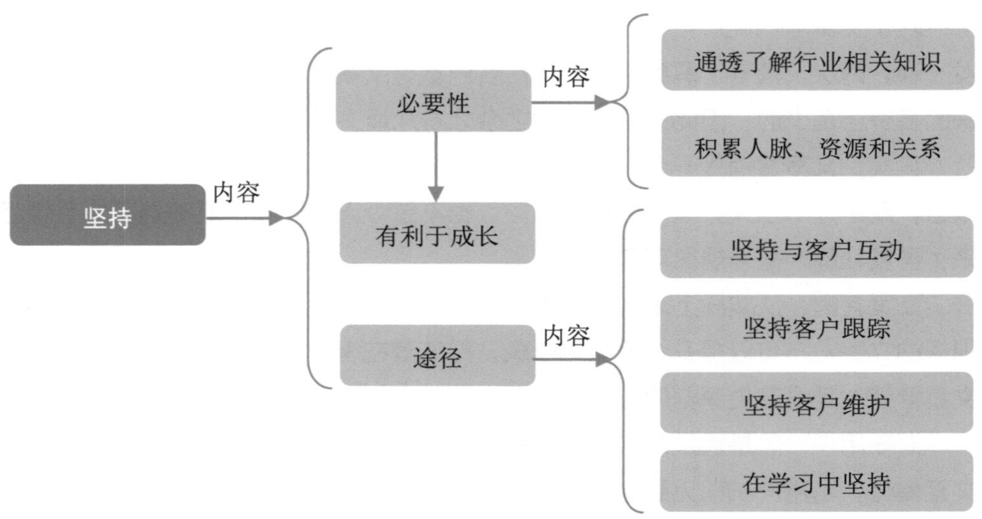

图 2-28　心态与行动上的坚持分析

第 3 章

标题：1 秒抓住目标受众的目光

学前提示

标题是一篇文章留给受众的第一印象，也是影响新媒体文案的决定因素，因此一定要多花一些时间在标题的考量上。

本章笔者将针对文案标题的写作提供多种方法和技巧，希望能够帮助各位文案撰写者快速写出更加引人注目的标题。

要点展示

- 要素：把握标题制作的重点
- 揣摩：摸清受众的阅读心理
- 量化：运用数字增强说服力
- 技巧：高点击率标题长这样

3.1 要素：把握标题制作的重点

文案由标题与正文组成，在撰写过程中，标题作为其中的一部分，是撰写者需要重点关注的内容。新媒体文案的标题创作必须掌握一定的技巧和写作标准。只有对标题撰写必备的要素进行熟练掌握，才能更好、更快地实现标题撰写，达到引人注目的效果。

那么，在撰写新媒体文案标题时，应该重点关注哪些方面并进行切入和语言组织呢？接下来，我们一起来看一下标题制作的要素。

3.1.1 坚决不做标题党

文章标题是新媒体文案的“窗户”，受众要是能从这一扇窗户之中看到文章内容的大致提炼，就说明文章标题是合格的。换句话说，就是文章标题要体现出文章内容的主题。

虽然标题要起到吸引受众的作用，如果受众被某一文章标题所吸引，但进入文章内容之后却发现标题和内容主题联系得不紧密，或是完全没有联系，就会降低受众的信任度，从而拉低文章的阅读量。

这就要求文案撰写者在撰写新媒体文案标题时，一定要注意所写的标题与文章内容主题紧密联系，切勿“挂羊头卖狗肉”，做标题党。而应该像图 3-1 一样，尽可能地让标题与内容紧密联系。

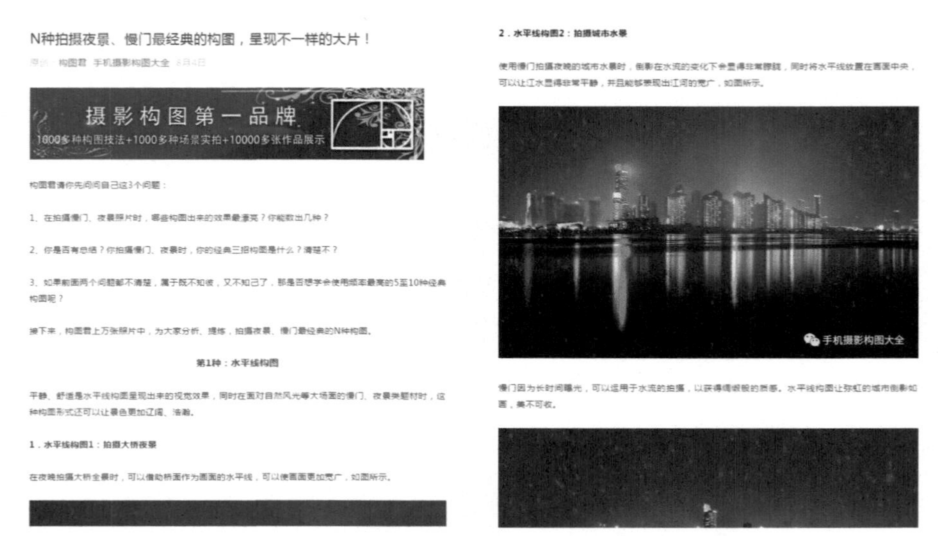
N种拍摄夜景、慢门最经典的构图，呈现不一样的大片！

原创 构图君 手机摄影构图大全 8月4日

构图君请你先问问自己这3个问题：

1、在拍摄慢门、夜景照片时，哪些构图出来的效果最漂亮？你能数出几种？

2、你是否有总结？你拍摄慢门、夜景时，你的经典三招构图是什么？清楚不？

3、如果前面两个问题都不清楚，属于既不知彼，又不知己了，那是否想学会使用频率最高的5至10种经典构图呢？

接下来，构图君上万张照片中，为大家分析、提炼，拍摄夜景、慢门最经典的N种构图。

第1种：水平线构图

平静、舒适是水平线构图呈现出来的视觉效果，同时在面对自然风光等大场面的慢门、夜景类题材时，这种构图形式还可以让景色更加辽阔、浩瀚。

1．水平线构图1：拍摄大桥夜景

在夜晚拍摄大桥全景时，可以借助桥面作为画面的水平线，可以使画面更加宽广，如图所示。

2．水平线构图2：拍摄城市水景

使用慢门拍摄夜晚的城市水景时，倒影在水流的变化下会显得非常朦胧，同时将水平线放置在画面中央，可以让江水显得非常平静，并且能够表现出江河的宽广，如图所示。

慢门因为长时间曝光，可以运用于水流的拍摄，以获得绸缎般的质感。水平线构图让弥红的城市倒影如画，美不可收。

图 3-1 紧密联系主题的文章标题案例

3.1.2 重点突出好记忆

一个文章标题的好坏直接决定了文章阅读量，所以，在撰写新媒体文案的标题时，一定要重点突出，简洁明了，标题字数不要太长，最好是能够朗朗上口，这样才能让受众在短时间内就清楚地知道文案撰写者想要表达的是什么，受众也就自然愿意点击文章去阅读内容了。

文案撰写者在撰写新媒体文案标题时，要注意标题用语的简短，突出重点，切忌标题成分过于复杂。标题简单明了，受众在看到简短的标题时，会有一个比较舒适的视觉感受，阅读起来也更为方便，如图 3–2 所示。

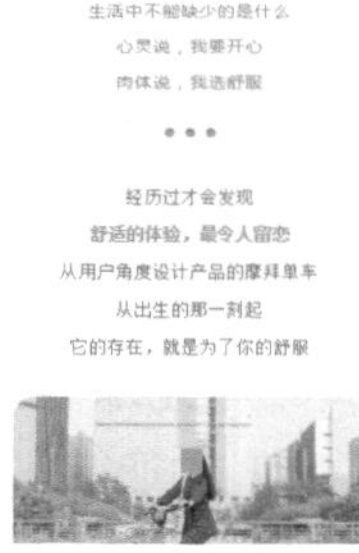

图 3-2 简短标题

3.1.3 点睛引发好奇心

标题是一篇文章的“眼睛”，在新媒体文案当中起着极大的作用，标题展示着一篇文案内容的大意、主旨，甚至是对故事背景的诠释，所以，一篇文章的阅读量高低，与标题有着不可分割的联系。

新媒体文案的标题要想吸引受众，就必须有点睛之处。如何给文案标题“点睛”是有技巧的。

在撰写新媒体文案标题时，加入一些能够吸引受众眼球的词汇，比如“惊现”“福利”“秘诀”“震惊”等。这些“点睛”词汇，能够让受众产生点击文章的好奇心，如图 3–3 所示。

"贪吃蛇"惊现重庆公路！

长沙世界之窗 2017-11-20

近日，有重庆的朋友来报：
重庆惊现"贪吃蛇"！
还发来了近照
不是贪吃蛇是啥？

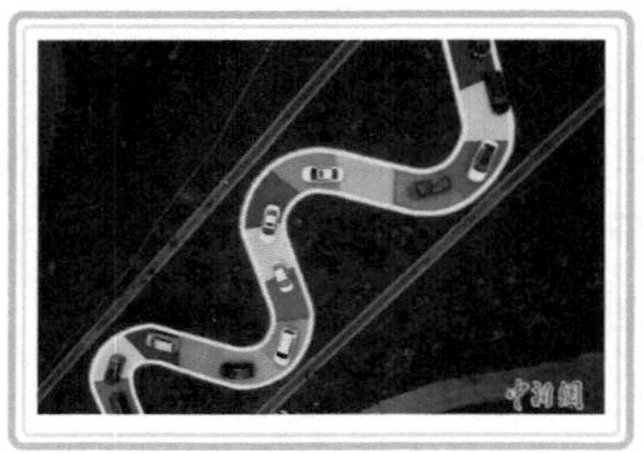

各位看官别惊慌
这其实是重庆新晋的一条网红公路
全名叫彩色S型公路
小编赶紧来爆照：

让自己保持年轻的秘诀

看了今天的话题，觉得宝哥要传授养生秘诀的小伙伴们可能会失望。要保持年轻活力，健康的饮食、适度的锻炼、合理的作息，这些当然都很重要，但更重要的是，年轻的心态。在我看来，年轻就代表着：对这个世界充满好奇心和探索心，乐意接触和学习新事物。

就拿此刻大家都在用的微信为例。微信刚推出的时候，有人会饶有兴致地下载回来把各种功能都试一遍，毫不费力，无师自通；也有人还没怎么接触就放弃了尝试，或觉得年纪大了记性不好，或觉得要搞懂一个新的东西太过麻烦，会打电话发短信就可以了。其实，即便你真的对此一窍不通，要学会它也并不困难，此前就有媒体报道大学生用图文并茂的手绘本教父母用微信的事情——记不住，那就写下来，弄不清，那就画出来。

我曾认识退休以后还可以把专业制图软件学得很精通的长者，也见过连qq都不知道怎么安装的年轻人。两者对比之下，前者反而更显年轻活力。

图 3-3　利用"点睛"词汇的文案标题案例

3.1.4　表达力求通俗化

新媒体文案的受众是一般的消费者，因此，在语言上要求形象化和通俗化。通俗化就是尽量拒绝华丽的辞藻和大量的不实用的描述，照顾到绝大多数受众的语言理解能力，利用通俗易懂的语言来撰写标题的产品或品牌。

否则，文案就无法达到带动产品销售的目的，无法实现新媒体文案及其产品的商业价值。为了实现通俗化，新媒体文案作者可从3个方面着手，如图3–4所示。

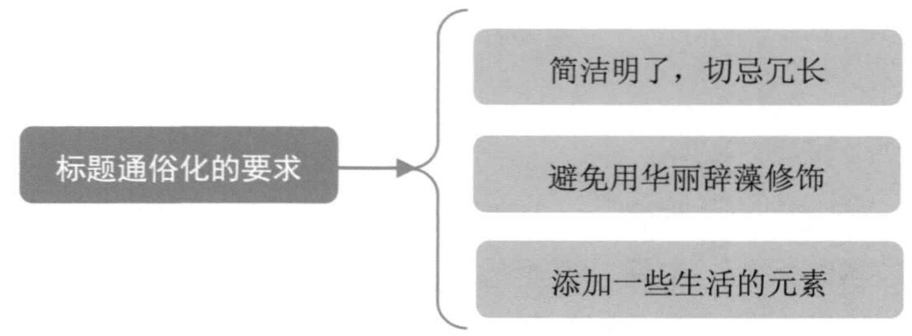

图 3-4　文案标题通俗化要求分析

其中，添加生活的元素是一种常用的、简单的使标题通俗化的方法，也是一种行之有效的营销宣传方法。利用这种方法，把专业性的、不易理解的词汇和道理通过生活元素形象、通俗地表达出来。

在标题中运用通俗化的语言陈述产品的作用和功能，在让消费者更容易理解的同时也能带动产品消费，如图 3-5 所示。

图 3-5 通俗化语言文案标题案例

3.1.5 整体风格要统一

新媒体文案撰写者在给文章取标题时，还需要考虑到标题与新媒体平台整体的风格是否统一、搭调。标题与新媒体平台整体风格的统一与否，会影响到受众对该新媒体的整体评价，以及受众浏览、阅读文章时的阅读感受。

举个例子，当受众关注了一个以传播搞笑视频、话题、笑话为主的整体形象类似于嘻哈风的小青年型的新媒体账号时，如果受众看见该账号每天推送的文章标题都是正经型的，而且文章的内容用字遣词都是正儿八经如同一位西装革履的白领一族，相信大部分受众都会产生一种别扭的、自己是不是点错了公众号的感觉，时间一长可能就忘记该账号的存在，或者立刻就取消关注了。

让新媒体文案的标题与新媒体账号的整体风格统一是保持新媒体平台特色以及吸引受众长期关注的一种方法，而要做到标题与整体风格的统一需要考虑两个方面：①新媒体账号定位的风格；②新媒体文案撰写者的性格。

1．平台的基调

每个新媒体平台在创立时，创建者肯定都会对其要传播的内容有一个大致的规划和界定，而这些内容的方向确定就已经为新媒体平台的风格定下了一个基调。

例如，一个新媒体平台如果主要是以分享油画、水墨画等艺术品鉴赏、学习为主，那么这个新媒体平台的整体基调就是文艺与高雅的。因此，该平台推送的文章其标题也要跟整体基调相呼应，以文艺、艺术气质为主，这样才会让受众在浏览、阅读文章内容时感觉到比较舒服。像这种内容为平台风格定下基调的标题如图 3-6 所示。

夏洛特姑娘|只是因为在人群中多看了你一眼

2016-03-26 22:38:25

被囚于高塔内的姑娘、英俊的骑士、诅咒、爱情和死亡，充满了中世纪的故事。维多利亚时代桂冠诗人阿尔弗雷德·丁尼生于1883年发表的叙事诗《夏洛特姑娘》如泣如诉，正好娓娓道来了受到魔法诅咒的孤岛姑娘为了追求心爱之人而死亡的一段绝恋。

丁尼生的诗歌点亮了许多诗人和画家的艺术灵感。在19世纪末20世纪初的英国，涌现了大量以夏洛特姑娘为题材的作品。处于拉斐尔前派和新古典主义风格之间的英国画家约翰·威廉姆·沃特豪斯1888年所作《夏洛特姑娘》选取了姑娘离岛的情景。

约翰·威廉姆·沃特豪斯作《夏洛特姑娘》

图 3-6 体现新媒体平台基调的文案标题

2. 作者的风格

每个新媒体文案作者都会有自己的性格，而这种性格会在他所写出的文字中传递出来，形成写作风格。新媒体平台上文章的作者性格在很大程度上会影响到标题的风格类型，也会在潜移默化中奠定新媒体平台的语言风格。

性格活泼的人，写出的文字也会给人一种比较热闹的感觉，那么他写出的标题可能就会比较偏向于活泼、开朗；而比较理智沉稳的作者，写出来的文案标题也会体现出理智和沉稳。图 3-7 所示分别为理智沉稳的标题和活泼开朗的标题。

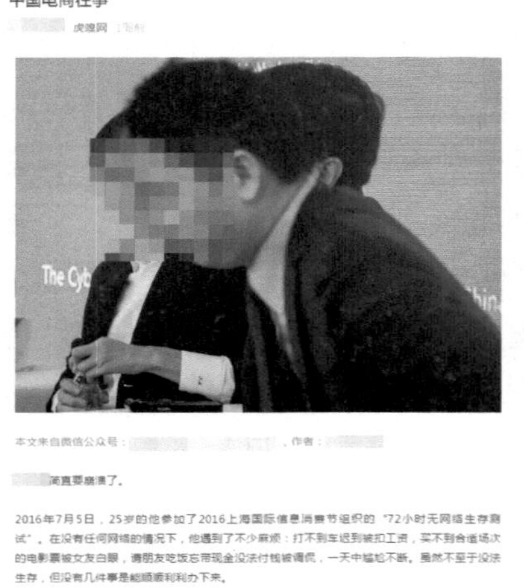

中国电商往事

虎嗅网

本文来自微信公众号：，作者：

简直要崩溃了。

2016年7月5日，25岁的他参加了2016上海国际信息消费节组织的“72小时无网络生存测试”。在没有任何网络的情况下，他遇到了不少麻烦：打不到车迟到被扣工资，买不到合适场次的电影票被女友白眼，请朋友吃饭忘带现金没法付钱被调侃，一天中尴尬不断。虽然不至于没法生存，但没有几件事是能顺顺利利办下来。

恋爱中的男人都是大猪蹄子，女人都是磨人的小妖精？你怎么看?!

简书

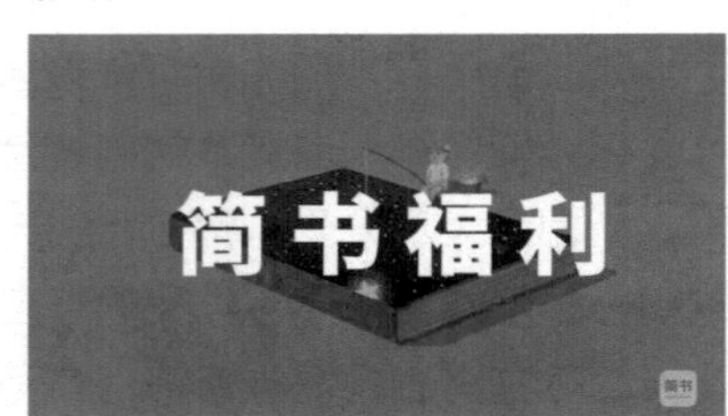

今天是七夕，简书办公室里都漂浮着一个个粉色泡泡，撩得人心痒难耐。

粉从何来？这不是因为，简书er举办的三行情书大赛！

知道最终是哪句情话高票得选了吗？喏

图 3-7 作者性格影响标题风格的案例

在考虑平台标题与整体风格统一时，要做好上述所说的两个方面的统一，这样才能真正做到整体的统一，形成属于新媒体平台独有的特色。

3.2 揣摩：摸清受众的阅读心理

一篇文案的标题是否吸引人，就要知道用户想的是什么，只有抓住用户的心理才能提高文章的阅读量。本节将从用户的阅读心理出发，重点介绍 5 种根据心理需求来打造新媒体爆款标题的方法。

3.2.1 用神秘感满足猎奇心理

一般说来，大部分人都对世界和未知事物充满好奇心，对于那些未知的、刺激的东西都会有一种想要去探索、了解的欲望。所以，新媒体文章作者在写文章标题的时候就可以抓住受众的这一特点，将标题写得充满神秘感，满足受众的猎奇心理，这样就能够获得更多的阅读量，阅读的人越多，文章被分享与转发的次数也就会越多。

这种能满足受众猎奇心的新媒体文案标题，会让人产生好奇心，看后想了解事情的真相，如图 3-8 所示。

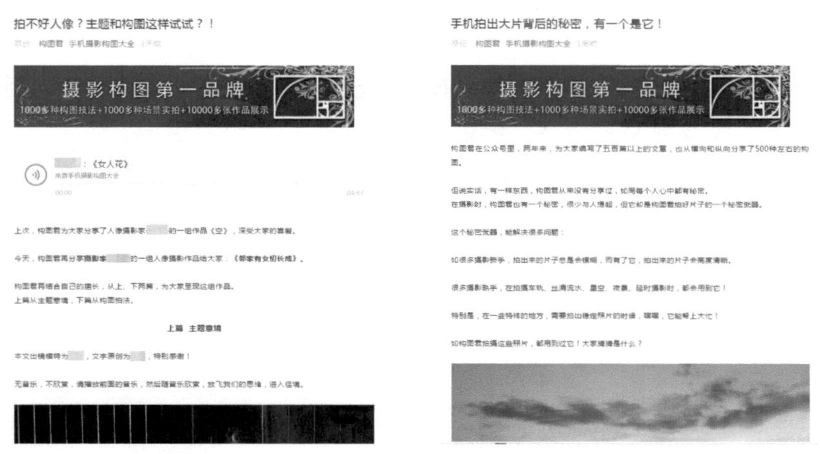

图 3-8　满足受众猎奇心的文案标题

3.2.2 展示价值满足求知心理

有部分人在浏览网页、手机上的各种新闻、文章时，抱有可以通过浏览学到一些有价值的东西、扩充自己的知识面和增加自己的技能等目的。因此，文章编辑者在撰写新媒体文案标题时，就可以将这一因素考虑进去，让自己编写的标题给受众一种能够满足学习心理需求的感觉。

能满足受众价值需求的文章标题，在标题上就可以看出文章中所蕴藏的价值，像这样能满足受众学习心理的文案标题案例如图 3–9 所示。

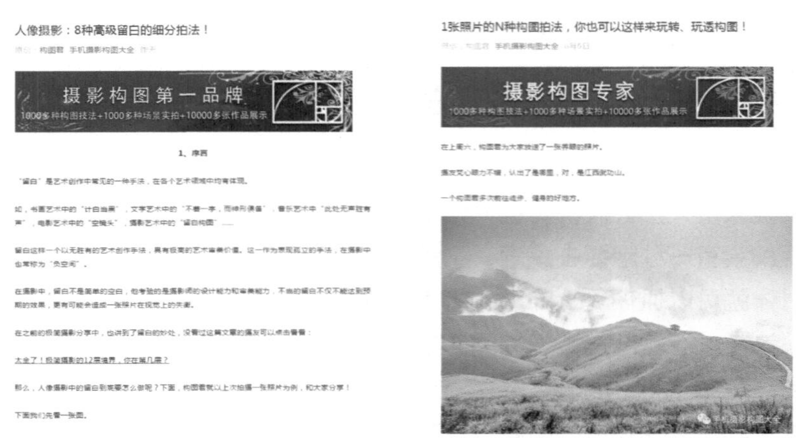

图 3-9　满足学习心理的文案标题案例

3.2.3　营造氛围满足娱乐心理

现如今，大部分人有事没事都会掏出自己的手机看看，逛逛淘宝，浏览微信朋友圈，关注新媒体文案信息，寻求乐趣，以满足自己的消遣心理。

一部分人会点开新媒体文案上各种各样的文章，是出于无聊、消磨闲暇时光、给自己找点娱乐的目的。那些以传播搞笑、幽默内容为目的的文章会比较容易满足受众的消遣心理需求，如冷笑话、幽默与笑话集锦等，如图 3–10 所示。

图 3-10　满足受众消遣心理的文案标题案例

3.2.4 传递温度满足慰藉心理

在这个车水马龙、物欲横流的社会，大部分人都为了自己的生活在努力奋斗着或者漂流在异乡，与身边人的感情也都是淡淡的，生活中、工作上遇见的糟心事也无处诉说。渐渐地，很多人养成了从文字中寻求关注与安慰的习惯。

当他们看见那些传递温暖、含有关怀意蕴的文章标题时，自身就会产生一种被温暖、被照顾、被关心的感觉，就会忍不住去点击阅读。现在很多阅读量高的情感性文章就是抓住了受众想要在文章当中寻求到一定的心灵抚慰，从而更好地投入生活、学习和工作中去的心理。

因此，在撰写新媒体文案标题时，可以多用一些能够温暖人心、给人关怀的词语，满足受众的慰藉心理。

图 3-11 所示的几篇文章的标题就是典型的能满足受众慰藉需求的标题，这种标题给人的感觉就像是一位老朋友，温暖人心。

图 3-11　满足受众慰藉心理的文案标题案例

3.2.5 抛出诱饵满足获得心理

人们总是会对跟自己有关的事情多上点心，对关系到自己利益的消息多点注意，这是人类很正常的一种行为，文章标题满足受众私心心理需求其实就是指满足受众关注与自身相关事情的心理。

新媒体文案撰写者在写文章标题时就可以抓住人们的这一点需求，将文章标题打造成这种类型的，引起受众的关注。但是需要注意的是，如果一篇文章写了这样的标题，文章内容就一定要与受众的实际利益相关联。

因为如果每次借用受众的获得心理需求来引起受众的兴趣，可实际却没有满足受众的需求，这样的标题用多了受众就会产生免疫，看见标题的第一眼就知道文章的内容没有一点用处。久而久之，不仅会让受众不看该文章，甚至会引起受众的反感心理，从而取消关注该新媒体账号。

图 3-12 所示的文章标题就是能满足受众的获得心理的标题，它能引起受众的兴趣，从而进一步点击文章阅读。

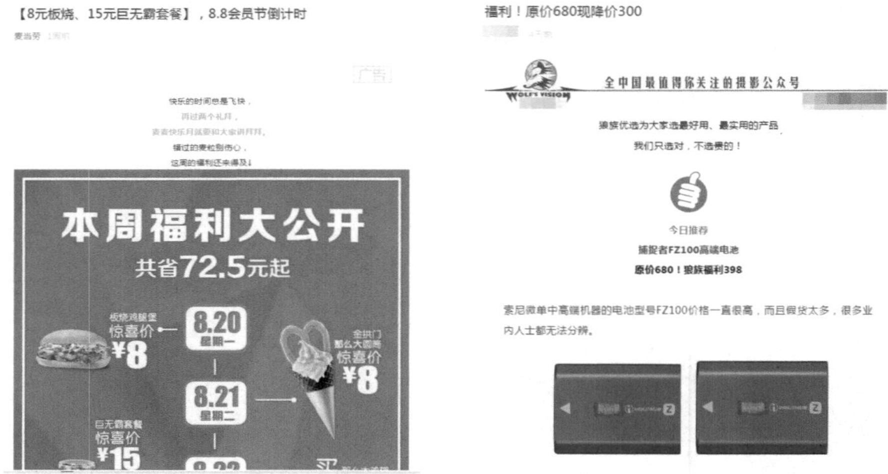

图 3-12　满足受众获得心理的文案标题

3.3　量化：运用数字增强说服力

如今的时代是一个“数字”型时代，任何事情都和数字挂钩，人们的日常生活也都离不开数字，在学习新媒体文案标题的打造中，学会如何用醒目的数字吸引和冲击受众的视觉，才能够更好地吸引受众关注，为一篇文案的阅读量打下良好的基础。

数字是真实而又十分准确的，一个新媒体文案标题之中，如果出现了数字，会让这篇新媒体文案更具说服力，也更能让受众信服。

受众在看一篇文章的时候，一般希望能够不用费太多的心力就能简单清楚地看懂这篇文章到底说的是什么，这时将数字放入标题当中，就能很好地解决受众的这一问题。本节将从如何打造数字型标题的思路出发，重点介绍 4 种数字形式打造新媒体爆款标题的方法。

3.3.1 人的数量：用数据换重视

撰写者在撰写新媒体文案标题时，加入表示“人”的数量词，就可以很好地吸引受众的目光，引起受众的重视和注意，可以让受众准确地知道和了解这一篇文章里面到底说的是什么，有多少人，往往越是简单、清楚、拿数据说话的标题，越能引起受众的注意，从而点开文章阅读。

图 3-13 所示为撰写者在新媒体文案标题中加入了表示“人”的数量的案例。从这两个案例中可以清楚地看到，当中所涉及的人数和这些“人”所涉及的事情性质，起到快速引起受众重视的作用。

图 3-13 文案标题中表示“人”数量的案例

3.3.2 钱的数量：发挥敏感功效

钱在人们的日常生活里扮演着十分重要的角色，是人们生活、工作都离不开的重要组成部分，俗话说“无钱寸步难行”，虽然这句话从一定层面来看有点偏激，但不得不承认钱在生活中所扮演的角色是多么重要和不可缺少。有关钱的信息一般很容易被人发觉到，这一敏感的字眼不管出现在哪里都能吸引人们的视线，受到人们的关注。

像这样带有钱的数量的数字型文案标题在新媒体文案撰写中是十分常见的。

一般来说，能让人通过标题对新媒体文案产生好奇心的表示钱的数量的标题有两种不同的情况：①钱的数额对于普通人来说尤其巨大；②钱的数额对于普通人来说很小。

像这样的数额巨大和数额极小的两种极端的存在，在引起受众震惊的同时会勾起受众的好奇心。受众在看到这种标题时会想要去查看关于标题中所出现的钱的具体情况，这样一来，这一篇新媒体文案的标题也就能吸引更多的受众关注了。

图 3-14 所示为在新媒体文案标题中加入了与钱有关的数量的案例，它们或是数量看着大而作者却提出了反驳，或是利用数字对比带给受众强烈的视觉冲击。

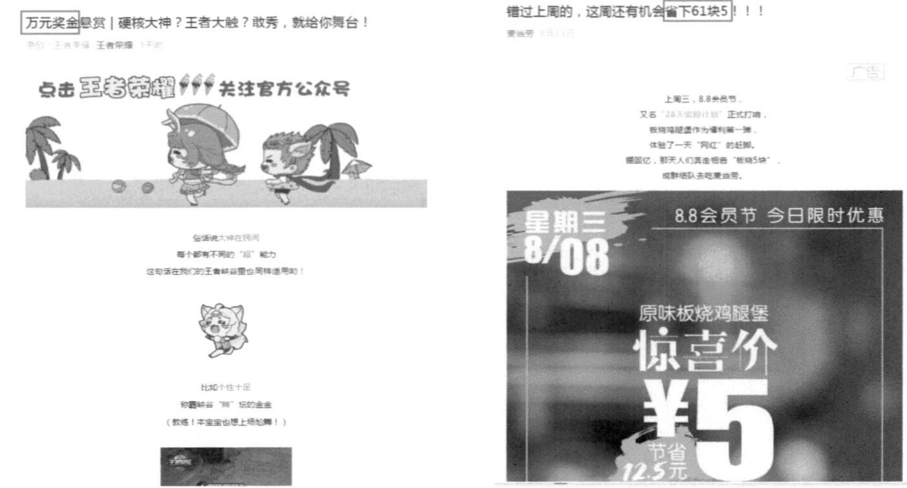

图 3-14　关于钱的标题案例

3.3.3　时间数量：对比造成冲击

人们经常提到的表示时间的计量单位有“年”“月”“天”“小时”“分钟”“秒”等，一般而言，“年”“月”表示的时间长，“天”“小时”“分钟”“秒”表示的时间短。比如在新媒体文案的标题之中有出现“月”时，通常所表示的就是短时间里能看到比较大的效果。

表示时间长短要视具体情况而定，关键是要体现出对比性，这样才能更大限度地吸引受众的注意力，激起受众查阅文章内容的兴趣，如图 3-15 所示。

图 3-15　表示“时间”的文案标题

3.3.4　程度数量：直观表达关系

表示程度的有 % 和“倍”。% 就是百分号，指的将某一整体划分为 100 份，再看看这些被划分了的小部分在这整体的 100 份之中所占的比例的大小。现实生活中常用到的占比情况，在大部分情况下都用 % 来表示。

% 所表示的是一个比率，可以很直观地表现出所涉及的事物大致有多少。因此，在新媒体文案的标题撰写当中，如果出现了 % 这一表示占比的符号，会让受众很容易注意到这一文案。

“倍”在表示程度时代表的是“倍数”的意思。在新媒体文案的撰写当中出现的“倍”往往都有一个对比的对象，相比某一事物，有所增长或是下降。“倍”的出现相对于几组单纯的数据来说，能说明的问题更加直接，比如“某学校今年招生人数是去年的 3 倍”，在这句话里，就可以很直观地看出增长的程度。

受众往往更喜欢看直接的东西，有数据就将数据展现出来，增长多少就用倍数表示，尽量减少受众去搜集资料或计算的过程，这也能够在一定程度上提高受众的阅读体验，如图 3–16 所示。

新个税法六大看点：后月入2万以下将减税50%以上

2018-09-01 08:26:29

十三届全国人大常委会第五次会议31日表决通过了关于修改个人所得税法的决定，标志着个税法完成第七次大修。

“起征点”缘何定为每月5000元？新税法能给工薪阶层减多少税？专项附加扣除究竟怎么抵扣？……面对社会关切的热点问题，当天下午全国人大常委会办公厅在人民大会堂举行新闻发布会，财政部、国家税务总局有关负责人一一作答。

看点一：每月5000元“起征点”出于三大考虑

个税基本减除费用标准（即通常说的“起征点”）备受关注。每月5000元的标准缘何而定？

财政部副部长程丽华说，主要基于三方面考虑：

一是统筹考虑城镇居民人均基本消费支出、每个就业者平均负担的人数、居民消费价格指数等因素后综合确定的。根据国家统计局抽样调查数据测算，2017年我国城镇就业者人均负担的消费支出约为每月3900元，按照近三年城镇居民消费支出年均增长率推算，2018年人均负担消费支出约为每月4200元。基本减除费用标准确定为每月5000元，不仅覆盖了人均消费支出，而且体现了一定的前瞻性。

二是此次修法除基本减除费用标准外，新增了多项专项附加扣除，扩大了低档税率级距，广大纳税人都能不同程度享受到减税红利，特别是中等以下收入群体获益更大。仅以基本减除费用标准提高到每月5000元这一项因素来测算，修法后个税纳税人占城镇就业人员的比例将由现在的44%降至15%。

三是新增两项扣除，一是赡养老人专项附加扣除，二是允许劳务报酬、稿酬、特许权使用费等

同消耗1卡热量，这个训练多燃烧9倍脂肪

点击上方蓝字 可以关注我哟~

同学们好，周一了，大多数人又开始准备新一周的锻炼了。

最近我也在考虑换换写作的形式——多写点，但是写短些：让一次的文章，尽量解决一个问题；或者，能介绍一个有意思的观点。

今天呢，我们就来聊聊关于运动燃烧热量的事情。

—— 运动燃烧热量越多，你就更瘦？ ——

图 3-16　表示“程度”的文案标题

3.4　技巧：高点击率标题长这样

在新媒体的运营过程中，标题的重要性不言而喻，正如微信公众平台流传的一组数据所言：“标题决定了 80% 的流量。”虽然其来源和准确性不可靠，但由其流传之广就可知，其中涉及的关于标题重要性的话题是值得重视的。

在了解了标题设置目的和要求的情况下，接下来应该具体了解怎样设置标题和利用什么表达方式去设置标题。

3.4.1　福利型：直接抛出诱饵

福利型的标题是指在文章标题上向受众传递一种“阅读这篇文章你就赚到了”的感觉，让受众自然而然地想要去阅读文章。一般来说，福利型标题准确把握了受众贪图利益的心理需求，让受众一看到“福利”的相关字眼就会忍不住点击阅读。

福利型标题的表达方式有两种：①比较直接的方式；②间接的表达方式。虽然方式不同，但是效果都相差无几，具体如图 3-17 所示。

福利型标题有直接福利型和间接福利型两种不同的表达方式，不同的标题案例有不同的特色，这两种福利型标题的经典案例，如图 3-18 和图 3-19 所示。

这两种类型的福利型标题虽然稍有区别，但本质上都是通过“福利”来吸引受众的眼球，从而提升文章的点击率。

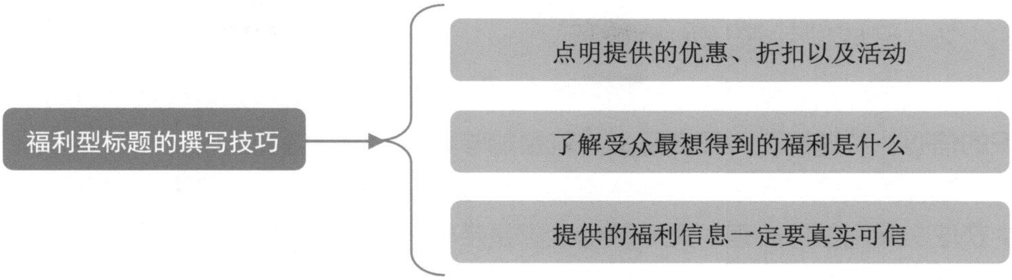

福利型标题的撰写技巧
- 点明提供的优惠、折扣以及活动
- 了解受众最想得到的福利是什么
- 提供的福利信息一定要真实可信

图 3-17　福利型标题的撰写技巧

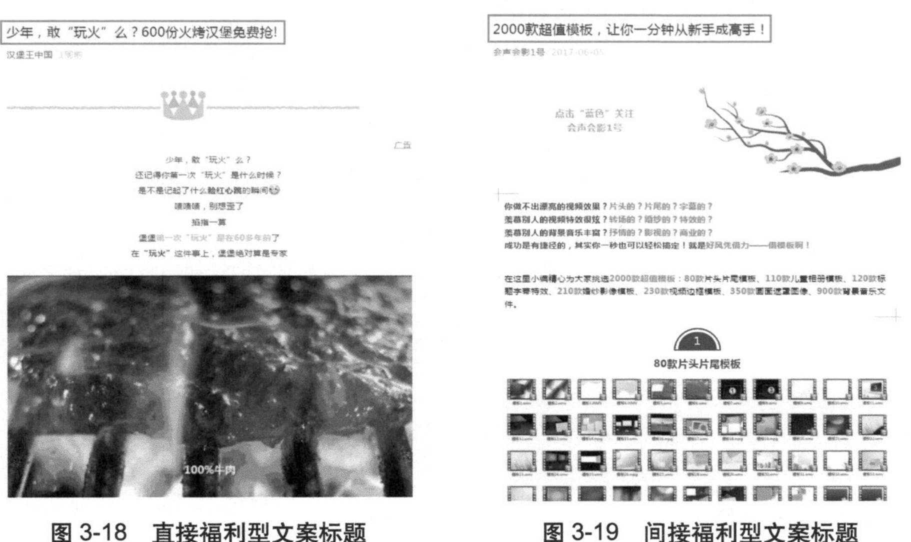

图 3-18　直接福利型文案标题　　图 3-19　间接福利型文案标题

专家提醒

福利型的标题通常会给受众带来一种惊喜之感，试想，如果一篇文案的标题中或明或暗地指出文中含有福利，受众难道不会心动吗?

福利型标题既可以吸引受众阅读文章，又可以为受众带来实际利益，一举两得。福利型标题虽然容易吸引受众的注意力，但在撰写时也要注意，不要因为侧重福利而偏离了主题，而且最好不要使用太长的标题，以免影响文章的传播效果。

3.4.2 速成型：快速传授技巧

速成型标题是指向受众传递一种只要阅读了文章后就可以掌握某些技巧或知识的信心，“速成”，顾名思义，就是能够马上学会、得到。

这种类型的标题之所以能够引起受众的注意，是因为抓住了人们想要从文章中获取实际利益的心理。大多数受众都是带着一定的目的阅读文章的，要么是希望文章中含有福利，比如优惠、折扣；要么是希望能够从文章中学到一些有用的知识。因此，速成型标题的魅力是不可阻挡的。

在打造速成型标题的过程中，往往会碰到这样一些问题，比如“什么样的技巧才算速成？”“速成型的标题应该具备哪些要素？”等。那么，速成型的标题到底应该如何撰写呢？笔者将其经验技巧总结为如图 3-20 所示的 3 点。

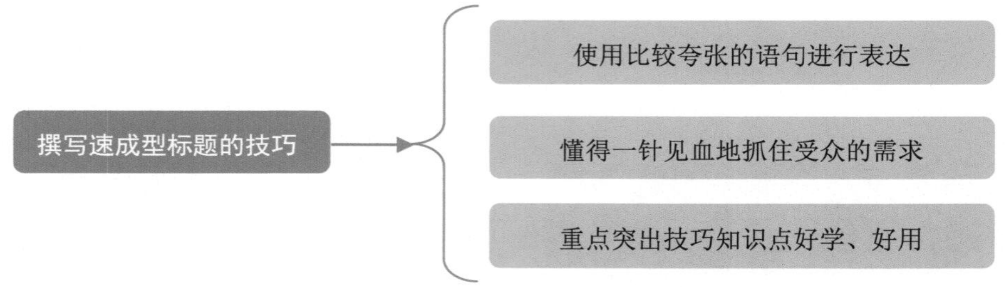

图 3-20　撰写速成型标题的技巧

专家提醒

值得注意的是，在撰写速成型标题时，最好不要提供虚假的信息，比如“一分钟一定能够学会这样 XX”“3 大秘诀包你 XX”等。速成型标题虽然需要添加夸张的成分，但要把握好度，要有底线和原则。

速成型标题通常会出现在技术类的文案之中，主要是为受众提供实际好用的知识和技巧，如图 3-21 和图 3-22 所示为速成型标题的典型案例。

“手机摄影构图大全”公众号发布的文章标题明显是干货内容，而且还借用数字的形式为速成型标题添彩；“美食天下”公众号发布的文章标题也是速成型标题中的形式。

受众在看见这种速成型标题时，就会更加有动力去阅读文章里面的内容，因为这种类型的标题会给人一种学习这个技能很简单，不用花费过多的时间和精力的印象。因此，大多数受众会选择相信这个标题，进而阅读文章内容。

这11种构图，助你拍出不一样的元宵花灯和汤圆

原创：构图君 手机摄影构图大全 3月2日

刚过完春节小长假，许多网友大呼拍不过瘾！

没关系！这不，又迎来了一年一度的元宵节。

元宵节必定是离不开吃汤圆的，那热乎乎圆滚滚的汤圆，轻轻咬上一口，中间的馅便争先恐后的跑了出来，溢满了嘴角，满足你的每一个味蕾。

吃饱喝足之后，当然还少不了一项活动——看花灯！

宫灯、龙灯、走马灯，看得人眼花缭乱！看完花灯后，这才是过完了一个完整的元宵节！

正是有了这美味的汤圆，做工精细的花灯，大家也都按捺不住内心的喜悦，纷纷拿出手机在朋友圈晒了起来。在众多的照片中，想让你的照片脱颖而出吗？

那就快来跟构图君一起学习11种构图方法吧！

1、景深构图：虚实相衬，相得益彰

将焦点对在汤圆上，汤圆便清晰的凸显了出来，而背景也被虚化了。

再通过背景芝麻颗粒、树枝的衬托，让汤圆显得更为高档，整体画面更有氛围。

图 3-21 “手机摄影构图大全”公众号速成型标题

必胜客同款披萨！厨房小白也能学会哦~

美食天下 2017-05-30

话说，
去必胜客吃一次披萨是不是很过瘾？
想去的次数是不是一次次增多呢？
果然，机智如我！
必胜客的披萨虽然很好吃，
但是太贵，吃一次钱包就瘪了一圈！
太心疼了！小编发现这个披萨也不复杂啊，
即使是厨房小白也能一学就会哦~
想自己在家做？宝典拿去！

图 3-22 “美食天下”公众号速成型标题

3.4.3 励志型：鼓舞受众情绪

励志型标题最为显著的特点就是“现身说法”，一般是通过第一人称的方式讲故事，故事的内容包罗万象，但总的来说离不开成功的方法、教训及经验等。

如今很多人都想致富，却苦于没有致富的定位，如果这时给他们看励志型文案，让他们知道企业是怎样打破枷锁，走上人生巅峰的。他们就很有可能对带有这类标题的文章感到好奇，因此这样的标题结构就会看起来具有独特的吸引力。励志型标题模板主要有两种，如图 3-23 所示。

励志型标题的好处在于煽动性强，容易制造一种鼓舞人心的感觉，勾起受众的阅读欲望，从而提升文章的打开率和点击率。

那么，打造励志型的标题是不是单单依靠模板就好了呢？答案是否定的，模板固然可以借鉴，但在实际的操作中，还是要根据文章内容的不同而研究特定的励志型标题。总的来说有 3 种经验技巧可供借鉴，如图 3-24 所示。

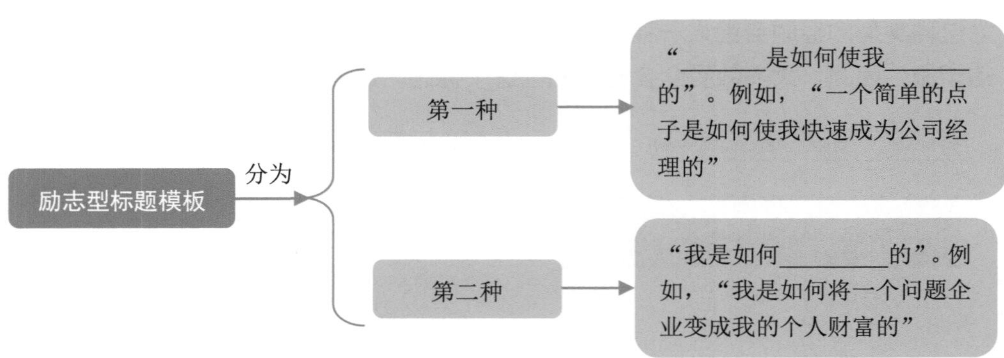

图 3-23　励志型标题的两种模板

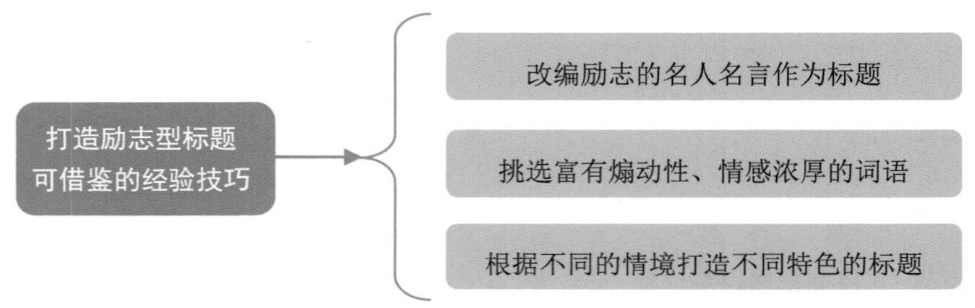

图 3-24　打造励志型标题可借鉴的经验技巧

一个成功的励志型标题不仅能够带动受众的情绪，而且还能促使受众对文章产生极大的兴趣，从而产生一定的影响。图 3-25 所示为励志型标题的典型案例展示，都带有较强的励志情感。

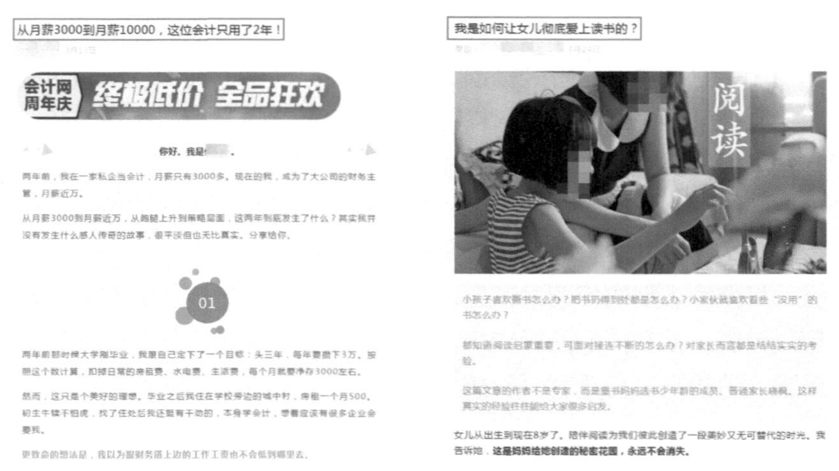

图 3-25　励志型标题

专家提醒

励志型标题一方面是利用受众想要获得成功的心理，另一方面则是巧妙掌握了情感共鸣的精髓，通过带有励志色彩的字眼来引起受众的情感共鸣，从而成功吸引受众的眼球。

3.4.4 冲击型：给人造成触动

不少人认为："力量决定一切。"这句话虽带有太绝对化的主观色彩，但也有一定的道理。其中，冲击力作为力量范畴中的一员，在公众号文案撰写中有着它独有的价值和魅力。

"冲击力"，即文案带给人在视觉和心灵上的触动和力量，也是引起受众关注的原因所在。

在具有冲击力的文案标题撰写中，要善于利用"第一次"和"比……还重要"等类似的较具有极端性特点的词汇——因为受众往往比较关注那些具有特别突出特点的事物，而"第一次"和"比……还重要"等词汇最能充分体现其突出性，往往能带给受众强大的戏剧冲击感和视觉刺激感。

图 3-26 所示为一些带有冲击感的微信公众号文案标题案例。这两篇文案其标题利用较极端的语言，如"第一次""比能力还重要"等进行撰写，给受众造成了一种视觉乃至心理上的冲击。

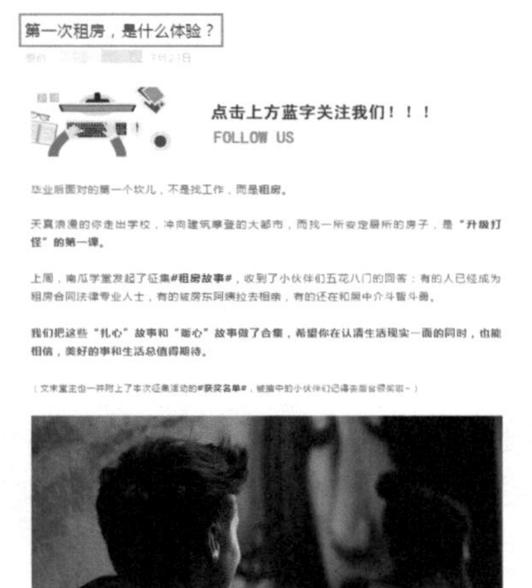

图 3-26 带有冲击感的文案标题案例

专家提醒

新媒体文案编辑者在运用冲击型标题时，需要注意运用的文章是否恰当，像宣传产品的文章就不要用带有极端性的词汇，如"最""极"等。

3.4.5　揭露型：满足好奇心理

揭露真相型标题是指为受众揭露某件事物不为人知的秘密的一种标题。大部分人都会有一种好奇心和八卦心理，而这种标题则恰好可以抓住受众的这种心理，从而给受众传递一种莫名的兴奋感，充分引起受众的兴趣。

新媒体文案撰写者可以利用揭露真相型标题做一个长期的专题，从而达到一段时间内或者长期凝聚受众的目的。而且，这种类型的标题比较容易打造，只需把握如图 3-27 所示的 3 大要点即可。

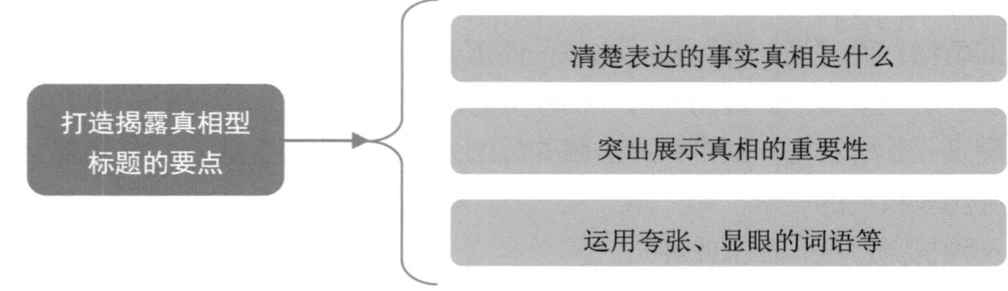

图 3-27　打造揭露真相型标题的要点

专家提醒

揭露真相型标题，最好在标题之中显示出冲突性和巨大的反差，这样可以有效吸引受众的注意力，使得受众认识到文章内容的重要性，从而愿意主动阅读文章，提升文章的阅读量。

图 3-28 所示为揭露真相型的文章标题，这两篇文章的标题都侧重于揭露事实真相，文章内容也是侧重于讲解不为人知的新鲜知识，从标题上就做到了先发制人，因此能够有效吸引受众的目光。

揭露真相型标题其实和建议型标题有不少相同点，因为都提供了具有价值的信息，能够为受众带来实际的利益。当然，所有的标题形式实际上都是一样的，都带有自己的价值和特色，否则也无法吸引受众的注意，更别提为文章的点击率和阅读量做出贡献了。

你不知道吧？孩子根本就没有拖延症！

让我们一起学习，做更好的父母！

文/月下客
转载自微信公众号

01

有个读者朋友听说我会做心理疗愈，就跑来问我：“　　啊，我家孩子得了拖延症，你能治吗？”

等会，咱们先来科普一下所谓的拖延症是什么意思。

拖延症是指自我调节失败，在能够预料后果有害的情况下，仍然把计划要做的事情往后推迟的一种行为。

这位读者朋友说自己10岁的女儿得了拖延症，每天作业其实并不多，但是要写到11点多，洗澡刷牙也磨磨蹭蹭，为了这个，她每天心里起急，控制不住地和孩子吼，还查阅了好多资料，电访了几位“专家”，后来又带着孩子到处去看拖延症，但是治了半天没什么效果。于是就来找我碰碰运气。

我和她聊了十几分钟，得出一结论：“您的孩子没有拖延症，她的拖延只是一种策略。”

你不知道的幸福婚姻秘诀

你不知道的幸福婚姻秘诀

00:00　　09:49

点击音频，即可聆听

本期主播 |

很多人都有这样的感觉，进入婚姻越久，就越容易忽视婚姻中出现的问题。而实际上只要我们稍加留意，就会发现一些生活细节早把关系的变化显露无疑。

比如，不管你进入婚姻多久，如果想看看自己的心是否还依然跟对方在一起，回顾一下这样的场景就可以了：

> 假如你工作或生活有了新进展，想想看你最想告诉的人是谁呢？
>
> 当你遇到挫折和失败，你又觉得谁最能替你分担呢？
>
> 你会第一时间想要跟你的伴侣分享吗？
>
> 然后，你真的会这么去做吗？最终，对方的回应会让你感觉到满足吗？

如果在婚姻中，你最快乐和最痛苦的时光不再向另一半敞开，实际上你的心就已经开始疏远对方

图 3-28　揭露真相型标题

3.4.6　经验型：提供实用价值

在生活中，经验型标题特别受受众喜爱，因为受众通常会带着目的性去阅读文案，抱着在文中吸取某一方面的经验和总结的想法，以提高自身的能力。而带有此类标题的文章通常也会为受众提供富有价值的经验和技巧，以有效吸引固定的粉丝，提升粉丝总数。

这种类型的文案标题对撰写者的要求很高，撰写者需要通过大量文章的阅读对比给受众一个眼前一亮的结果，简单明了，使其读过之后少走一些弯路。另外，经验型标题下的文章内容，还需要达到如图 3–29 所示的 3 个要求。

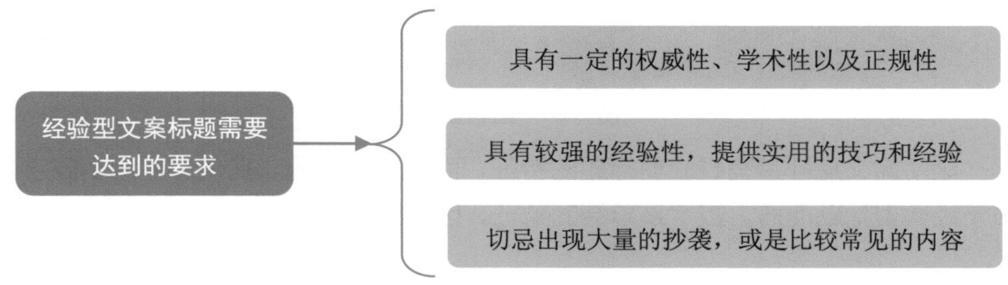

图 3-29　经验型文案标题需要达到的要求

那么，经验型的标题究竟应该如何打造呢？很多人会想，经验型标题不就是显示出自己的文章含金量高吗？实际上，仅仅这一点还不足以打造一个完美的经验型标题，只有达到如图 3-30 所示的 3 点要求才能如愿以偿。

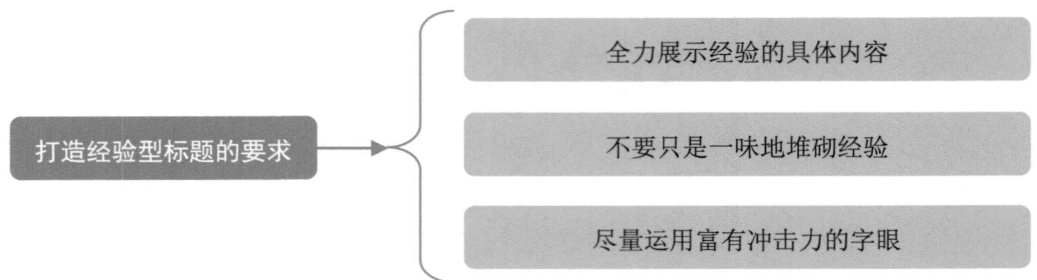

图 3-30　打造经验型标题的要求

例如《女人一生一定要做的 20 件事》《必备！ 5 大澳洲留学必下 App》等，这类标题都属于经验分享型的文案，吸引人的地方就在于干货多、归纳性强及比较实用，很多受众都喜欢。图 3-31 所示为典型的经验型标题。

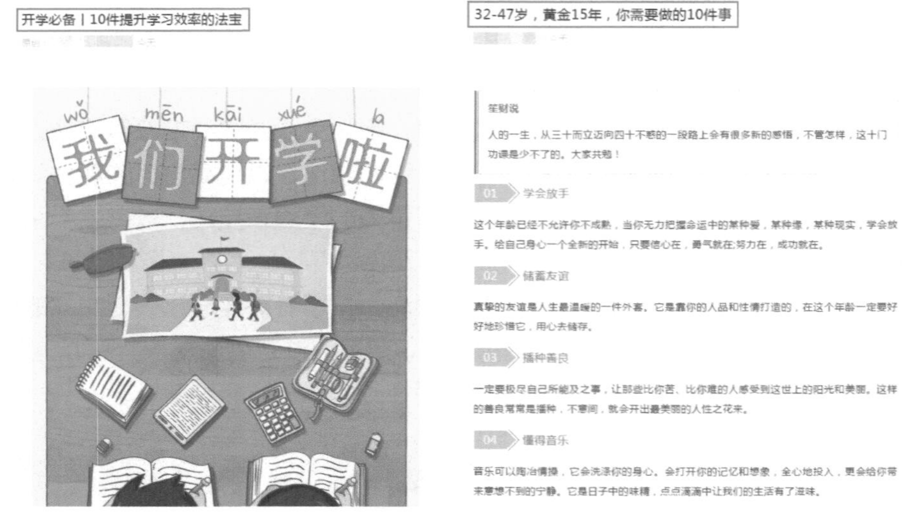

图 3-31　经验型标题

这两篇文章都带有经验型标题的特征，而且可以看到，它们都运用了数字。对于经验型标题而言，数字是总结的象征，因此比较常用。

3.4.7 悬念型：激发阅读兴趣

好奇是人的天性，悬念型标题就是利用人的好奇心来打造的，首先抓住受众的眼球，然后提升受众的阅读兴趣。

标题中的悬念是一个诱饵，引导受众阅读文章内容，因为通常受众看到标题里有没被解答的疑问和悬念，就会忍不住进一步弄清楚这到底是怎么回事。这就是悬念型标题的套路。

悬念型标题的文章在人们的日常生活中运用得非常广泛，非常受欢迎。人们在看电视剧、综艺节目时也会经常看到一些节目预告之类的广告，这些广告就会采取这种悬念型的标题引起观众的兴趣。利用悬念撰写标题的方法通常有 4 种，如图 3–32 所示。

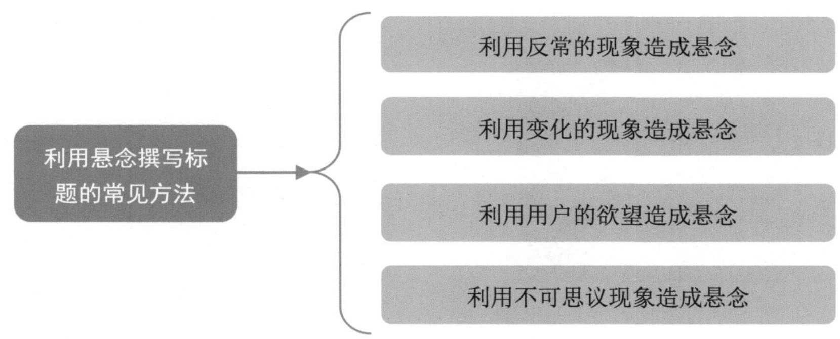

图 3-32　利用悬念撰写标题的常见方法

悬念型标题主要目的是增加文章内容的可读性，因此微信公众号文章编辑需要注意的一点是，使用这种类型的标题，一定要确保文章里面的内容确实能够让受众感到惊奇、充满悬念，不然就会引起受众的失望与不满，继而就会让受众对公众号产生怀疑，影响微信公众平台在受众心中的美誉度。

悬念型的标题是文案撰写者青睐有加的标题形式之一，它的效果也是有目共睹的，是比较保险的一种标题取法。如果不知道怎么给文章取标题，悬念型标题是一个很不错的选择。

悬念型标题是运用得比较频繁的一种标题形式，很多文案都会采用这一标题形式来引起受众的注意力，从而达到较为理想的营销效果和传播效果。图 3–33 和图 3–34 所示为悬念型标题的典型案例。

专家提醒

文案的悬疑标题仅仅为了悬疑，这样一般只能够博取大众大概1～3次的眼球，很难保留长时间的效果。如果内容太无趣、无法达到文案引流的目的，那就是一篇失败的文案，会导致文案营销的活动也随之泡汤。

因此，文案撰写者在设置悬疑型标题时，需要非常慎重，最好是有较强的逻辑性，切忌为了标题走钢索，而忽略了文案营销的目的和文案本身的质量。

震惊！世界顶级富豪们原来是这样读书的！

EMBA

你肯定知道比尔·盖茨很有钱，可是你知道吗？比尔·盖茨也读了很多书！

其实，不光是比尔·盖茨，巴菲特、扎克伯格，这些世界顶级富豪，可能比你想象的要努力得多，读书是他们共同的爱好，也许这一点就足以造就人与人之间很大的不同。

比尔·盖茨：每周读一本书

作为全世界知名度最高的顶级富豪，比尔·盖茨让人难忘的，除了他那天文数字般的财富总额，

图 3-33　EMBA 公众号的悬念型标题

这些最“俗”的话，竟然是成语！

人生助理

请点击上面　免费关注本账号！

都说艺术源于生活，其实成语的文化也潜藏在生活中。

你说的话、做的事、想的问题，都与它息息相关。

下面这些成语，它们不高雅，很通俗，你一定说过！

当我们评价人的好坏：

老江湖

实心眼

假慈悲

一肚子坏水

图 3-34　“人生助理”公众号的悬念型标题

EMBA 公众号发布的《震惊！世界顶级富豪们原来是这样读书的》是十分明显的悬念型标题。而“人生助理”公众号的《这些最“俗”的话，竟然是成语！》同样也是利用设置悬念的方式来吸引受众的眼球。

3.4.8　借势型：借助热点之力

借势是一种常用的文案写作手法，借势型标题是指在文章标题上借助社会上一些时事热点、新闻的相关词汇来给文章造势，增加点击量。

借势一般都是借助最新的热门事件吸引受众的眼球。一般来说，时事热点拥有一大批关注者，而且传播的范围也会非常广，微信公众号文章的标题借助这些热点就可以让受众轻易地搜索到该篇文章，从而吸引受众去阅读文章里的内容。

那么，在创作借势型标题时，应该掌握哪些技巧呢？笔者认为，可以从如图 3-35 所示的 3 个方面来努力。

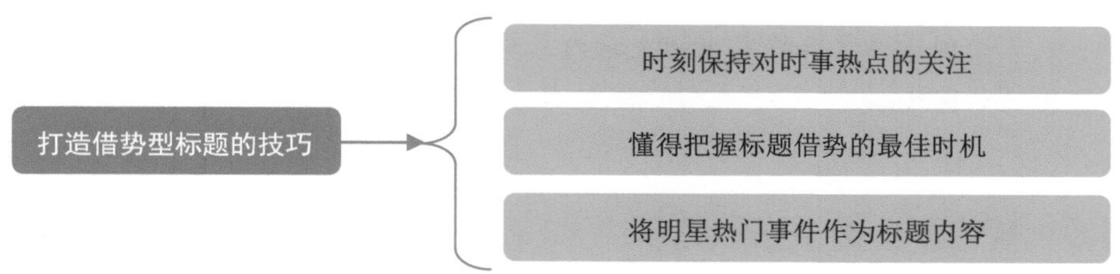

图 3-35　打造借势型标题的技巧

2018 年 7、8 月，清宫剧《延禧攻略》热播，并快速引来大量观众的热议。虽然这是一部宫廷剧，但是，其中也向观众呈现了大量特色菜。正是因为这一点，某个以美食为主的公众号顺势推出了一篇关于清宫特色菜的文章，如图 3-36 所示。

除了影视剧之外，影视明星也是许多撰写者的借势对象。比如，2018 年徐峥凭借在《我不是药神》中的精彩演绎，迅速成为自带热点的明星。于是某个电影类公众号便借助徐峥推出了一篇文章，如图 3-37 所示。

图 3-36　借助《延禧攻略》的标题　　　　图 3-37　借助演员徐峥的标题

专家提醒

值得注意的是，在打造借势型标题时，要注意两个问题：①带有负面影响的热点不要蹭，大方向要积极向上，充满正能量，带给受众正确的思想引导；②最好在借势型标题中加入自己的想法和创意，然后将发布的文章内容与之相结合，做到借势和创意的完美同步。

3.4.9 警告型：给予强烈暗示

警告型标题常常通过发人深省的内容和严肃深沉的语调给受众以强烈的心理暗示，从而给受众留下深刻印象。尤其是警告型的新闻标题，常常被很多微信公众号文章撰写者所追捧和模仿。

警告型标题是一种有力量且严肃的标题，也就是通过标题给人以警醒作用，从而引起受众的高度注意，它通常会将以下 3 种内容移植到平台文章标题中，如图 3-38 所示。

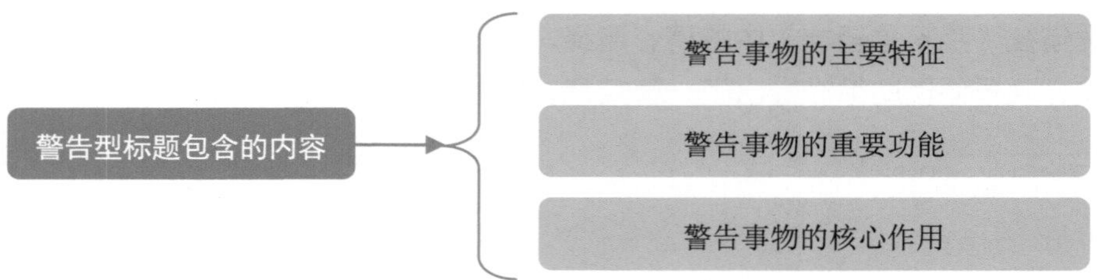

图 3-38　警告型标题包含的内容

那么，警告型标题应该如何构思打造呢？很多人只知道警告型标题能够起到比较显著的影响，容易夺人眼球，但具体如何撰写却是一头雾水。笔者在这里想分享 3 点技巧，如图 3-39 所示。

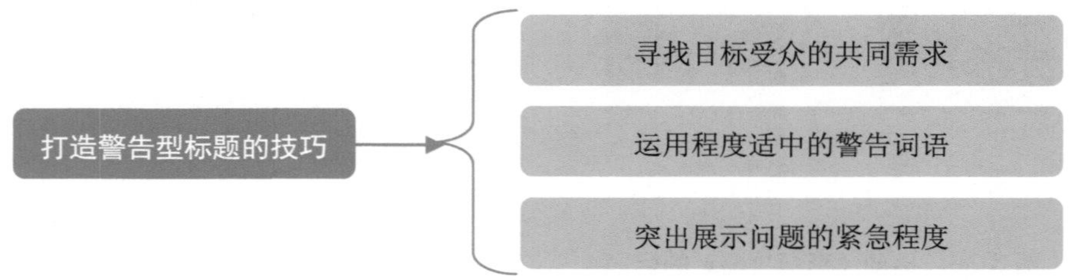

图 3-39　打造警告型标题的技巧

警告型标题可以应用的场景很多，无论是技巧类的微信公众号平台文章，还是供大众娱乐消遣的娱乐八卦新闻，都可以用到这一类型的标题形式。图 3-40 所示为带有警告型标题的文章，第一篇中的“注意”是关键词，让受众一眼就锁定，从而产生阅读的兴趣；第二篇文章中的“警惕”，既起到了警告受众的作用，又吸引了受众阅读文章内容。

图 3-40　警告型标题

选用警告型标题，主要是为了提升受众的关注度，大范围地传播文章。因为警告的方式往往更加醒目，并且触及受众的利益，那些本来不想阅读的受众，也会点击进去阅读。因为涉及自身利益的事情都是受众最关心的。

专家提醒

新媒体平台文案撰写者在运用警告型标题时，需要注意运用的文章是否恰当，因为并不是每一篇文章都可以使用这种类型的标题。

这种标题形式运用得恰当，则能加分，起到其他标题无法替代的作用。运用不当，很容易让受众产生反感情绪或引起一些不必要的麻烦。因此，文案作者在使用警告型新闻标题时要谨慎小心，注意用词恰当与否，绝对不能草率行文，不顾文章内容胡乱取标题。

3.4.10 反常型：打破固有思维

人们一般习惯顺着逻辑思维来思考和看待问题，因此，那些与正常思维方向相悖的话题和内容就很容易成为关注的焦点，如图 3-41 所示，其标题都是通过一种违反人们习惯思维的方式来进行撰写的。

图 3-41 反向思维的文案标题案例

文章《真正优秀的人 从不安分》，“为什么真正优秀的人会不‘安分’呢？”的疑问促使受众为了去找寻这一问题的答案而阅读文章。文章《我最大的错误，是当了特种兵！》，这一文案标题所陈述的事实不可思议，因为该公众号的名称是“爱特种部队”，显然其对特种兵这个特殊的兵种是有情怀的，那么，为什么又说当特种兵是最大的错误呢？这种反其道而行之的标题，总会引起受众的好奇而去阅读释疑。

3.4.11 画面型：营造阅读场景

人们在进行阅读时，一般会随着阅读的进行而进入角色，在脑海中形成一些画面。这种画面感的营造是最能带给受众好的阅读体验的方式之一。

因此，在微信公众号运营中，不仅可以在文案正文营造画面感，还可以直接在标题中就把这种画面感体现出来，这样就更容易让受众产生阅读的兴趣，营造出更好的阅读体验。

图 3-42 所示为公众号中营造出一种画面感的文案标题案例。这两篇文案，其标题都是通过营造一个画面或一种生活场景来进行撰写的。受众一看到文案的标题，就能产生身临其境的感觉，或者联想起意识中熟悉的场景画面。

例如，左边一篇文案标题，受众在看到“看着就想流口水”这一句话时就会在脑海中浮现出相关的画面。它带给人的不仅是视觉上的感受，还有异常美味的感受。

又如，右边一篇文案标题《大型抄作业翻车现场！仿佛看到了自己小时候哈哈哈》，给人一种身临其境的感觉，受众好像置身其间，感受到了同撰写者一样的心灵触动和想象中的画面，抄作业被发现的场景呈现在了眼前。

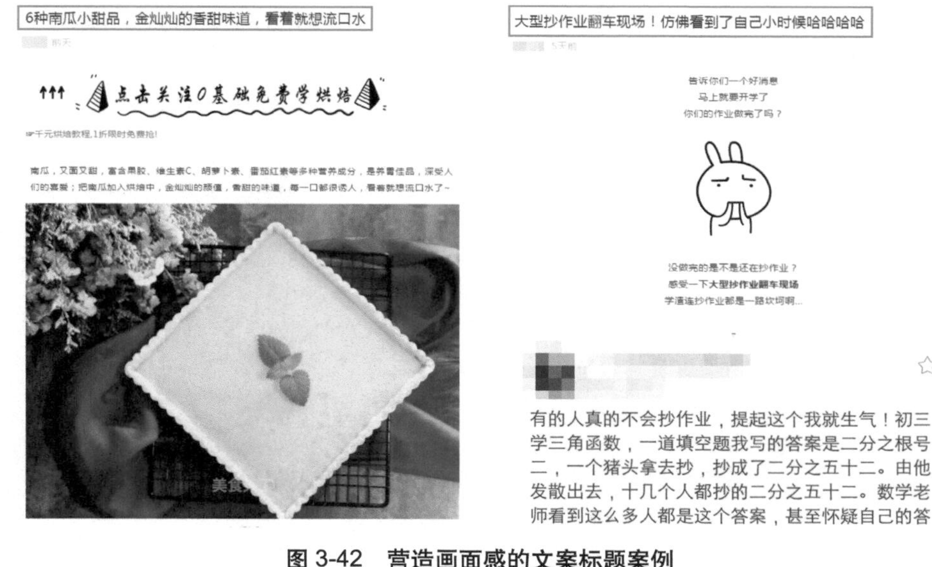

图 3-42　营造画面感的文案标题案例

3.4.12　急迫型：加速阅读步伐

很多人或多或少都会有一点拖延症，总是需要在他人的催促下才愿意动手做一件事。富有急迫感的文章标题就有一种类似于催促受众赶快阅读的意味在里面，它能够给受众传递一种紧迫感，让受众加快阅读文章的速度。

创作者使用急迫性文字撰写的文章标题，往往会让受众产生现在不看等会儿就看不了的感觉，从而立马阅读，并快速转发传播文章内容。那么，这类标题具体应该如何打造呢？笔者将其相关技巧进行总结，如图 3-43 所示。

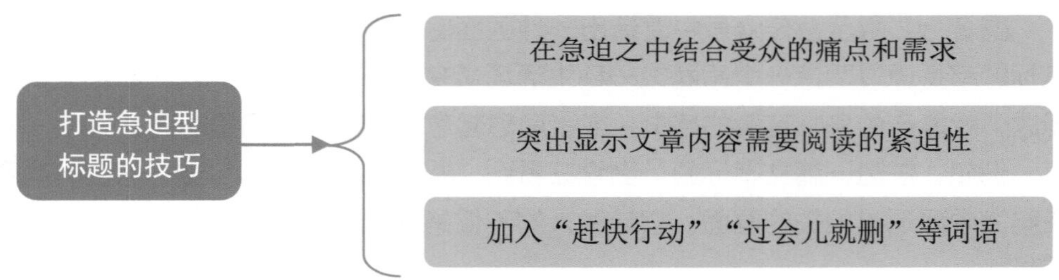

图 3-43　打造急迫型标题的技巧

急迫型标题是促使受众行动起来的最佳手段，而且也是切合受众利益的一种标题打造方式。图 3-44 所示为急迫型标题的典型案例。

图 3-44　急迫型标题案例

3.4.13　观点型：借用名人表达

观点型标题，是以表达观点为核心的一种标题撰写形式，一般会在标题上精准到人，并且把人名嵌入标题之中。值得注意的是，这种类型的标题还会在人名的后面紧接对某件事的个人观点或看法。

观点型标题比较常见，而且可使用的范围比较广泛，常用公式有如图 3-45 所示的 5 种。

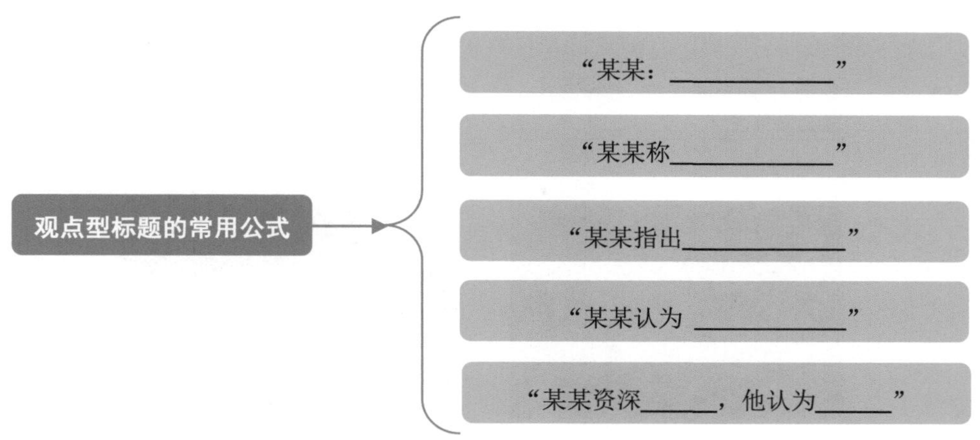

图 3-45　观点型标题的常用公式

当然，公式是一个比较呆板的东西，在实际的标题撰写过程中，不可能完全按照公式来做，只能说它可以为我们提供大致的方向。那么，在具体的观点型标题撰写时，有哪些经验技巧可以借鉴呢？笔者将其总结，如图 3-46 所示。

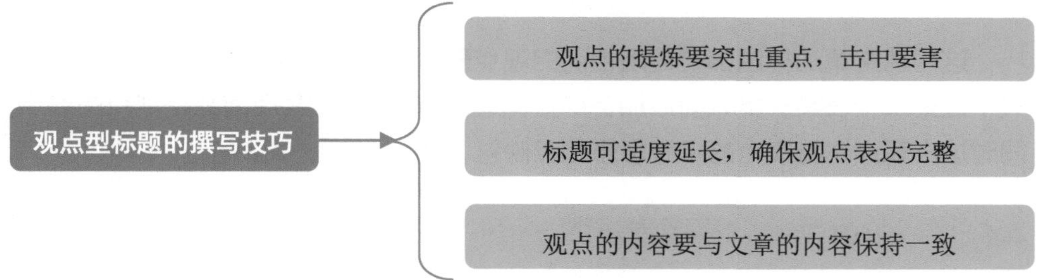

图 3-46　观点型标题的撰写技巧

例如，微信公众号“人物”发布的两篇文章，运用的就是典型的观点型标题，如图 3-47 所示。

专家提醒

观点型标题的好处在于一目了然，“人物 + 观点”的形式往往能在第一时间引起受众的注意，特别是当人物的名气比较大时，从而更好地提升文章的点击率。

图 3-47 观点型标题

这两篇文章的标题都是运用相同的观点形式，即“某某：______________”，只不过第二个在某一类人前添加了形容词进行修饰。而某某后面则是观点的展示，同时这个观点也与文章的中心思想相互映衬。

3.4.14 独家型：分享宝贵资源

独家型标题，也就是从标题上体现新媒体平台所提供的信息是独有的珍贵资源，值得受众点击和转发的感觉。从大众的心理方面而言，独家型标题所代表的内容一般会给人一种自己率先获知、别人所没有的感觉，因而在心理上更容易满足。

在这种情况下，好为人师和想要炫耀的心理就会驱使受众自然而然地去转发文章，成为微信公众号潜在的传播源和发散地。

独家型标题会给受众带来独一无二的荣誉感，同时还会使得文章内容更加具有吸引力，那么，在撰写这样的文章标题时，应该怎么做呢？是直接点明“独家资源，走过路过不要错过”，还是运用其他的方法来暗示受众这篇文章的内容是与众不同的呢？

如图 3-48 所示的 3 点技巧，可以帮助大家成功打造出夺人眼球的独家型标题。

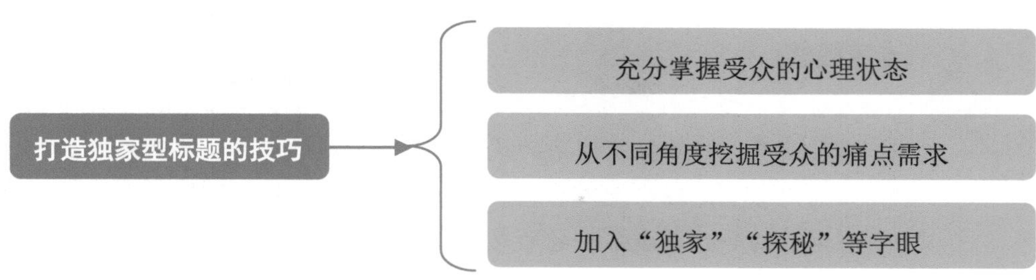

图 3-48 打造独家型标题的技巧

使用独家型标题的好处在于可以吸引到更多的受众，让受众觉得文章内容比较珍贵，从而主动宣传和推广，达到广泛传播的效果。图 3-49 所示为独家型标题的典型案例。

“汽车公社”公众号的标题亮点在于“独家重磅”一词，看到“独家重磅”，很多受众都会忍不住想要点开文章查看其中的内容，了解五菱收购野马的细节；“顾爷”公众号的标题则是通过“秘密”一词来吸引受众的眼球，目的就是提升文章的浏览量，而这样的独家型标题确实也能做到有效吸粉。

×　…

独家重磅 | 五菱将收购野马

原创： 汽车公社 5月16日

已经步履维艰的四川野马，被并购重组几乎是唯一的选择，这也是市场下行压力下，众多深陷困境的本土品牌的最终出路。

记者 |

当汽车按斤论价比拼小龙虾在朋友圈火了，不少人都回想起2017年8月成都车展上的川

×　…

学霸不会告诉你的秘密

原创： 顾爷 5月28日

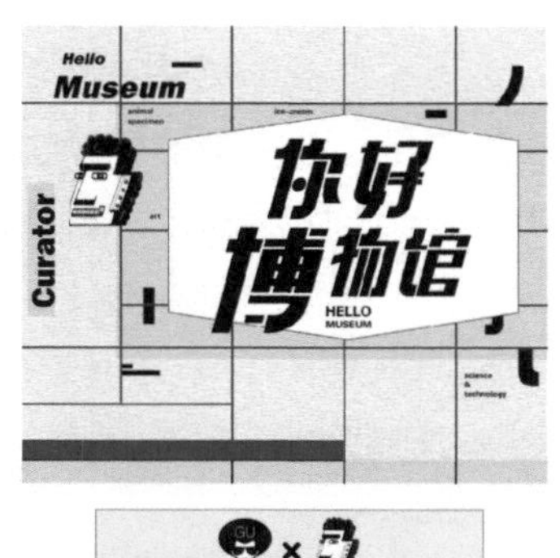

图 3-49 独家型标题的案例

专家提醒

独家型的标题往往也暗示着文章内容的珍贵性，因此撰写者需要注意，如果标题使用的是带有独家性质的形式，就必须保证文章的内容也是独一无二的。独家型的标题要与独家性的内容相结合，否则会给受众造成不好的印象，从而影响后续文章的阅读量。

3.4.15 数字型：直击用户心灵

数字型标题是指在标题中呈现出具体的数字，通过数字的形式来概括相关的主题内容。数字不同于一般的文字，它会带给受众比较深刻的印象，与受众的心灵产生奇妙的碰撞，很好地吸引受众的好奇心理。

软文中采用数字型标题有不少好处，具体体现在如图 3–50 所示的 3 个方面。

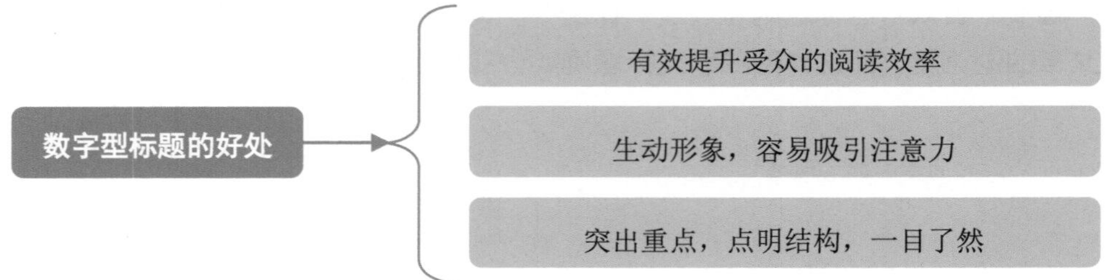

图 3-50　数字型标题的好处

值得注意的是，数字型的标题也很容易打造，因为它是一种概括性的标题，只要做到如图 3–51 所示的 3 点就可以撰写出来。

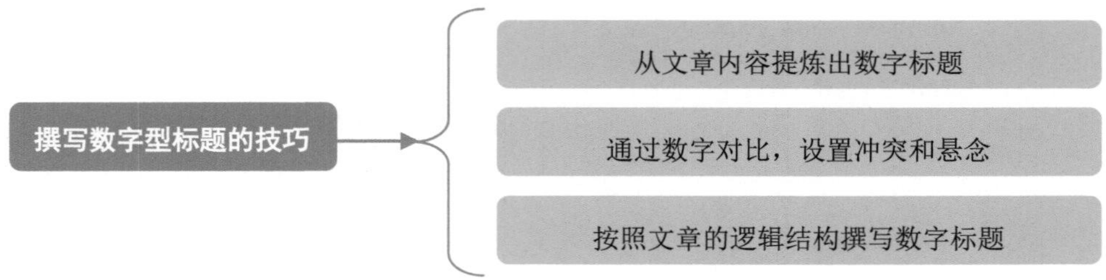

图 3-51　撰写数字型标题的技巧

此外，数字型标题还包括很多不同的类型，比如时间、年龄等，具体来说可以分为如图 3-52 所示的 3 种。

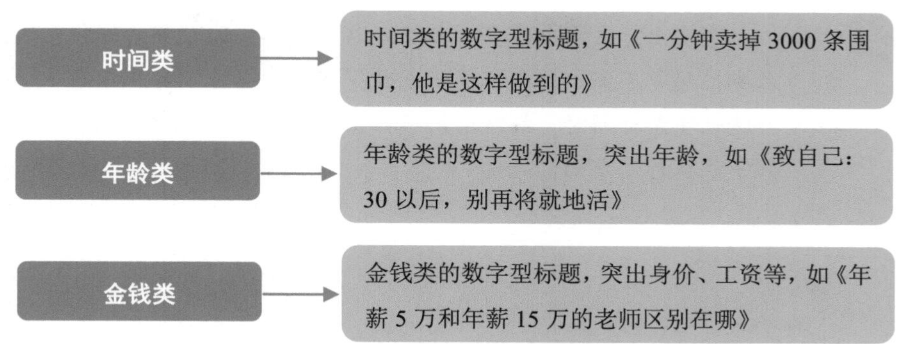

图 3-52 数字型标题的类型

数字型的标题比较常见，不仅软文中会用到，而且很多其他类型的文章也会用到。在软文中，数字型的标题通常会采用悬殊的对比、层层的递进等方式呈现，目的是营造一个比较新奇的情景，对受众产生视觉上和心理上的冲击。

图 3-53 和图 3-54 所示为“爱延续”公众号和“雅思哥”公众号的数字型标题。“爱延续”公众号的数字型标题《7.7 折 | 以爱之名，约惠七夕，限时 5 天！》运用了时间的类型，“限时”增加了紧迫性；而“雅思哥”公众号的数字型标题《省下 2020 元提前考了一场雅思，我怎么做到的？》则运用金钱类来表达。

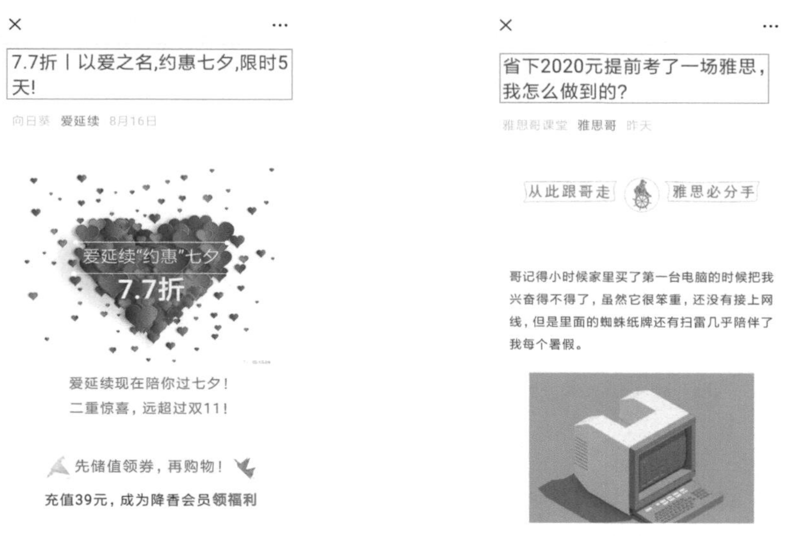

图 3-53 “爱延续”公众号数字型标题　　图 3-54 “雅思哥”公众号数字型标题

专家提醒

事实上，文章中很多内容都可以通过具体的数字总结和表达，只要把想重点突出的内容提炼成数字即可。同时还要注意的是，在打造数字型标题时，最好使用阿拉伯数字，统一数字格式，尽量把数字放在标题前面。

第4章

正文：爆款文案王牌内容来保障

学前提示

对于新媒体平台的运营而言，最重要的还是文案内容的生成，也就是怎样打造差异化内容，进而赢得用户关注的过程。

针对这一问题，本章将从内容形式、开头、结尾、布局和长表达方面进行论述，帮助大家更好地打造爆款文案。

要点展示

- 形式：6大类型，总有一款适合你
- 开头：3种方式，捕获受众的目光
- 结尾：4种技巧，争取被受众记住
- 布局：3个招式，倍增平台吸引力
- 表达：6个技巧，拿起来就能用

4.1 形式：6 大类型，总有一款适合你

新媒体平台的文案撰写者在编辑正文时，其编辑的文案内容的形式可以是多样的，而且，这些形式每一样都拥有属于自己的特色，是其他形式所不可比拟的。因此，运营者要将每种形式都掌握。

4.1.1 纯文字型：靠高质量内容来支撑

文字式的内容形式，指的是整篇文章除了那些邀请受众关注该新媒体平台的图片或者是文章尾部的二维码图片之外，文章中要表达的内容都是用纯文字进行描述的，没有嵌入任何的图片。图 4-1 所示为新媒体平台推送的用纯文字形式来传递文案正文内容的案例。

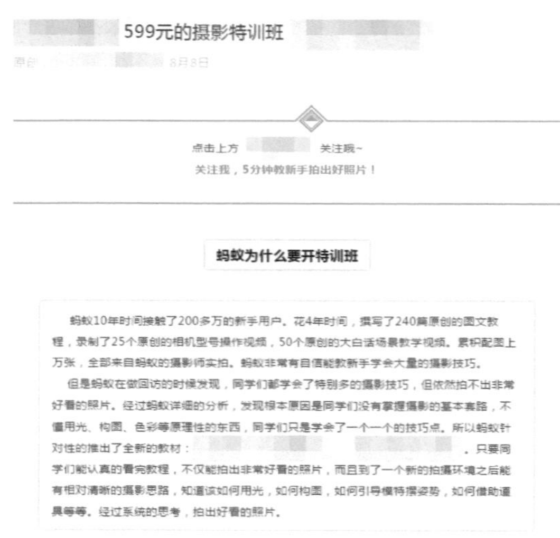
599元的摄影特训班

8月8日

点击上方 关注哦~

关注我，5分钟教新手拍出好照片！

蚂蚁为什么要开特训班

蚂蚁10年时间接触了200多万的新手用户。花4年时间，撰写了240篇原创的图文教程，录制了25个原创的相机型号操作视频，50个原创的大白话场景教学视频。累积配图上万张，全部来自蚂蚁的摄影师实拍。蚂蚁非常有自信能教新手学会大量的摄影技巧。

但是蚂蚁在做回访的时候发现，同学们都学会了特别多的摄影技巧，但依然拍不出非常好看的照片。经过蚂蚁详细的分析，发现根本原因是同学们没有掌握摄影的基本套路，不懂用光、构图、色彩等原理性的东西，同学们只是学会了一个一个的技巧点。所以蚂蚁针对性的推出了全新的教材：。只要同学们能认真的看完教程，不仅能拍出非常好看的照片，而且到了一个新的拍摄环境之后能有相对清晰的摄影思路，知道该如何用光，如何构图，如何引导模特摆姿势，如何借助道具等等。经过系统的思考，拍出好看的照片。

图 4-1 文字式内容形式

纯文字式的正文内容形式，对文章本身的内容要求也比较高，如果质量不佳且字数偏多，就会引起受众的反感，有的受众甚至会读到一半就放弃阅读。那么，纯文字式的文章内容要达到怎样的要求才能吸引受众的眼光呢？笔者将其主要的要求总结为如图 4-2 所示。

文字式的内容形式虽然比较单一，但也可以通过分节、变换字体颜色等方式来引起受众的注意。长篇幅的文字或多或少都会使受众产生阅读的不适感，因此，适当地对文章排版进行调整是有必要的，这也是拯救纯文字文章内容的一种办法。

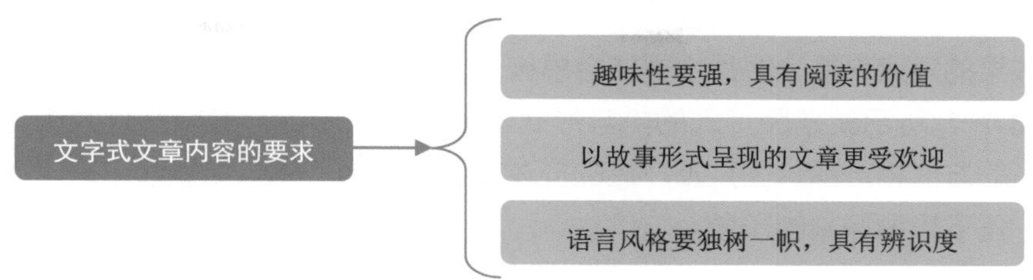

图 4-2　文字式文章内容的要求

4.1.2　图片式：视觉感受更加强烈

图片式的正文指的是在整篇文案中，其正文内容都以图片表达，没有文字或者文字已经包含在图片里面了。这种图片式的文章内容也是比较常用的，特别是在各种促销活动中出现得比较频繁。

图片式内容形式的好处显而易见，主要在于如图 4-3 所示的 3 点。

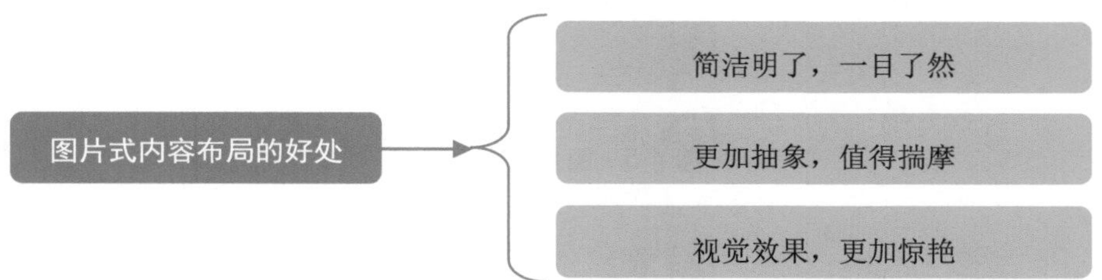

图 4-3　图片式内容形式的好处

那么，通过图片传达文章内容有什么诀窍呢？是不是直接把图片发出来就好了呢？还是要经过仔细的考虑和分析？笔者认为，图片式的文章内容形式绝不会比文字式的文章内容形式简单，具体的技巧有如图 4-4 所示的 3 点。

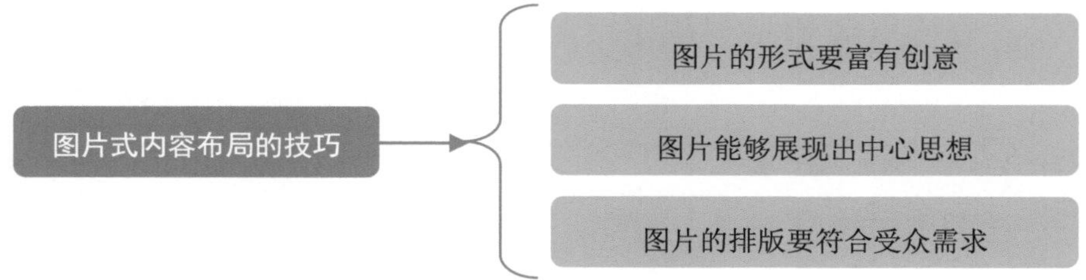

图 4-4　图片式内容形式的技巧

图片式的内容形式往往能够传达出更为直观和生动的品牌理念、产品特色以及企业文化，对于偏向商业性的文章而言，这种形式是很实用的。不仅如此，从视觉效果的角度来看，图片也更加容易被受众接受。

图 4-5 所示就是图片式的内容形式。它的正文内容都是以图片为主，以极具创意的方式将产品、图片及产品的描述文字结合为一体，给受众带来一场视觉盛宴，留下极为深刻的印象。

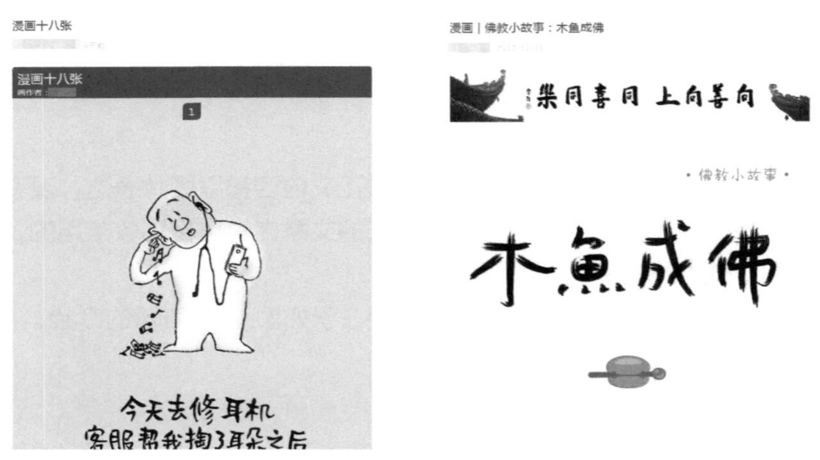

图 4-5　图片式内容形式

4.1.3　图文结合：取长补短兼具优势

图文结合形式，顾名思义，就是把图片和文字结合起来展示的一种形式。很多文章采用的都是图文结合式来传达正文内容，这种形式最为常见，也比较实用。

新媒体平台正文的呈现形式可以是一张图也可以是多张图，这两种不同的图文形式，呈现出的效果也是不一样的。那么，在打造这样的内容形式时，应该掌握哪些要点呢？笔者将其总结为如图 4-6 所示。

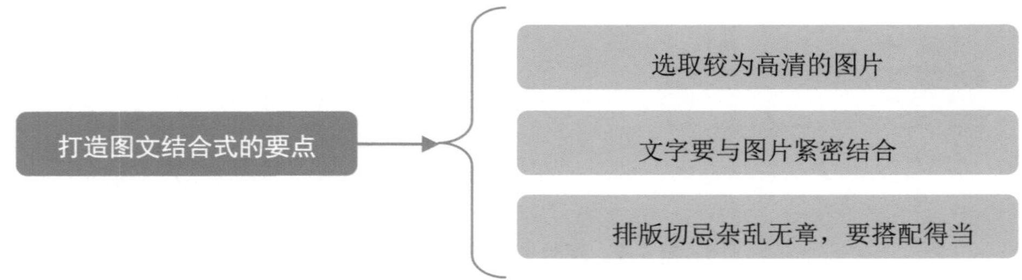

图 4-6　打造图文结合形式的要点

前面提到过，图文结合式分为两种呈现形式：①单张图片；②多张图片。两种形式传达出来的效果各有千秋，下面具体介绍。

1．单图，凸显重点

如果新媒体平台发布的是一张图消息，那么点开文章，可以看见的是一张图片配一篇文字，如图 4-7 所示。

图 4-7　单张图片的图文结合式

2．多图，图文相间

如果新媒体平台发布的是多张图的消息，那么，点开文章看见的就是一篇文章中配有多张图片。图 4-8 所示为“大爱狗狗控”公众号推送的图文相间的文案正文。

图 4-8　多张图片的图文结合式

多张图片的形式适用于展示产品、风景及人物等内容，一张图片然后一段文字，可以对图片中的内容进行介绍和讲解，让受众看得更清楚、更明白。当然，图文结合式也要注意排版的合理性，文字和图片的大小、位置要符合受众的阅读习惯。

4.1.4　视频式：快速抓住受众的眼球

视频形式传递文案正文内容是指各大商家可以把自己要宣传的卖点拍摄成视频，发送给广大用户群。它是当下热门的一种传递新媒体平台文案正文内容的形式。

相比文字和图片，视频更具即视感和吸引力，能在第一时间快速地抓住受众的眼球，从而达到理想的宣传效果。以“冷笑话”微信公众平台为例，它每天都会为用户推送视频，图 4-9 所示为“冷笑话”推送的视频内容。

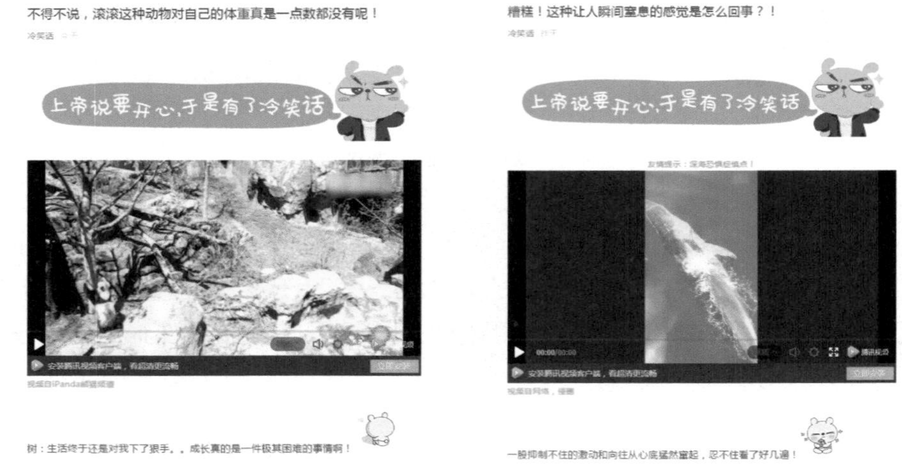

图 4-9　“冷笑话”微信公众号以视频形式传递正文内容

公众号运营者可以将想要发布的视频上传到微信公众平台上，再保存到素材库中，然后在发布视频时选择“从素材库中选择”选项，或者将视频保存到电脑中，然后通过“新建视频”选项来添加视频。

4.1.5　语音式：更易拉近与受众的距离

语音式的新媒体平台正文，是指平台运营者将自己想要向受众传递的信息通过语音的形式发送到平台上。这种形式可以让受众感受到语言的力量，拉近与受众的距离，使受众感觉平台更加亲切。

在文案中插入语音内容，通常有两种形式：①直接推送语音内容，图 4-10 所示为“大鹏嘚吧嘚”微信公众号以语音形式传递文案正文内容的案例；②在正文开头部分插入音频文件，如图 4-11 所示。

关于语音这一内容表现形式，新媒体平台的运营者可以先将语音录到电脑里，然后再进行上传。

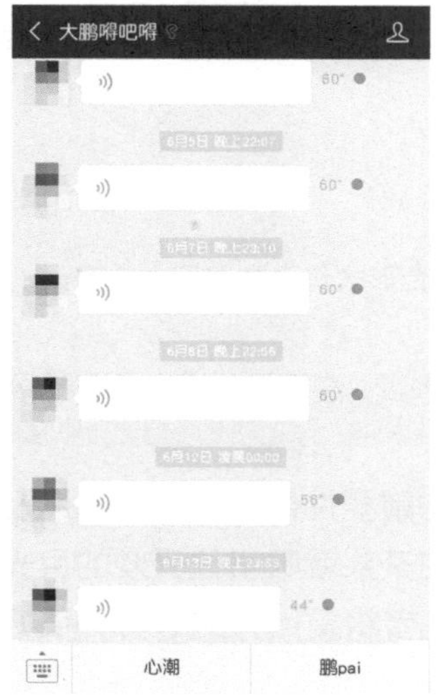

图 4-10 “大鹏嘚吧嘚”微信公众号的语音正文

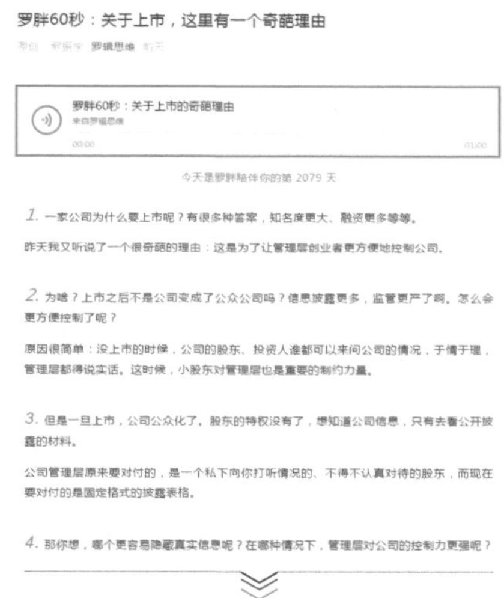

罗胖60秒：关于上市，这里有一个奇葩理由

罗辑思维

罗胖60秒：关于上市的奇葩理由

1. 一家公司为什么要上市呢？有很多种答案，知名度更大、融资更多等等。

昨天我又听说了一个很奇葩的理由：这是为了让管理层创业者更方便地控制公司。

2. 为啥？上市之后不是公司变成了公众公司吗？信息披露更多，监管更严了啊。怎么会更方便控制了呢？

原因很简单：没上市的时候，公司的股东、投资人谁都可以来问公司的情况，于情于理，管理层都得说实话。这时候，小股东对管理层也是重要的制约力量。

3. 但是一旦上市，公司公众化了。股东的特权没有了，想知道公司信息，只有去看公开披露的材料。

公司管理层原来要对付的，是一个私下向你打听情况的、不得不认真对待的股东，而现在要对付的是固定格式的披露表格。

4. 那你想，哪个更容易隐藏真实信息呢？在哪种情况下，管理层对公司的控制力更强呢？

图 4-11 “罗辑思维”微信公众号的语音正文

4.1.6 综合混搭：产生极致的阅读体验

新媒体平台运营者除了可以运用上述几种类型的方法向受众传递新媒体平台正文之外，还有一种形式用于传递平台正文也是非常不错的，那就是综合混搭式。

综合混搭式就是将上述传递平台正文的 5 种形式中的一部分综合起来，运用在一篇文章里。这种形式可谓是集几种形式的特色于一身，兼众家之所长。这种形式能够给受众最极致的阅读体验，让受众在阅读文章的时候不会感觉到枯燥乏味。

新媒体平台运营者运用这种形式传递文案正文内容也能够为自己的平台吸引更多的受众，提高平台粉丝的数量。图 4-12 所示为“办公室小野”微信公众号使用的综合形式的文案案例。

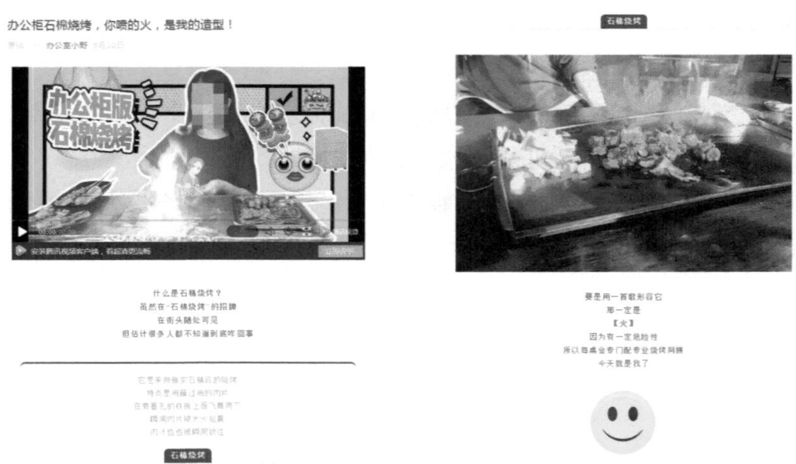

图 4-12 “办公室小野”微信公众号以综合形式传递文案正文内容

4.2 开头：3 种方式，捕获受众的目光

对于一篇新媒体平台的文章来说，其开头的重要性仅次于文章标题及文章主旨。所以，平台编辑在写文章时，一定要注意在开头就吸引住受众的目光。只有这样才能让受众有继续阅读下去的念头。本节笔者将重点介绍 3 种开头方法，帮助大家快速捕获受众的目光。

4.2.1 掌握方法，开头就将受众拿下

让运营者能够用一个好开头赢得受众对新媒体平台的喜爱，从而吸引到大批的粉丝和关注是文案撰写的主要目的。基于这一思考，下面介绍文案正文开头的 5 种写作技巧。

1. 直奔主题

直奔主题类型的文章开头，需要撰写者在文章的首段就将自己想要表达的东西都写出来，不隐隐藏藏，而是干脆爽快。

新媒体平台的文案编辑在使用这种方法进行文案正文开头创作时，可以使用朴实、简洁等能进行清楚表达的语言，直接将自己想要表达的东西写出来，不用故作玄虚。图 4-13 所示的正文开头部分撰写者便直接对标题的疑问做出回答，这很显然就是一种直奔主题的写法。

通胀压力的锅，菜价来背？

虎嗅网 4天前

来源：

作者：

最近几个月，猪肉价格的反弹、蔬菜和鸡蛋价格的上涨，以及部分城市房租的快速攀升，加剧了老百姓对通胀的焦虑情绪。

然而笔者深度调研发现，通胀压力的锅，不应该由猪肉、蔬菜、鸡蛋等主要大类食品来背，且本轮食品价格上涨是季节性的。而后期食品价格是否持续上涨进而对CPI形成压力，需重点关注两大因素，且看下文分析。

图 4-13　直奔主题的开头

在使用这种直奔主题类型做正文开头时，要注意的是，正文的主题或者事件必须足够吸引人，如果主题或者要表达的事件没办法快速地吸引受众，那这样的方法最好还是不要使用。

2．制造悬念

新媒体平台的编辑在写想象与猜测类型的正文开头时，可以稍稍运用一些夸张的写法，但不要太过夸张，基本上还是倾向于写实或拟人，让受众在看到文字第一眼的同时就能够展开丰富的联想，猜测接下来的文章中会发生什么，从而产生强烈的继续阅读文章的欲望。

在使用想象猜测类型的文章开头时，要注意的就是开头必须有一些悬念，给受众以想象的空间，最好是可以引导受众进行思考。

3．平铺直叙

平铺直叙型也被叫作波澜不惊，表现为在撰写正文开头时，把一件事情或者故事有头有尾、一气呵成地说出来，也有人把这样的方式叫作流水账。

平铺直叙型的开头方式，正文中使用得并不多，更多的还是存在于媒体发布的新闻稿中。但是，在新媒体平台正文的开头中也可以选择合适的时候使用这种类型的写作方法，例如重大事件或者名人明星的介绍，通过正文本身表现出来的强大吸引力来吸引受众继续阅读。

4．幽默诙谐

幽默感是与他人之间沟通时最好的武器，能够快速搭建自己与对方的桥梁，拉近彼此之间的距离。幽默诙谐的特点就是令人高兴、愉悦。新媒体平台文章的编辑如果能够将这一方法使用到文章的正文开头写作中，将会取得不错的效果。

在新媒体平台上，有很多的商家会选择在文章中通过一些幽默、有趣的故事做开头，吸引受众的注意力。相信没人会不喜欢看可以带来快乐的东西，这就是幽默故事分享型正文开头的存在意义。

5．引用名言

在写新媒体平台文章时，使用名言名句开头的文章，一般会更容易吸引受众的眼光。因此，新媒体平台编辑在写新媒体平台文章时，可以多搜索一些跟文章主题相关的名人名言，或者是经典语录。

在新媒体平台文章的开头，编辑如果能够用一些简单但是精练同时又紧扣文章主题并且意蕴丰厚的语句，或者使用名人说过的话语、民间谚语、诗词歌赋等语句，这样就能够使文章看起来更有内涵，而且这种写法更能吸引受众，可以提高新媒体平台文章的可读性，以及更好地凸显文章的主旨和情感。

4.2.2　善用摘要，激发受众阅读兴趣

在部分新媒体平台中，新媒体运营者可以通过摘要内容的呈现，对整篇文章的重点内容进行提炼，从而起到激发受众阅读兴趣的作用。这部分的内容对于一张图消息来说非常重要，因为发布消息之后，这部分的摘要内容会直接出现在推送信息中，如图 4-14 所示。

在编辑摘要时，要尽量简洁明了，如果摘要写得好，不仅能够激发用户对文章的兴趣，还能够激发受众的第二次点击阅读兴趣。

需要特别注意的是，在一些新媒体平台中，摘要是需要进行设置的。比如，在微信公众号中，没有选择填写摘要，那么，系统就会默认抓取正文的前 54 个字作为文章的摘要，如图 4-15 所示。

图 4-14 摘要内容

图 4-15 摘要

4.2.3 出彩开篇，留好第一印象

对新媒体平台上的文章来说，正文的开头在一篇文章中很重要，决定了受众对这篇文章内容的第一印象，因此要极为重视。在新媒体平台上，一篇优秀的文章，在撰写正文开头时一定要做到紧扣文章主题、陈述部分事实、语言风格吸引人、内容有创意。

图 4-16 所示为某公众号发布的一篇文章，在文章的开头，撰写者从宫斗引入，引申到内斗，再由此表达“外界对于腾讯的解读，也带有几分宫斗色彩”。受众在看到该开头之后，很容易地便会留下印象，很显然这便是一个出彩的开篇。

撰文 /
编辑 /
来源 /

这个夏天，宫斗戏突然刷屏。20年来宫斗戏长盛不衰自有其生命力的来源——作为一种历史悠久的思维方式，内斗早已成为解读大型组织兴衰的重要方法之一。过去几个月，外界对于腾讯的解读，也带有几分宫斗色彩。

图 4-16　精彩的文章开头

4.3　结尾：4 种技巧，争取被受众记住

一篇优秀的新媒体平台文章，不仅需要一个好的标题、开头以及中间内容，同样也需要一个符合读者需求、口味的结尾。接下来，笔者就重点为大家解读 4 种文章结尾技巧，让运营者平台的文章内容更好地被受众记住。

4.3.1　首尾呼应，引发受众深刻思考

首尾呼应法，就是常说的要在文章的结尾点题。新媒体平台文案编辑在进行文章撰写时，如果要使用这种方法结尾，就必须做到首尾呼应——文章开头提过的内容、观点，在正文结尾时再提一次。

一般来说，新媒体平台的文案很多都是采用的总—分—总的写作方式，结尾大多根据开头来写，以达到首尾相呼应的效果。如果正文的开头文章撰写者提出了对某事、某物、某人的看法与观点，中间进行详细的阐述，到了文章结尾时，就必须自然而然地回到开头的话题，来个完美的总结。

首尾呼应的结尾法能够凭借其严谨的文章结构、鲜明的主题思想给受众留下深刻的印象，引导受众对文章中提到的内容进行思考。如果新媒体平台运营者想要受众对自己传递的信息留下深刻印象，那么，首尾呼应法则是一种非常实用的方法。

4.3.2 结尾号召，互动增强情感共鸣

新媒体平台的运营者如果想让受众参与某项活动，就经常会在最后使用号召法来结束全文，同时很多公益性的微信公众号推送的文章使用这种方法结尾也会比较常见。

号召法结尾的文章能够在受众阅读完文章内容后，使得受众与文章的内容产生共鸣，从而产生更强烈的加入到文章中发起的活动中去。图 4–17 所示为“手机摄影构图大全”微信公众平台上推送的一篇文章，在文章的结尾处，号召力十分明显。

图 4-17 “手机摄影构图大全”公众号推送的以号召法结尾的文章案例

4.3.3 祝福推送，传达一份关心爱护

祝福法是很多新媒体平台文章编辑在文章结尾时会使用的一种方法。因为这种祝福形式能够给受众传递一份温暖，让受众在阅读完文章后，感受到新媒体平台对其的关心与爱护，这也是非常能够打动受众内心的一种文章结尾方法。图 4–18 所示为一个名为“一禅小和尚”的微信公众号推送的一篇使用了祝福法结尾的文案案例。

图 4-18　“一禅小和尚”微信公众号推送的以祝福法结尾的文章案例

4.3.4　抒发情感，激起受众波澜

使用抒情法作为文章的收尾，通常较多地用于写人、叙事的微信公众号文案的结尾中，如图 4-19 所示。

图 4-19　公众号推送的以抒情法结尾的文章案例

专家提醒

新媒体平台文章的编辑在用抒情法进行文章收尾时，一定要将自己心中的真实情感释放出来，这样才能激起受众情感的波澜，引起受众的共鸣。

4.4 布局：3 个招式，倍增平台吸引力

在各类新媒体平台推送的文案中，不难发现，不同类型文案的布局方式也有所不同，而这种布局的不同也导致呈现在用户面前的视觉排列效果也存在差异。了解并运用不同的文案布局方式，从而有利于平台运营者打造出不同的视觉效果，增强其平台的吸引力。本节主要介绍新媒体平台推送文案的多种布局方式。

4.4.1 学会说好每个故事

故事式的新媒体平台正文是一种容易被用户接受的文案布局形式。一篇好的故事正文，很容易让受众记忆深刻，拉近品牌与用户之间的距离，生动的故事容易让受众产生代入感，对故事中的情节和人物也会产生向往之情，企业如果能写出一篇好的故事型正文，就会很容易找到潜在客户和提高企业信誉度。

对于新媒体文案编辑来说，如何打造一篇完美的故事文章呢？首先需要确定的是产品的特色，将产品关键词提炼出来，然后将产品关键词放到故事线索中，贯穿全文，让受众读完之后印象深刻。同时，故事类的正文写作最好满足以下两点要求，如图 4-20 所示。

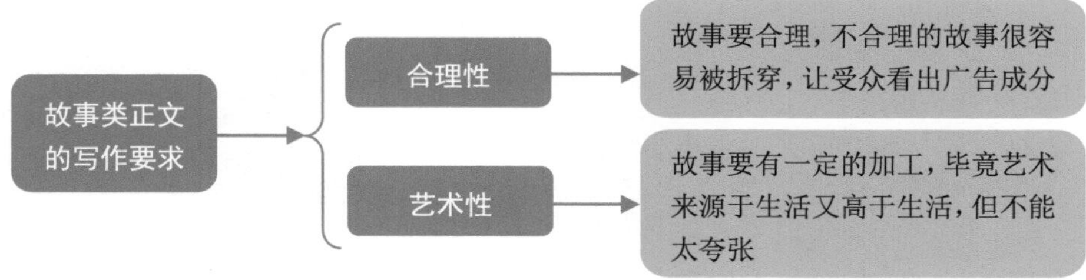

图 4-20　故事类正文需要满足的要求

对于一些情感类新媒体平台来说，说好每个故事显得尤为重要。甚至于一些微信公众号的名称直接被命名为“XX 讲故事”。图 4-21 所示为“凯叔讲故事”公众号的相关界面，很显然展示的这篇文章便是以讲故事的方式展开的。

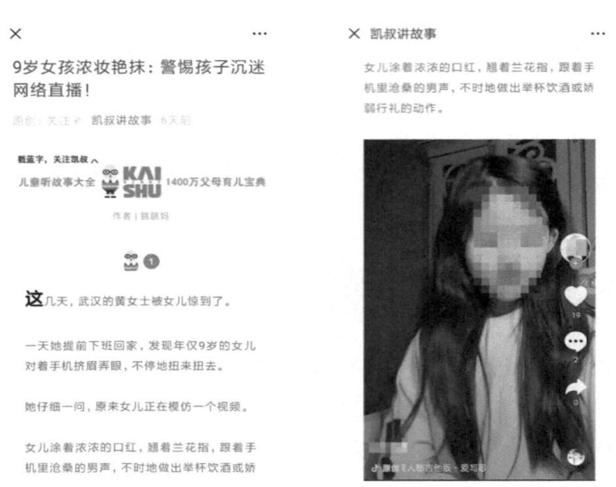

图 4-21　故事类正文

4.4.2　总分结构思路清晰

新媒体平台推送的文章中，时常会出现“总分总”式的布局方式。在文案营销的内容中运用“总分总”式的布局，往往需要作者在文章的开篇就点题，然后在主体部分将中心论点分成几个基本上是横向展开的分论点，最后在结论部分加以归纳、总结和必要的引申。

下面以图解的形式介绍“总分总”式文案正文的写作形式，如图 4-22 所示。

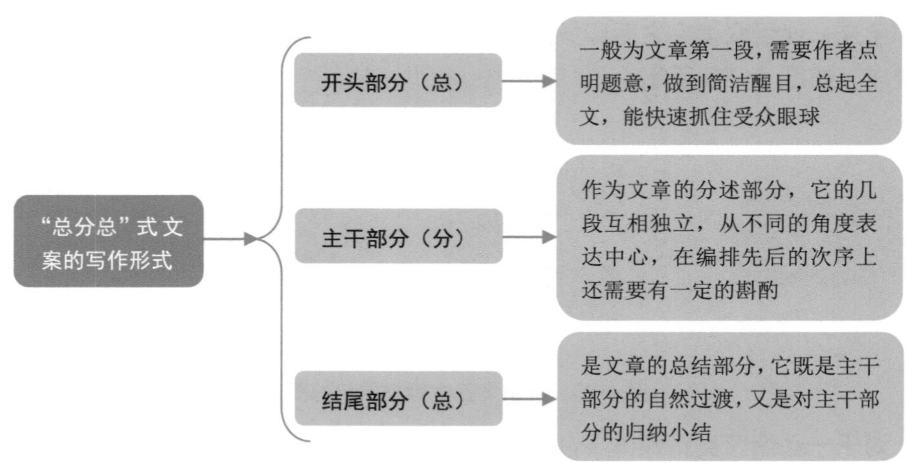

图 4-22　“总分总”式文案正文的写作方式

图 4-23 所示为“手机摄影构图大全”公众号发布的一篇文章，其采用的便是“总分总”式写作形式。

太全了！极简摄影的12层境界，你在第几层？

原创：构图君 手机摄影构图大全 4月12日

摄影构图专家

这是构图君的第342篇原创文章

最近流行一句话：**人活到极致，一定是素与简。**

素是朴素，简是简单。生活越是朴素简单，内心越是丰盈绚烂。

少，即是多。简到极致，有时是一种大智，有时是一种大美。

今天，构图君和大家分享一下极简摄影，有如爬楼，分12个楼层，一层一层为大家娓娓道来。

（1）总 1

手机摄影构图大全

第-1层：地下车库——学会创造概念

构图君学习摄影，有一个好习惯，今天分享给大家，就是学会**创造概念**。

构图君喜欢创造概念，**因为创造的过程，其实是吸收和转化的过程。**

特别是对于难懂的概念、术语，比较拗口、难记，构图君给大家的建议是：

学会用自己的话，给概念一个解释，这样你就能充分、深刻理解。

比如说，什么叫景深？许多摄友不理解，构图君给大家一个原创、易懂的解说：

景深，景为景点，深为深刻，怎么样让景点变得深刻？
通过虚与实的对比，或虚化背景突出前面的主体，或

（2）主干部（节选）

手机摄影构图大全

的极简风格哦！

最后，构图君为大家总结5点：

（1）极简摄影比简单摄影还要更上一个层次，极简是一种风格，而简单只是一个形容词。

（2）极简是一种克制，摄影师要克制自己，画面中的元素不要求多，因为极简是以少胜多。

（3）极简是一种聚焦，摄影师要缩小范围，尽可能只体现一个主体，一个背景辅体就够了。

（4）极简是用最为简单、有限的画面中的1%-10%的主体或位置，来吸引欣赏者99%-90%的注意力。

（5）被摄主体是拍摄者用来表达主题思想的主要部分，是画面结构的中心，也是画面的趣味点所在，因此构图很重要，具体哪些构图能最佳体现极简摄影，**我们留言区见！**

（3）总 2

图 4-23 “总分总”式写作形式

4.4.3 层层递进逻辑严谨

层递式布局，即层层递进的正文布局，其优点是逻辑严谨，思维严密，按照某种顺序将内容一步步铺排，给人一气呵成的畅快感觉。但是层层递进的正文布局的缺点也很明显——对于主题的推出不够迅速，若开头不能吸引受众，那后面的内容也就失去了存在的意义。

层层递进型的正文布局，其着重点就在于其层递关系的呈现。论述时的层递主要表现如图 4-24 所示。

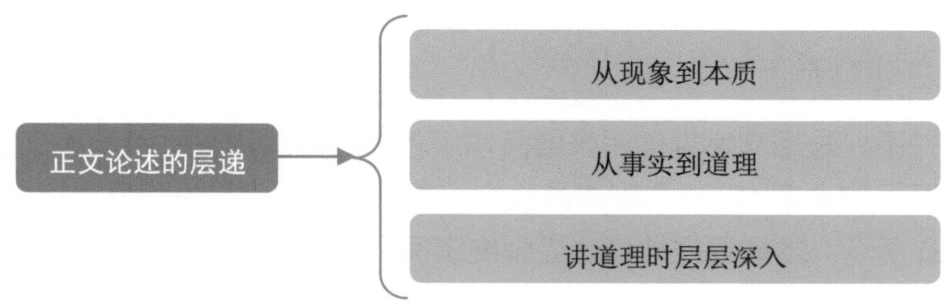

图 4-24 文案正文的层层递进布局分析

由此可见，这种正文布局形式适合论证式的新媒体文案，层层深入、步步推进的论证格局能够增加文案的表现力。运用层递式结构要注意内容之间的前后逻辑关系，绝不可随意地颠倒顺序。层层递进型的正文布局对于说明某些问题，非常有效。

图 4-25 所示为一个名为“一禅小和尚”的微信公众号推送的一篇论述从“是什么”→“为什么”→“怎么样”的层递式布局正文的文案。

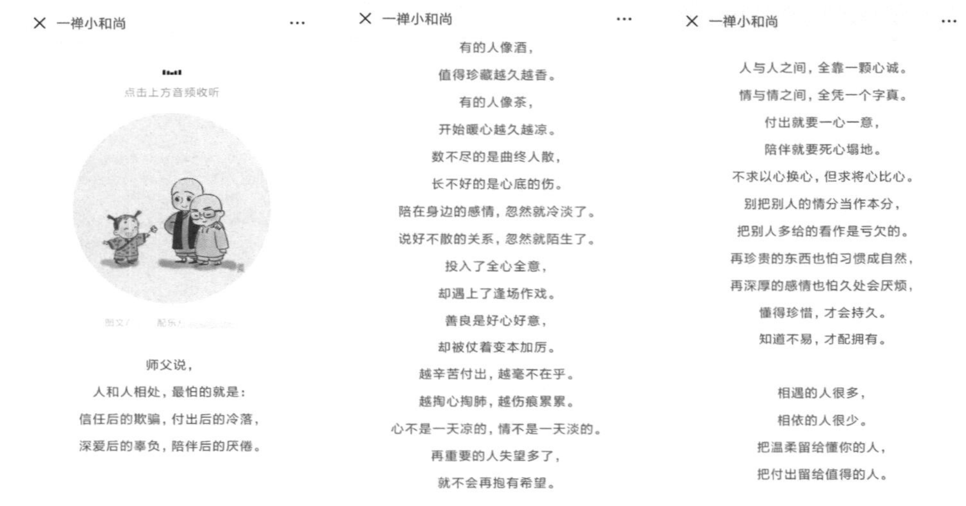

图 4-25　层层递进式正文写作文案

4.5　表达：6 个技巧，拿起来就能用

在文案写作和布局过程中，微信、App 平台运营者要想让文案能够决胜千里，吸引众多的粉丝，就需要掌握一些表现技巧。接下来将为大家介绍一些让平台内容决胜的 6 个表现技巧。

4.5.1　主动营造阅读场景

文案并不只是用文字堆砌起来就完事了，而是需要用平平淡淡的文字拼凑成一篇带有画面的文章，让受众能边读文字，边想象出一个与生活息息相关的场景，如图 4-26 所示，才能更好地勾起受众继续阅读的兴趣。

一般文案撰写者在撰写文案场景时，可以从两方面出发，如图 4-27 所示。

图 4-26　拼凑阅读场景的文案正文

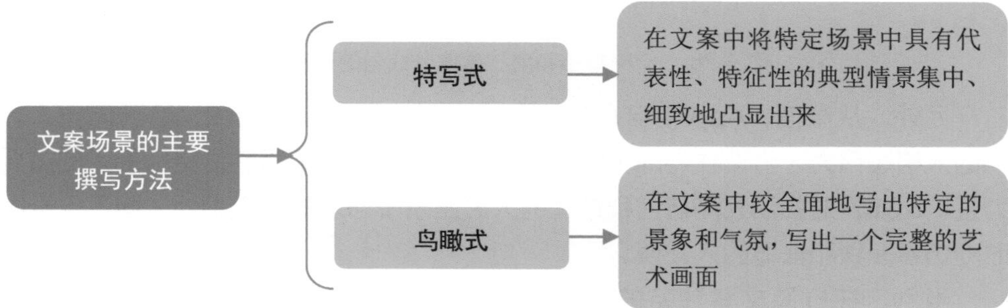

图 4-27　文案场景的撰写方法

4.5.2　打造个性表达风格

常言“文如其人”，指的是作者的文章充分体现出了其性格和文化修养等方面的典型特征，这句话也从侧面证实了作者笔下的文章也是有个性的，而微信、App 和自媒体平台上的文案在写作和推送的过程中，需要把这种个性特征无限放大，使其清晰地展现在受众面前，这是让文章具有高辨识度的一个重要方法和途径。

如图 4-28 所示为“一禅小和尚”微信公众号的两篇文案正文，它充分体现出了一种相同的个性风格，很容易就能让人判别出来。

图 4-28 “一禅小和尚”微信公众号的两篇文案

另外，从微信、App 和自媒体平台的文案感召力方面而言，基于同类人之间的人格感召力，打造独特的个性风格无疑是吸引有着相同性格特征的人的重要力量。比如，对生活充满自信和希望的人总是乐于与乐观的人相处，而不乐于同时刻伤春悲秋和怯弱的人交谈。

当然，在打造文案独特的个性风格时，也需要注意两个方面的问题，如图 4-29 所示，才能在写作时游刃有余，吸引更多粉丝注意和关注。

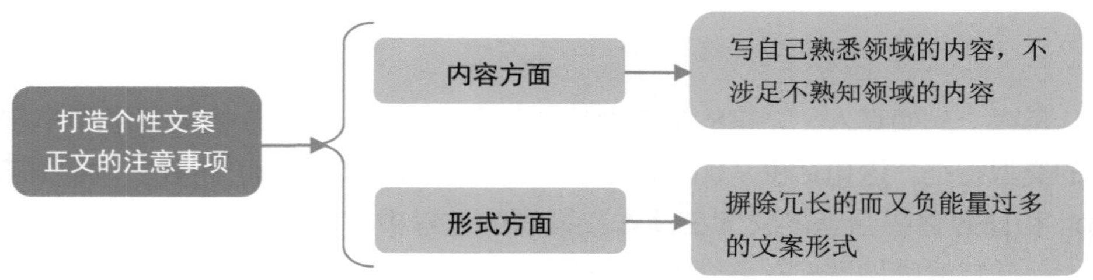

图 4-29 打造个性文案正文的注意事项

微信公众平台文章编辑在编写文章正文时要根据企业所处的行业，以及平台定位的订阅群体选择适合该行业的文章语言风格。合适的语言风格能给公众平台的粉丝带来优质的阅读体验。以定位为传播搞笑内容为主的公众号为例，那么，它的正文的语言风格就必须诙谐幽默，并配上一些具有搞笑效果的图片，如图 4–30 所示。

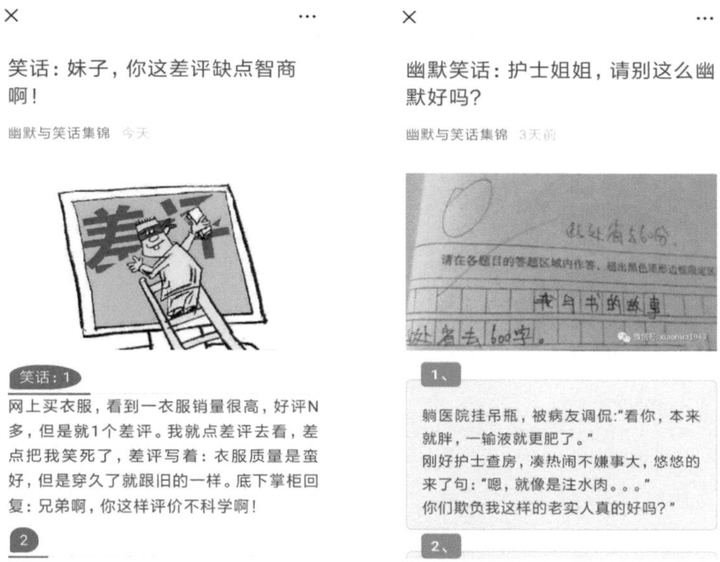

笑话：妹子，你这差评缺点智商啊！

幽默与笑话集锦 今天

笑话：1

网上买衣服，看到一衣服销量很高，好评N多，但是就1个差评。我就点差评去看，差点把我笑死了，差评写着：衣服质量是蛮好，但是穿久了就跟旧的一样。底下掌柜回复：兄弟啊，你这样评价不科学啊！

2

幽默笑话：护士姐姐，请别这么幽默好吗?

幽默与笑话集锦 3天前

1、

躺医院挂吊瓶，被病友调侃:"看你，本来就胖，一输液就更肥了。"
刚好护士查房，凑热闹不嫌事大，悠悠的来了句："嗯，就像是注水肉。。。"
你们欺负我这样的老实人真的好吗?"

2、

图 4-30　与平台定位相符的文案语言风格

4.5.3　举行活动增强互动

让受众参与到平台或活动中来，能够极大地提升微信、App 平台的影响力和关注度，特别是让受众投票，它不仅可以调动受众本身积极参与到活动中来，还能使其成为传播源，吸引更多的粉丝。

关于投票能够促进用户的参与感的提升这一问题，可以从 3 个方面来思考，如图 4–31 所示。

以微信为例，在其平台运营中，各种各样的投票层出不穷，如为偶像投票、为参赛作品投票等，这样的投票活动，是一种制造话题点和关注点的有效方法，能很好地让受众参与并融入其中，积极关注活动的进展情况，并积极为活动的扩大影响提供支持。图 4–32 所示为微信平台上的投票活动信息推送。

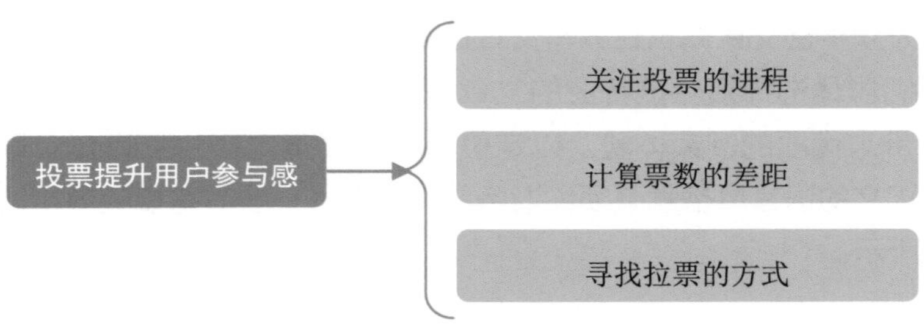

图 4-31　投票提升用户参与感的表现分析

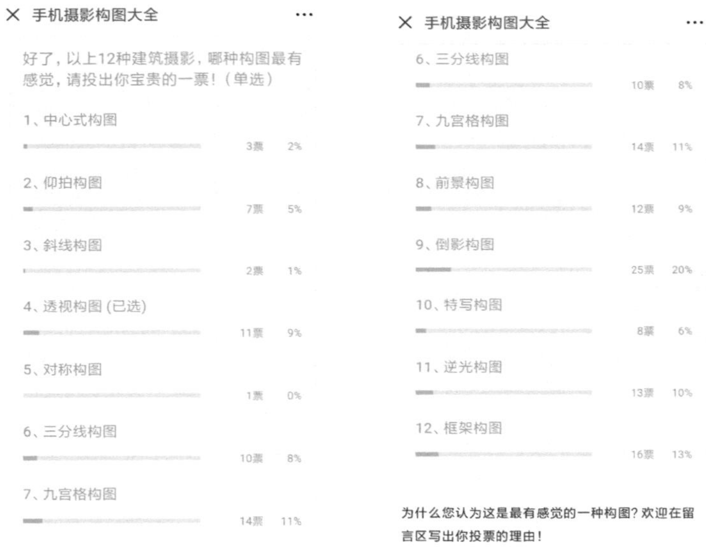

× 手机摄影构图大全 …

好了，以上12种建筑摄影，哪种构图最有感觉，请投出你宝贵的一票！（单选）

1、中心式构图 3票 2%

2、仰拍构图 7票 5%

3、斜线构图 2票 1%

4、透视构图 (已选) 11票 9%

5、对称构图 1票 0%

6、三分线构图 10票 8%

7、九宫格构图 14票 11%

× 手机摄影构图大全 …

6、三分线构图 10票 8%

7、九宫格构图 14票 11%

8、前景构图 12票 9%

9、倒影构图 25票 20%

10、特写构图 8票 6%

11、逆光构图 13票 10%

12、框架构图 16票 13%

为什么您认为这是最有感觉的一种构图？欢迎在留言区写出你投票的理由！

图 4-32　微信平台活动投票

在投票这一过程中，平台运营者可以在后台把其程序设置成关注公众号后才可以投票，这样的做法可以吸引大量受众的朋友成为关注者，最终实现微信、App 平台吸粉的目的。

4.5.4　利用连载积累粉丝

人们在阅读时，总是趋向于寻找同一类型或主题的文章，力图全方面了解和熟悉有关该类型和主题的知识。因此，在文案的正文写作上，可从这方面着手，着力打造一些经典的、具有代表性的专题，迎合受众的阅读兴趣和习惯。图 4−33 和图 4−34 所示，为“手机摄影构图大全”公众号发布的两个连载系列内容。

×　…

流光快门：水的光滑细腻效果这样来拍！（上）

原创：构图君　手机摄影构图大全　2017-10-26

一般人的拍法，自动曝光模式

×　…

流光快门：水的光滑细腻效果这样来拍！（下）

原创：构图君　手机摄影构图大全　2017-10-28

上一期，构图君为大家具体讲解了水的慢门效果的具体拍摄技巧。今天这一期，构图君将要带来的是水的慢门效果的后期处理技巧，以及用手机APP拍摄慢门效果。接下来构图君将方法分享给大家。

一、后期处理：相片大师——添加惊艳色彩

本实例，主要介绍利用相片大师APP，对海浪照片进行后期处理，为照片添加令人惊艳的色彩效果。

（1）启动相片大师APP，根据操作提示点击左上角的添加按钮选择并打开要处理的海浪照片，如下图

图 4-33　连载系列（1）

×　手机摄影构图大全　…

怎么样将墙壁的画拍平整？多用这两种构图！

原创：构图君　手机摄影构图大全　2017-10-19

×　…

怎么样将墙壁的画拍平整？多用这两种构图！（下，POCO后期调色、文字和边框续讲）

原创：构图君　手机摄影构图大全　2017-10-21

上一期讲了墙壁画的平整拍法，讲到了POCO相机的后期处理。其实，POCO相机的功能非常丰富，除以前面的裁剪、调色基本功能外，还可以制作不同颜色的特效、光斑效果、文字效果、边框效果等，本期再给大家介绍一下。

一、颜色效果

POCO相机的颜色功能非常强大，许多漂亮的颜色模板可以直接套用，POCO相机中颜色效果分为四大类：常用、文艺、个性、浓重。

图 4-34　连载系列（2）

从图 4-33、图 4-34 中不难看出，这两期连载文案明显是基于不同内容的文案专题构图，就这样，专题中从不同的角度来进行分析，带给受众的感觉可谓切合实际又分工细致，很容易满足受众不同的摄影需求。由此可知，利用连载类专题安排文案内容，有着极大的优势，具体如图 4-35 所示。

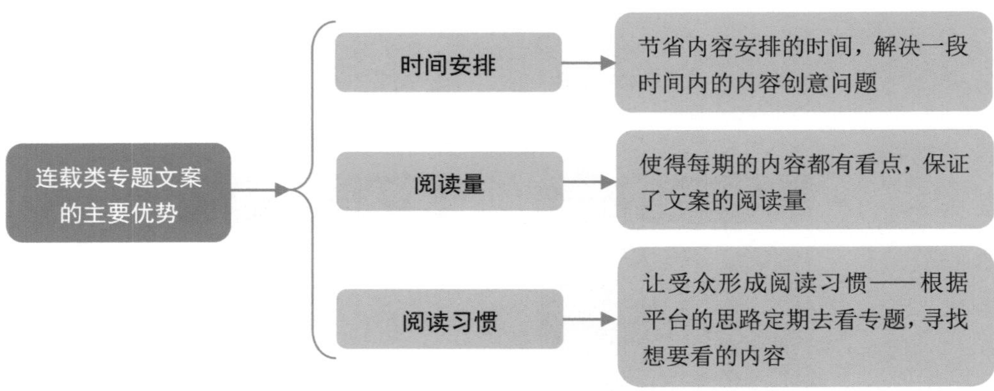

图 4-35　利用连载类的专题安排文案的优势分析

4.5.5　直呈福利增强引力

从文案的实质来说，它是用于推送企业产品或品牌信息的，所有的文案相关活动，都要围绕这一目的展开，文案中关于企业产品福利活动的推送也是如此，尽可能便捷、迅速地把意思清楚地传达给受众，才能形成预期的推送效果。

因此，在推送福利信息时，应该在文案中直白地说出来，而不应该为了追求所谓美感，把文案写成了娱乐性或文艺性的文章，这是不可取的，是一种本末倒置的行为方式。

也就是说，在企业产品或品牌有相关福利的活动信息时，应该在文案开篇就详细、直白地陈述出来。关于福利的发布，具体内容包括 3 个方面，如图 4-36 所示。

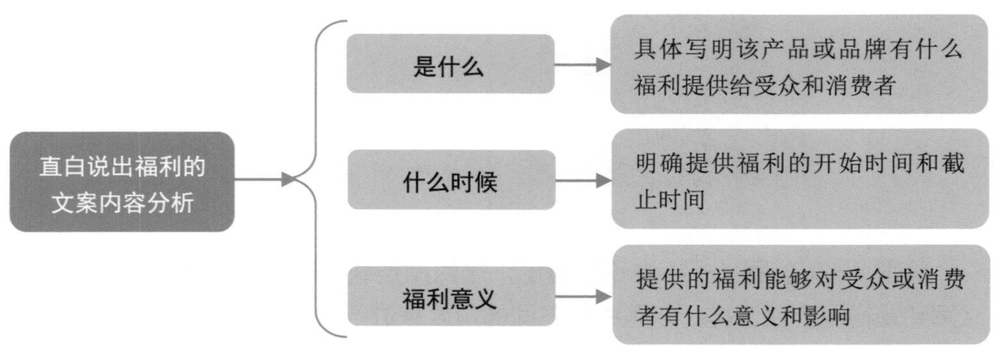

图 4-36　直白说出福利的文案内容分析

只有直白呈现图 4-36 所示的内容，才能让受众在点击阅读时有动力，并且坚持看下去，最终达到吸粉的目的。图 4-37 所示为“手机摄影构图大全”公众号发布福利信息的文案正文。

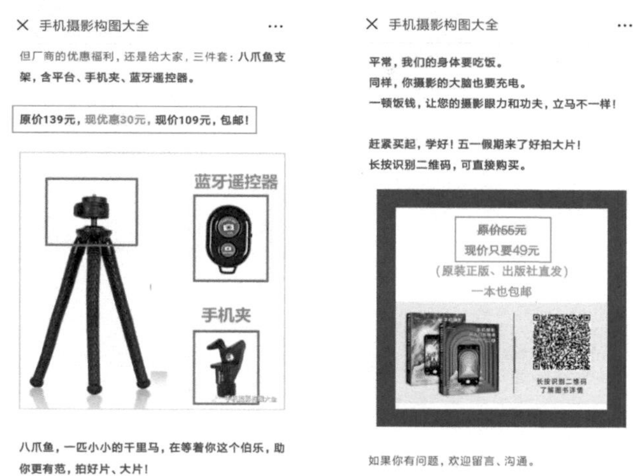

图 4-37 “手机摄影构图大全”公众号发布福利信息的文案正文

4.5.6 提前进行内容预告

对于好的内容，微信运营者一定要提前对内容进行预告，这就像每部电影前的宣传手段一样，通过提前预告的方式让用户对内容有一定的期待性，而且微信运营的提前预告无须成本，是非常有效的一种推广运营方式。下面笔者为大家介绍一下内容提前预告的几个注意事项，如图 4-38 所示。

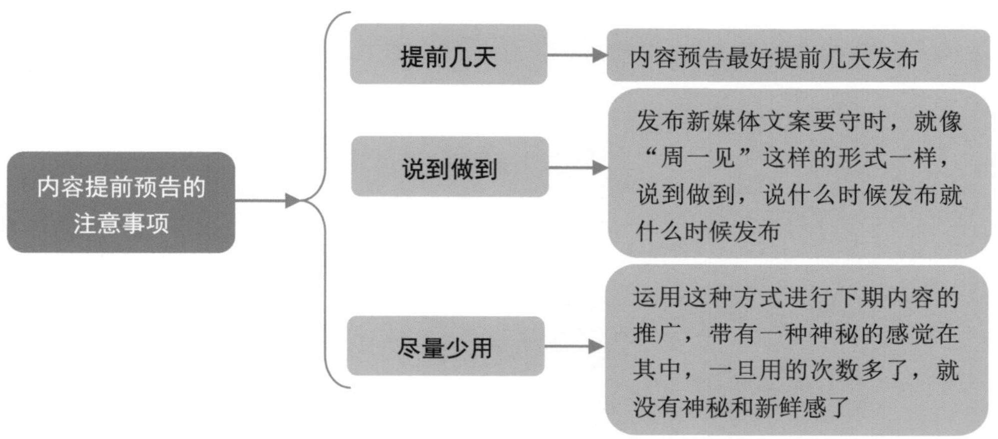

图 4-38 内容提前预告的注意事项

当新媒体运营者对接下来要发布的内容比较明确时，可以尝试提前预告内容。这样做可以给受众一些神秘感，让受众对接下来的内容多一分期待。图 4-39 所示为“手机摄影构图大全”公众号某一时间段发布的内容，其采用的便是提前预告内容，并按照预告向受众推送内容。

图 4-39　提前预告并按照预告推送内容

第5章

配图：精美图片为内容增光添色

学前提示

企业要想更全面、更深入地进入文案的世界里，就必须依靠用户的视觉功能，通过图片来获取阅读的点赞率，吸引用户的眼球。

一张图、一句话，都是文案中非常有力的力量，在运营的过程中，企业要想获得 10W+ 的阅读量，就必须通过配图为文案内容增光添色。

要点展示

- 素材：巧妇为炊还得配好米
- 加工：发挥图片应有的价值
- 运用：让图片更能打动受众

5.1 素材：巧妇为炊还得配好米

新媒体运营者要想打造爆款文案，一定要注意选择让受众看起来非常舒服的图片，让文章配图更加吸引人，达到一张图决胜千言万语的效果，引爆受众眼球。文案图片的选取可以从头像、主图、侧图、颜色、尺寸等方面入手。

本节将就文案图片的选择和设置要求进行介绍，以期帮助大家优化文案正文的图片呈现效果。

5.1.1 头像是天然的广告位

新媒体运营企业的头像是非常重要的一个标志，一张优秀、吸眼球的头像能够胜过千言万语，它能给受众视觉上的冲击，达到文字所不能实现的效果。

例如，微博微信公众平台，用的头像就是一个非常简单的图标，让受众一眼就能在众多微信公众号中看到它，而微博 App 的头像，和微博微信公众平台的头像一样，都是以同一图标作为头像，如图 5-1 所示。

图 5-1　微博头像

如果用户在网上搜索微博的官网（www.weibo.com），可以看到其官方账号的头像，也是同样的头像，如图 5-2 所示，可见设计好一个吸睛的头像，对于一个新媒体企业来说有多么重要，它将出现在企业策划的各类新媒体平台中，并且长期跟随企业的发展，也是企业的一种标志，为企业品牌的发展贡献了非常重要的作用。

图 5-2　微博官网界面

下面以微信公众平台为例，将为大家介绍其头像设计的作用、头像所具有的特点和设置的技巧。

1．头像的主要作用

一般说来，一些主观的设计、思想等之所以存在，就在于它具有某方面的作用和价值，新媒体平台的头像的存在也是如此。头像设计的作用主要包括两个方面，即吸引受众的注意力、扩大传播的可能性。

因此，新媒体平台头像设计的重点就在于能够引流和吸粉，无论是从能吸引受众的注意力方面来说，还是从其所具有的扩大传播功能来说，其最终目的都在于为平台引入更多的人流。

2．头像的主要特点

从头像设计的作用出发可知，无论是自媒体人还是新媒体企业，都必须重视新媒体平台的头像的设计。那么，什么样的头像能帮助企业吸引到更多的粉丝呢？就笔者看来，好的头像通常具备 3 个特点，即适合自身、显示清晰和辨识度高。关于新媒体平台头像所具有的 3 个特点，具体分析如下。

（1）适合自身。

适合新媒体平台的头像就是符合企业新媒体平台主打的风格和主题。例如，“十点读书”公众平台的头像就是一个符合该平台风格的典型设计，如图 5-3 所示。

熟悉“十点读书”公众平台的受众都知道，它主要以读书、故事、美文的主题为主，其风格也偏向于文艺、小清新范、唯美范。

图 5-3 “十点读书”公众平台和头像

因此，“十点读书”公众平台的头像设计，偏向于简洁唯美化，它以深蓝色的底衬托白色的文字 ——“十点读书”这一平台名称，同时以打开的书本形状标志嵌入其中，这些构成了公众平台头像的主体部分。除头像的主体部分外，它还加上了与公众号名称相对应的英文名称，瞬间就有将头像提升了一个档次的感觉。

（2）显示清晰。

顾名思义，显示清晰就是头像的像素要高，因为在新媒体平台，比如微信平台上，用户无论是搜索还是在“订阅号”中，首先看到的都是小小的四方形或者圆形头像，如图 5-4 所示。

图 5-4 头像以小图形式展现

因此，越是高清的图片，在以小图形式呈现时，越容易被一眼扫到，所以清晰是头像设计的第二大要求。

（3）辨识度高。

这一点其实非常好理解，举例来说，“中国电信”的公众平台的头像就非常有辨识度，它的头像最吸引人的点在于，嵌入了极具代表性的 4 个字——“中国电信”，同时，还将中国电信的功能特色嵌入了进去，那就是在“中国电信”的下面加上了一句话 ——“世界触手可及”。图 5-5 所示为中国电信的公众平台及其头像。

图 5-5 “中国电信”公众平台和头像

3. 头像的设置技巧

在介绍完头像设计的作用和头像所具备的特点之后，接下来为大家介绍一下头像设置的相关技巧。设置新媒体平台头像时可以考虑使用以下 3 种图片，具体如图 5-6 所示。

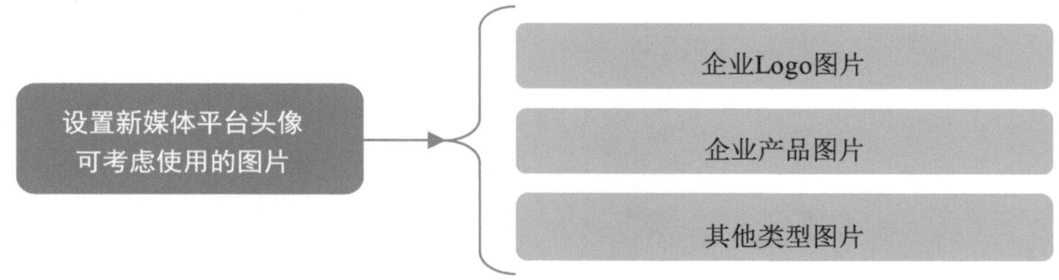

图 5-6 设置公众号头像可考虑使用的图片

关于新媒体平台头像的 3 种图片的应用，具体分析如下。

（1）企业 Logo 图片。

对于企业微信公众号来说，选择使用自己企业的 Logo 公众号头像的图片是一个很不错的选择。这样能够让受众每次看见公众号时就能够看见企业的 Logo，从而加深企业在受众心中的印象，对于企业的传播很有好处。图 5-7 所示为一个以企业 Logo 图片做头像的公众号。

图 5-7　以企业 Logo 图片做头像的公众号

（2）企业产品图片。

除了可以使用企业的 Logo 做微信公众号的头像之外，还可以选择采用企业或者个人经营的产品图片来做微信公众的头像。使用产品图片做公众号头像可以使得产品能更多次数地出现在广大微信用户的眼中，增加了产品的曝光率，从而达到宣传、推广产品的效果。图 5-8 所示为一个以企业产品图片做头像的公众号。

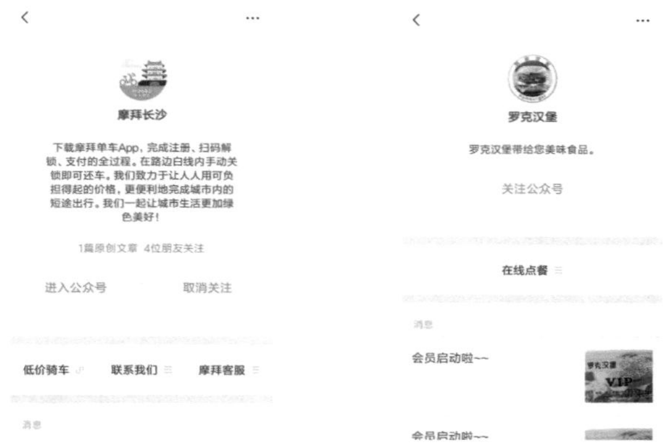

图 5-8　以企业产品图片做头像的公众号

（3）其他类型图片。

对于那些自媒体人的微信公众号来说，他们可能没有自己的公司 Logo，也没有自己经营的产品，对于这些人在设置自己公众号头像时就应该选择其他类型的图片，例如自己的照片，各种跟公众号有关联的照片等。图 5-9 所示为一个以其他类型的图片作为头像的公众号。

图 5-9 以其他类型的图片做头像的公众号

专家提醒

需要注意的是，一定要选择高清的图片，因为有些自己拍摄的照片弄成头像之后就模糊不清了，这样对公众号的形象会有一定的折损。

5.1.2 主图决定文案打开率

用户在打开一个关注的微信公众号时，在如图 5-10 所示的每天的文章列表中，可以发现有的公众号每天会推送好几篇文章，而有的公众号就只会推送两篇或者一篇文章。

但是，不管推送多少文章，基本上每一篇文章都会配一张图片，文章所配的图片的大小也会不一样，只有头条文章所配的图片比例是最大的，这张图片即被称为文章主图，如图 5-11 所示。

文章的主图设置的好坏会影响到受众点开文章阅读的概率，一张漂亮、清晰的主图能瞬间吸引受众的眼球，从而让受众有兴趣进一步阅读。衡量一张主图是否合格，可以从图片的清晰度、辨识度去判断。除此之外，在选取文章主图时还需要考虑图片的大小比例是否合适。

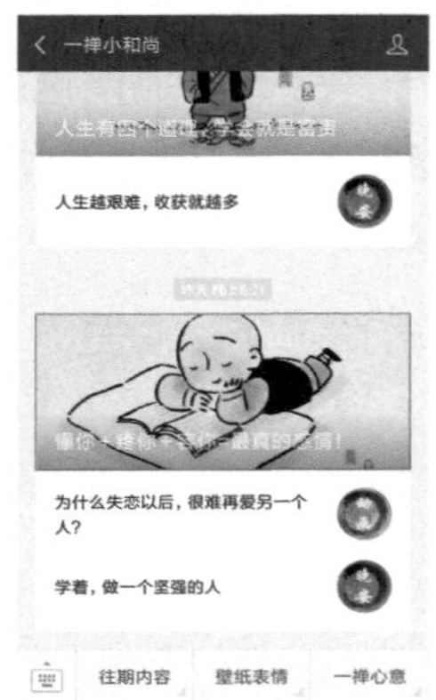

图 5-10　微信公众号文章列表

图 5-11　文章主图

比例适宜的主图，主要拥有 3 个方面的优点，即提升阅读量、节省加载流量和实现快速加载。接下来，笔者就对文案比例适宜的主图所应该具有的 3 个方面的优点，具体进行介绍。

1．提升阅读量

大部分人都是视觉派的，看见漂亮的东西就会忍不住多看两眼，对于漂亮的图片也不例外。当受众在点开某一公众号之后，如果它的文章主图有特色，能够吸引人，相信很多受众都会忍不住点开文章进行阅读。

因此，一张适宜的主图的要求是能够吸引受众阅读，从而给公众号文章带来更多的点击率，进而能够提升文章的阅读量。

2．节省加载流量

当一张主图过大时，受众要加载出它除了需要花费更多的时间，更重要的一点是耗费的流量也会非常多。

如果受众是在 Wi-Fi 环境下阅读倒是不会太在意，但是如果用的是流量包里的流量加载就会耗费受众更多的流量，进而会使得受众的流量费用增多，这对受众、对微信公众号运营者来说都不是一件好事情。

因为有的受众在流量紧张的情况下，他为了节省流量的费用，就会选择不看微信公众号文章。如果受众不看微信公众号，那么，微信运营者推送的文章就难以得到该有的阅读量和点击率。

3. 实现快速加载

当受众点开某一个微信公众号平台的文章列表时，如果其主图设置得过大，那么加载该图片就会需要耗费更多的时间，而一张大小适宜的文章主图加载就会更容易，能够减少图片的加载时间。

加载主图所耗的时间会在一定的程度上决定受众是否继续阅读这篇文章，因为并不是每一个人都愿意耗费时间在等待上。主图加载所耗费的时间的长短产生的结果会大不一样，具体如图 5-12 所示。

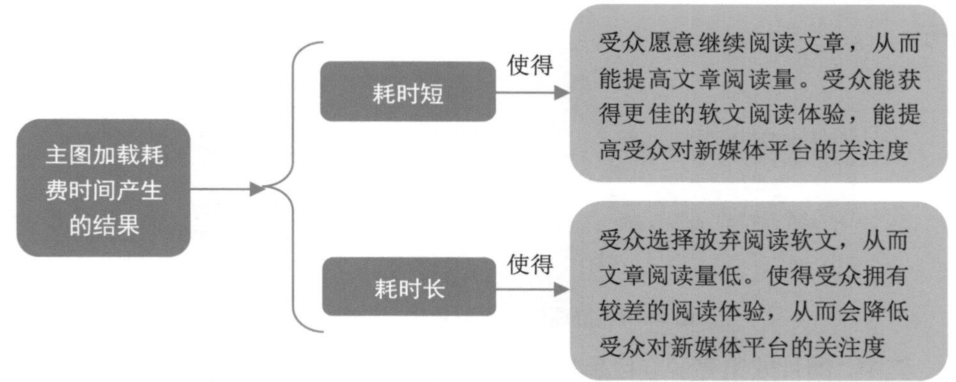

图 5-12　主图加载耗费时间产生的结果

5.1.3　侧图也需具有吸引力

文章的侧图指的是微信公众号平台文章列表中除了头条文章之外的文章所配的图片，如图 5-13 所示。

图 5-13　文章侧图

文章侧图虽然所占的比例较小，但是也不可以忽视它的作用，它有着跟主图一样的效果，能提高文章的阅读量以及能够给受众提供良好的阅读体验，使得微信公众号能获得更多的受众支持。

5.1.4　颜色用得好受众少不了

新媒体平台运营者要想让自己的图片吸引受众的眼球，那么，所选的图片的颜色搭配要合适。图片的颜色搭配合适能够给受众一种顺眼、耐看的感觉，对微信公众号而言，舒适的图片颜色搭配主要有两个方向，具体如图 5-14 所示。

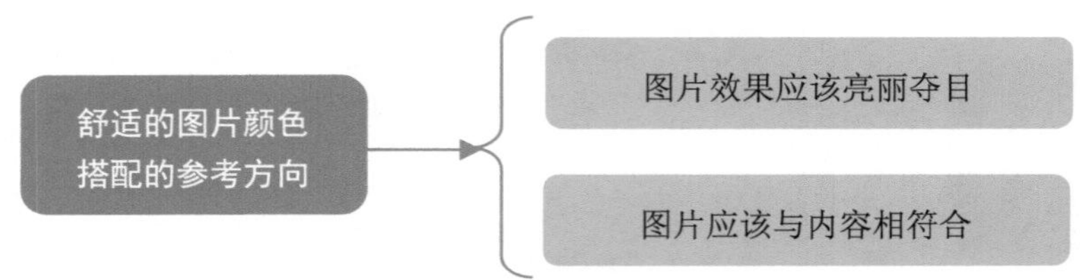

图 5-14　舒适的图片颜色搭配的参考方向

其中，图片效果亮丽夺目是其主要特点，是吸引受众关注的主要因素。因此，在一般情况下，新媒体文案的图片要尽量选择色彩明亮的，因为这样的图片能给平台带来更多的点击量。

这主要是因为亮丽夺目的图片可以让受众感到眼前一亮，从而让受众产生好奇心，提高受众的阅读兴趣，增加公众号文章的点击量。

很多受众在阅读文章的时候希望能有一个轻松、愉快的氛围，不愿在压抑的环境下阅读，而色彩明亮的图片就不会给受众一种压抑、沉闷的感觉，恰好能给受众带来轻松、愉快的阅读氛围。

当然，图片除了亮丽夺目外，在颜色选择上还有一个与内容是否符合的因素存在，这也是在图片的细节处理中需要注意的问题，在新媒体平台文案内容中的图片处理也是如此。

如果公众号推送的内容是比较悲沉、严谨的，那就可以选择与内容相适应的颜色的图片，就不可使用太过跳跃的颜色，因为这样会使得整体感觉不和谐。

5.1.5 尺寸合适才能高清显示

图片除了需要注意其颜色选择外，还应该注意选择合适的尺寸。在此，尺寸包括两个方面的内容：①图片本身的尺寸大小，即像素；②排版中的图片显示尺寸。

文案中的图片在排版中的尺寸大小一般有一个固定范围，不可能做太大的调整，因此，为了保持图片的清晰度，必须保证图片本身的尺寸大小，以提高图片的分辨率，这是实现图片高清显示的最基本保证。

图片高清显示的容量大小又关系到受众点击阅读软文信息时的用户体验，因此，在保持图片的高分辨率、不影响观看和顺利上传、快速打开的情况下，怎样处理图片容量大小成为一个非常关键的问题。针对如何处理才能让高清图片改为普通大小这一问题，平台运营者可以通过两种方法来解决。

1. QQ 截图

在 QQ 打开界面，用户可以在结合快捷键的情况下以合适格式保存图像，即可得到普通大小的高清图片，具体步骤如下。

步骤 01 点击QQ头像，打开QQ，再打开一张需要修改尺寸的高清图片，如图 5-15 所示。

图 5-15 打开需要修改的高清图片

步骤 02 按 Ctrl+Alt+A 组合键，将会在图上显示一个截图显示范围图标，如图 5-16 所示。

图 5-16　显示截图范围图标

步骤 03　移动鼠标指针至图片的左上角，然后按住鼠标左键并进行拖曳，选择高清图片，如图 5-17 所示。

图 5-17　选择图片

步骤 04　在显示的浮动面板上，单击“保存”按钮，如图 5-18 所示，执行操作后，即可完成截图。

图 5-18　单击“保存”按钮

步骤 05　弹出“另存为”对话框，在其中设置保存位置和文件名，单击“保存类型”右侧的下拉按钮，在弹出的下拉列表中选择 PNG 格式，单击“保存”按钮，如图 5-19 所示，即可完成图片另存操作。

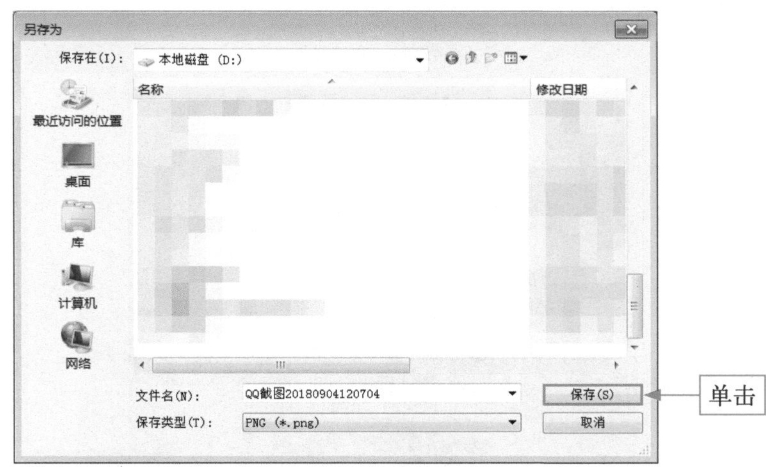

图 5-19　“另存为”对话框

2. 画图工具

除了可以运用 QQ 截图来把高清图片改为普通大小外，还可以通过画图工具来实现这一目标，具体步骤如下。

步骤 01 选择“开始”|“程序”|“附件”|“画图”命令，打开“画图”工具，如图 5-20 所示。

图 5-20 打开“画图”工具

步骤 02 在软件界面中，选择“画图”|“打开”命令，打开需要修改的高清图片，如图 5-21 所示。

图 5-21 打开需要修改的高清图片

步骤 03 选择“画图”|“另存为”命令，在弹出的“另存为”窗格中选择“JPEG 图片”选项，如图 5-22 所示。

图 5-22　选择“JPEG 图片”选项

步骤 04　执行操作后，弹出“保存为”对话框，如图 5-23 所示，设置图片保存的位置和类型，单击“保存”按钮即可保存图片。

这样操作之后，通过查看属性可知，保存的图片比原图的大小和占用空间都要小得多。

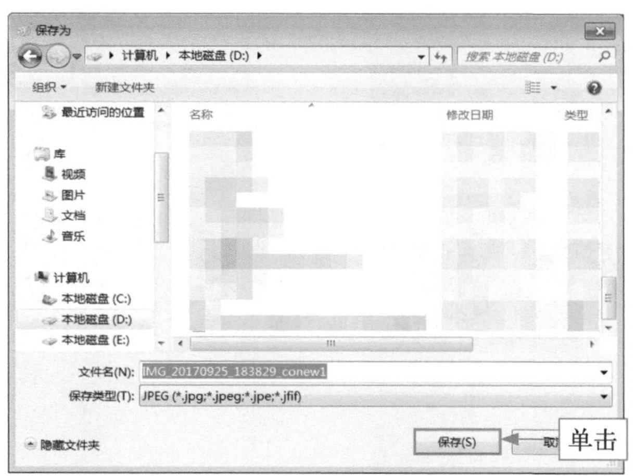

图 5-23　“保存为”对话框

5.1.6　数量多少得由内容决定

关于图片的多少这一问题，可以从两方面来理解——公众号推送的图文的多少和文章中排版所用图片的多少，下面将就这两个方面进行具体介绍。

1. 图文的多少

推送图文的多少是指一个新媒体平台每天推送的文章的多少。细心的受众会发现，有的公众号、App 和自媒体平台每天会发送好几篇文章，如图 5–24 所示。

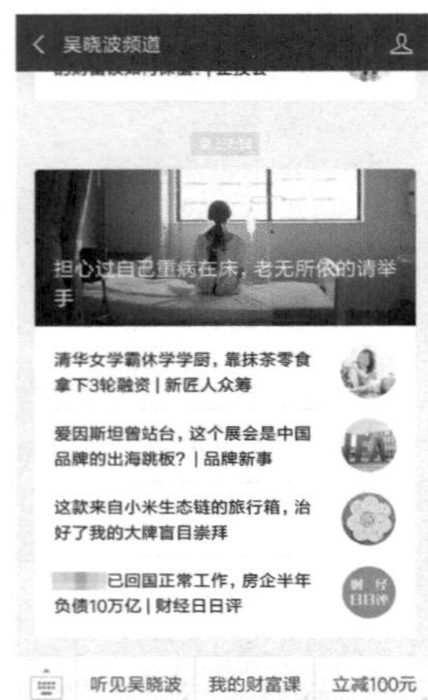

图 5-24　每天推送多篇文章的公众号

而有的微信、App 和自媒体平台每天只会推送一篇文章，甚至隔几天或一段时间才发一篇文章。图 5–25 所示为一天推送一篇文章的公众号平台。

图 5-25　每天推送一篇软文的公众号

新媒体平台推送的图文越多，所用的侧图就会越多；推送的图文越少，所用的侧图也就越少。新媒体平台文章的单图文推送跟多图文推送各有特点，它们的特点具体如图 5–26 所示。

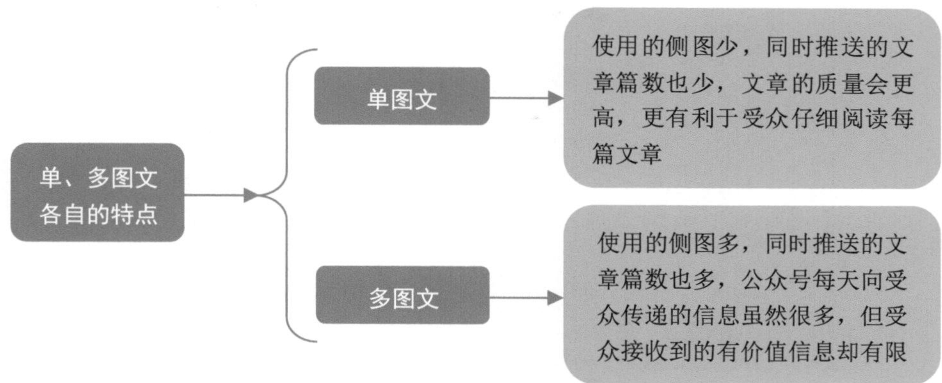

图 5-26　单、多图文各自的特点

2. 图片的多少

每个新媒体平台都有属于自己的特色，有的微信、App 和自媒体平台在文章内容排版的时候会选择使用多图片的形式。

图 5-27 所示为一个名为 “大爱猫咪控”公众号推送的多图片排版文章的部分内容展示。

图 5-27　“大爱猫咪控”公众号文章排版多张图片案例

但是，有的新媒体平台在进行文章内容排版时，它的排版就只会选择使用一张图片。例如，以向受众推送情感内容为特色的公众号——“一禅小和尚”，它在平台上发布内容时，便会在正文的前方配以一张漫画图，具体如图 5-28 所示。

图 5-28　“一禅小和尚”公众号文章排版单张图片案例

这种文章内容多图片、少图片的排版方式会给受众带来不一样的体验，它们的区别具体如图 5-29 所示。

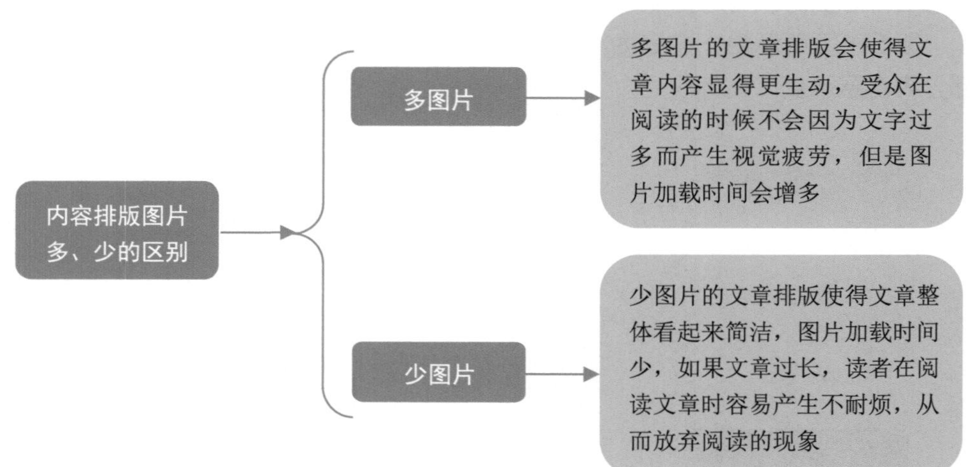

图 5-29　内容排版图片多、少的区别

5.1.7　图片像素必须严格要求

高清的图片是获得平台用户良好的第一印象的法宝，它体现了商品价值的高低，直接影响着用户的价值判断。图 5-30 所示为一张清晰的书籍图片，它不仅画质清晰，而且拍摄的角度也比较合理，从而能通过意境的设计凸显产品的品质。

图 5-31 所示为背景杂乱的书籍图片。不难看出这张图片不仅图片的背景随意，而且给用户一种毫无亮点、平淡无奇的感觉。如果在新媒体平台的视觉设计中选择这样的图片素材，肯定难以激发用户的好奇，达不到好的视觉效果。

图 5-30　画质清晰的书籍

图 5-31　背景杂乱的书籍图片

5.1.8　光线角度决定照片质量

随着物质生活水平的提高，人们对品质的要求与标准也在不断提升。因此，如何选择高品质的图片素材便成了微信公众平台运营者在进行文章配图时需要考虑的重点问题。一般而言，视觉光线较好的图片素材相较于光线昏暗的图片素材而言，会更容易给用户好的视觉享受。

如果在进行文章配图时没有把握好视觉光线，一方面容易导致呈现的图片无法达到预期的视觉效果；另一方面这样的视觉图片也不足以引起受众的阅读兴趣。图 5-32 所示为一张视觉光线不足的图片。由于拍摄者在拍摄时没有把握好视觉光线，从而导致整个视觉画面呈现出一种昏暗无光的感觉。

图 5-32　视觉光线不足的图片示例

光线把握得当的图片示例，如图 5-33 所示，整个图片给人明亮、简洁的视觉感受，体现了图片的质感。

图 5-33　光线得当的图片示例

5.2　加工：发挥图片应有的价值

图片是文案内容的重要组成部分之一，但是，一般人拍摄出来的图片太过于普通，而将这些素材作为文案图片，无论是美观性，还是图片特色的呈现都是比较有限的。在这种情况下，新媒体运营者还需通过加工，充分发挥图片应有的价值。

5.2.1　巧用技术给图片化妆

企业、个人在进行新媒体平台运营时是离不开图片的，图片是让微信、App 和自媒体等新媒体平台的文案内容变得生动的一个重要武器，会影响到受众点开文章的阅读量。

因此，企业或者个人在使用图片给微信、App 和自媒体等新媒体平台增色时也可以通过一些方法给图片“化妆”，让图片更加有特色，增加图片的美感，吸引到更多的受众的目光。

新媒体平台的文案编辑给自己的图片“化妆”，可以让原本单调的图片，通过多种方式变得更加鲜活起来。给图片“化妆”可以通过两个方法着手进行，即拍摄时“化妆”和后期“化妆”。关于给新媒体平台文案的图片化妆的两种方法，具体介绍如下。

1. 拍摄时“化妆”

新媒体平台使用的照片来源是多样的，有的微信、App 和自媒体平台使用的图片是企业或者个人自己拍摄的，有的是从专业的摄影师或者其他地方购买的，还有的是从其他渠道免费得到的。

对于自己拍摄图片的企业或者个人这一类微信、App 和自媒体平台运营者来说，只要在拍摄图片时，注意好拍照技巧的运营，以及拍摄场地布局、照片比例布局等，就能达到给图片“化妆”的效果。

2. 后期“化妆”

新媒体平台运营者在拍完照片后如果对图片还是觉得不太满意，还可以选择通过后期来给图片“化妆”，或者是微信、App 和自媒体平台运营者从其他地方得到的图片不满意的话，也可以选择后期“化妆”。

现在用于图片后期的软件有很多，如强大的 Photoshop、众所周知的美图秀秀等，微信、App 和自媒体平台软文编辑可以根据自己的实际技能水平选择图片后期软件，通过软件让图片变得更加夺人眼球。

一张图片有没有加后期，效果差距是非常大的，图 5-34 所示，就是同一张照片没加后期图（1）跟加了后期图（2）的效果对比。

（1）图片加工前　　（2）图片加工后

图 5-34　同一张图片加后期前、后的效果对比

5.2.2　向受众宣告图片主权

要想让新媒体平台的图片引爆受众的眼球，给图片加个标签也是新媒体平台运营者需要注意的一个问题。给图片加标签的意思就是给微信、App 和自媒体等新媒体平台的图片加上专属的水印，向受众宣告图片的主权。

新媒体平台文案编辑如果要给图片加上专属标签，可以在新媒体平台的后台进行操作。接下来笔者就以微信公众号为例，给大家介绍具体添加专属标签的操作方法。

步骤 01 进入微信公众平台，单击“公众号设置”按钮，如图 5–35 所示。

图 5-35 单击“公众号设置”按钮

步骤 02 进入“公众号设置”界面之后，单击“功能设置”按钮，就能看到“图片水印”一栏，如图 5–36 所示。

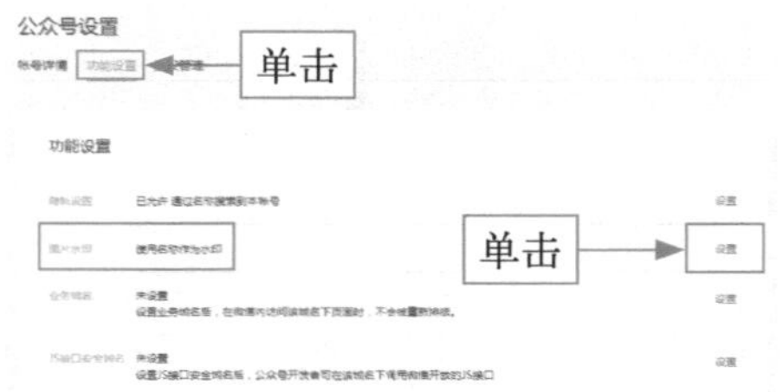

图 5-36 “公众号设置”界面

步骤 03 单击“设置”按钮，进入“图片水印设置”界面，如图 5–37 所示，从图中可以看到，图片水印的设置有“使用微信号”“使用名称”和“不添加”3 种形式。

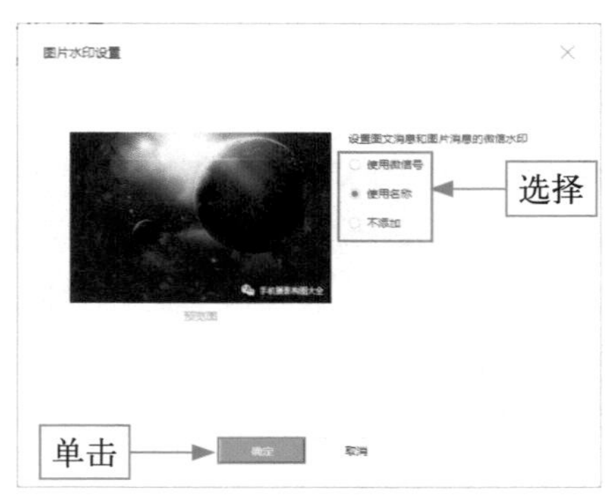

图 5-37 “图片水印设置”界面

既然我们的目的是要给图片加标签，那就可以选择忽视第 3 种形式，在前面两种形式中根据自己的想法选择一种，设定微信图片的水印的形式，然后单击“确定”按钮即可。

5.2.3 动图让图片更有动感

很多新媒体运营者在放图片的时候都会采用 GIF 动图形式，这种动起来的图片确实能为新媒体平台吸引不少的受众。GIF 格式的图片会让图片更有动感，相对于传统的静态图，它的表达能力更强大。

图 5–38 所示为一个名为“十点读书”的微信公众号发布的 GIF 格式的动图文章，图片内容非常生动。

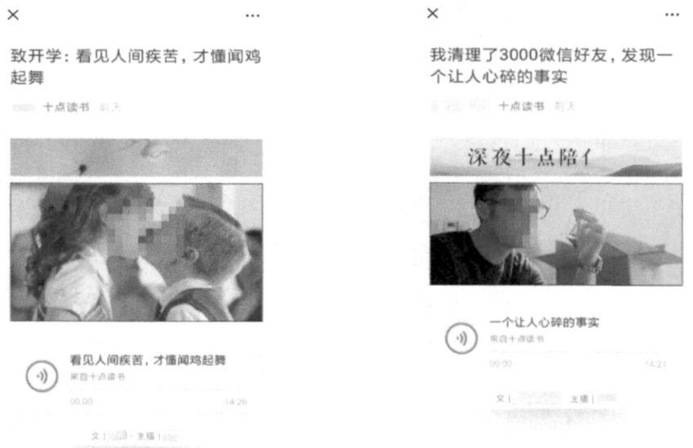

图 5-38 “十点读书”发布的 GIF 格式图片

图 5–39 所示为一个名叫“爆笑 gif 图”的公众号发布的 GIF 格式的图片，图片内容非常搞笑。

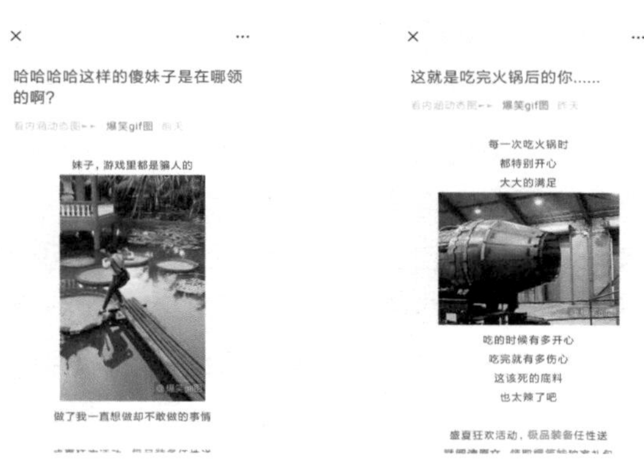

图 5-39 “爆笑 gif 图”发布的 GIF 格式图片

5.2.4 长图文增强内容连贯性

除了动图之外，长图文也是为文章内容加分的一种形式。有一个名为“二号床”的公众号，它在微信公众平台上发布的文章都是采用的长图文的形式，以图片加文字的漫画形式来描述内容，其发布的文章阅读量都很高，该公众平台上的某篇文章的部分内容，如图 5-40 所示。

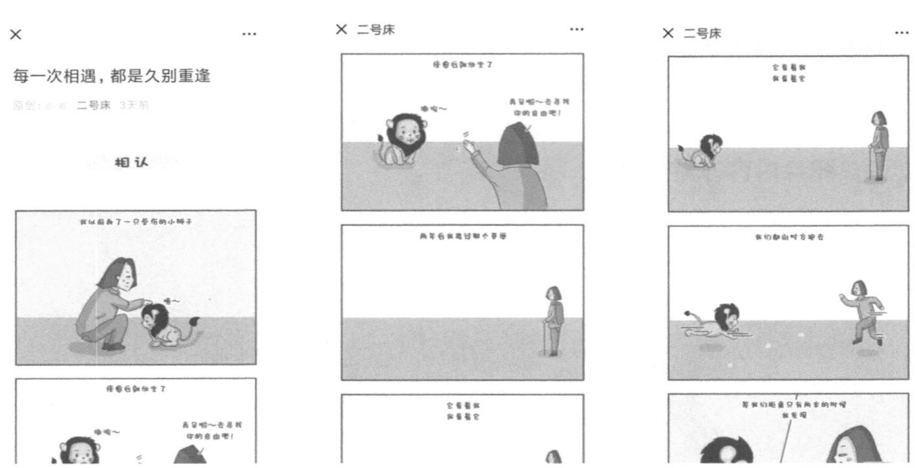

图 5-40 “二号床”长图文文章部分内容

可见，长图文是使得微信公众平台的图片能够获得更多关注度的一种很好的方法。长图文将文字与图片融合在一起，借文字描述图片内容的同时，用图片使文字所要表达的意思更生动、形象，二者相辅相成，配合在一起，能够使文章的阅读量达到不可思议的程度。

5.2.5 二维码塑造别样的图片

在现实生活中，随处都布满了二维码的身影，二维码营销已经成为一种很常见的营销方式。二维码对于微信公众平台来说也是非常重要的一种吸引受众的图片，同时它也是微信公众平台的电子名片。

因此，企业或者个人在运营自己的微信公众平台时，可以采用制作多种类型和形态的二维码进行平台推广与宣传，以便吸引不同审美类型的受众。我们在生活中见到的二维码可以分为 5 种类型，即黑白二维码、彩色二维码、指纹二维码、Logo 二维码和动态二维码。关于二维码的 5 种类型，具体介绍如下。

1．黑白二维码

日常生活中，比较常见的二维码都是黑白格子的，如图 5-41 所示，这种单一的形式已经不能够满足喜欢尝鲜、创新的消费者了。

图 5-41　黑白二维码

2．指纹二维码

指纹二维码相信很多人都不会感到陌生，这是一种之前很流行的二维码类型。它的特色是一张正常的普通二维码旁边加上一个指纹型的动图，相对于一般的二维码，它给人的感觉会比较有趣。图 5-42 所示为一张指纹二维码。

图 5-42　指纹二维码

3．彩色二维码

彩色的二维码是一种非常有特色的二维码，它不同于黑白二维码那么单调、呆板，彩色二维码是靓丽、有活力的，这种二维码能够吸引大批追求新颖与特色的受众，能够使得微信公众平台变得更有特色。图 5-43 所示为一张彩色二维码。

图 5-43　彩色二维码

4. Logo 二维码

Logo 二维码是指企业将自己公司的 Logo 设计到二维码中，使得受众在扫码或者阅读时能够看到企业的 Logo 形象，加深了受众对企业的印象，也达到了传播企业知名度的目的。

这种类型的二维码，是企业进行微信营销与推广时很常用的一种二维码，其效果也是很不错的。图 5-44 所示为一张 Logo 二维码。

图 5-44　Logo 二维码

5. 动态二维码

动态二维码也是微信公众平台运用得非常广泛的一种二维码类型，动态二维码相对于静态的二维码来说能够带给受众更多动感，能给看见的人留下非常深刻的印象，一张动态二维码就是一张动态名片。图 5-45 所示为微信公众号使用的动态二维码，不断飘落的花瓣为二维码增添了动感。

图 5-45 动态二维码

5.3 运用：让图片更能打动受众

运用一定的图片处理技巧，挖掘图片深处蕴含的视觉灵魂，是一个出色的新媒体运营者应具备的技能。在新媒体运营中，要想获取理想的视觉效果，还得运用一定的图片技巧，才能让自己的图片更能打动受众。

5.3.1 透过图片展示情怀

图片能够向受众传递一个微信公众号的情怀，这类平台只用图片就可以胜过千言万语，能够让受众感受到公众号隐藏的情怀。

图 5-46 所示为一个名为“油画”微信公众号发布的一篇油画作品集文章中的一部分作品图。这一整篇文章，除了对于作品名称用了简单的文字表达外，后面的内容都是油画图片，但它却能表达该公众号的高雅情怀。

图 5-46 “油画”公众号中图片体现情怀的部分案例

5.3.2 角色带入增强实感

在微信公众平台软文中，如果企业或商家放入其中的是有着消费者或其他人物身影存在的图片，那么该产品和品牌可以让受众产生身份认同感和代入感，而这一过程，也在无形中实现了受众对产品、品牌的了解，从而更信赖和信任产品或品牌。要想实现这一目标，可以在文案中植入相关图片，如图 5–47 所示。

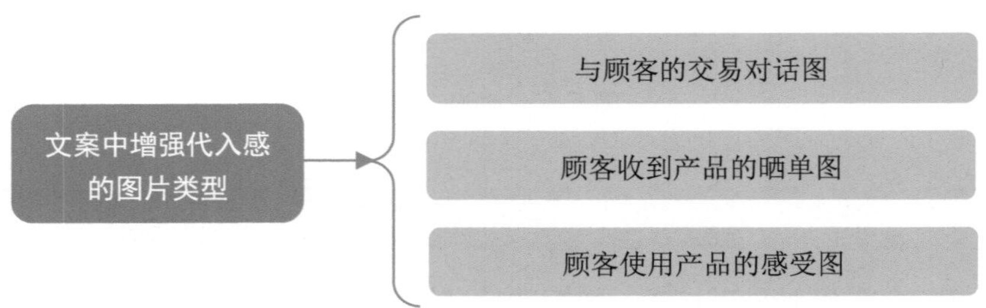

图 5-47　文案中增强代入感的图片类型

通过图 5–47 中所提及的 3 种图片，可以让其他的受众融入商品营销过程中并产生一种角色代入感，将自己当作其中的顾客，想象成是自己在进行产品购买前的咨询或者是使用产品后在诉说对产品的感受，可以充分体验到顾客的心情。

其实这些图片具有让受众产生代入感的功效，而代入感的产生是建立在图片能够表达充满人情意味的产品的基础之上的，因此可以说，图片在表达上除了能够让产品创意化，还具有让文字人情化的作用。图 5–48 所示为“微店”公众号中展示的用户购买后对产品的感受图。

图 5-48　“微店”公众号中用户购买后对产品的感受图

5.3.3 效果对比突出优势

在新媒体平台中发布文章时，配上图片能够给受众最直观的视觉感受，增强真实感。企业在新媒体平台上发送产品广告的文章时，配上图片是进行产品推广较为有效的方法，如果平台推送的产品广告文章中能配上购买者在使用产品时的效果图，那是再好不过了。

图 5–49 所示为一个名叫“康宝莱微刊”的微信公众号在其平台上发布的用户使用自己产品前后的效果对比图。看到文中人物减肥前后的对比图可以让受众更好地感受到其中的真实感，从而触发受众的信任感。

图 5-49 “康宝莱微刊”公众号中图片增强真实感的部分案例

5.3.4 融入符号增加认知

在新媒体平台的文章推送中，产品主要通过 3 种形式呈现出来，即产品本身图片、产品符号图片和产品代言人图片。

上文中所提及的 3 种产品图片呈现形式，后两种是建立在符号和象征的基础之上的，它们是利用产品品牌标志、企业 Logo 和代表性人物形象来推送产品的形式。图 5–50 所示分别为利用企业 Logo 和产品品牌标志图片来推送产品的案例。

图 5-50　利用企业 Logo 和产品品牌标志图片推广产品的案例

利用图片实现产品形象符号化，可以让产品在进入市场的过程中，能够让消费者在一看到与该符号形态相同或相似的标识时产生一种联想的感觉，这既能扩大产品的宣传影响力，也能促进产品营销的实现。

之所以能够产生联想的感觉，就在于产品的符号形象在流通传播过程中产生了一种文化意义和社会生命力，并与社会中的某一文化元素相契合，于是无形中就在消费者心目中形成了一定的形象地位，这是产品形象化的真实意义所在。

这种做法在软文营销中多有体现，例如，微信公众平台“手机摄影构图大全”的软文在撰写过程中总会呈现其二维码，而二维码上的公众号头像，明显是品牌形象符号的体现，如图 5-51 所示。

图片利用蒙娜丽莎的经典形象，而文字部分再辅以公众号的主题内容“构图”设计，可以带给受众深刻的印象。当受众在其他地方看到蒙娜丽莎的图片、感受她的美时，很容易就能联想起关于“手机摄影构图大全”这一微信公众号软文发布平台，这对于宣传该平台品牌是有着重要作用的。

深入持续学习

1000 种构图在等你！

长按关注，立马不同

图 5-51　“手机摄影构图大全”公众号的二维码及文字说明

第6章

排版：为受众营造极致观感体验

学前提示

各类新媒体平台的栏目设置与版式设计是否科学美观，对用户的视觉感受的好坏将产生重要影响。

因此，只有做好新媒体平台的栏目与版式设计工作，才能给予用户最佳的阅读体验。本章主要介绍各类新媒体平台栏目设置与版式设计的相关知识。

要点展示

- 栏目：分类锁定受众视线
- 文字：协调性和美观性的统一
- 版式：文章结构版式管理
- 工具：可用编辑器备忘录

6.1 栏目：分类锁定受众视线

企业或者个人要想更好地运营新媒体平台，首先就需要对平台界面进行栏目设置，以便对平台推送的文案进行分类处理。在进行平台栏目设置时应注意在吻合新媒体用户的视觉习惯的同时，满足平台各类文案的推送与分类的各类需求，为用户的阅读提供便利。

6.1.1 界面简洁一目了然

平台界面简洁才能方便用户查看。在新媒体平台上，平台的栏目设置都很简单，特别是在微信公众平台上，一般的自定义菜单栏由 3 个栏目组成。为了界面的简洁，主栏目下其他子栏目一般都进行了隐藏设置，点击主栏目即可弹出子栏目，如图 6-1 所示。

图 6-1　自定义菜单的主栏目与子栏目

6.1.2 根据习惯设置栏目

不少新媒体平台在进行栏目设置时，注重人性化设计，使用户可以根据自己的习惯和兴趣设置令自己满意的界面，这一人性化特征在 App 平台上体现得尤为明显。图 6-2 所示为网易新闻的界面栏目和设置。在该平台上，用户可以根据自己的喜好和平台的阅读习惯选择增减栏目和调换栏目顺序。

图 6-2　网易新闻的栏目和设置

6.1.3　有序呈现突出要点

在新媒体平台上，无论是主栏目还是子栏目，都是按照一定的顺序进行排列的。图 6-3 所示为“秋叶 PPT”公众平台的主栏目和子栏目设置。

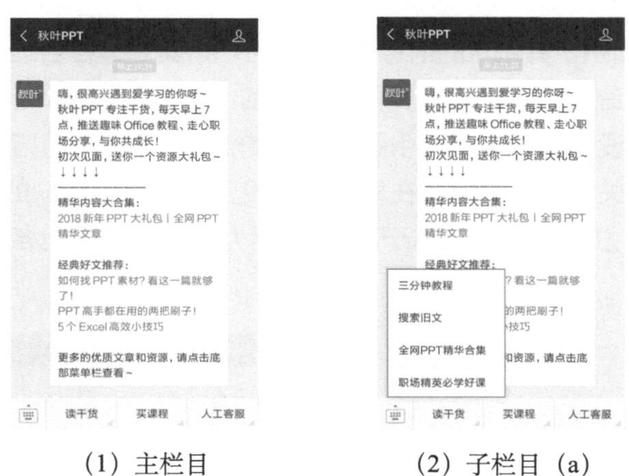

（1）主栏目　　（2）子栏目（a）

图 6-3　“秋叶 PPT”公众平台的栏目设置

从图 6-3 中可以看出，在主栏目的设置上，该平台把构成运营主体的干货内容——“读干货”栏目放在了第 1 个，传播知识，通过干货吸引受众。然后设置第 2 个栏目为“买课程”，这是在受众被吸引后与平台的进一步接触。最后设置第 3 个栏目为“人工客服”，这一栏目有利于加强受众与平台的互动，进一步实现吸粉引流。其子栏目同样是按照其栏目的有序性进行设置的。

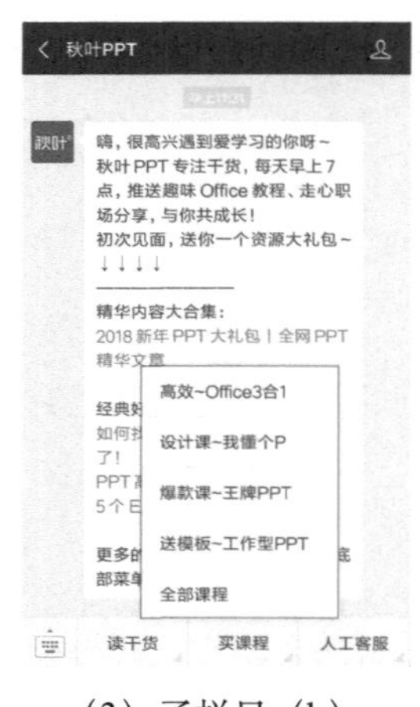

（3）子栏目（b）

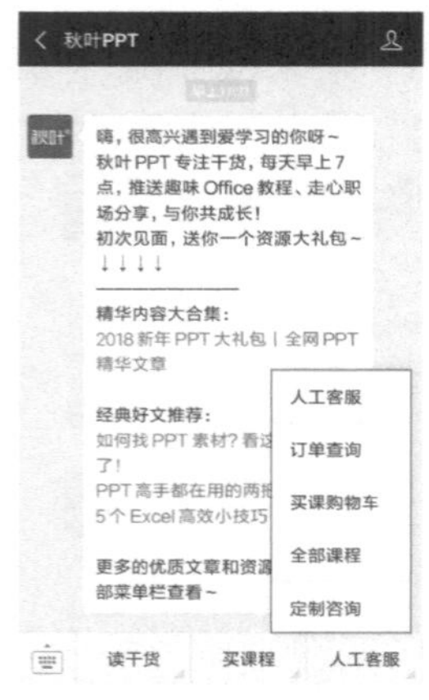

（4）子栏目（c）

图 6-3　“秋叶 PPT”公众平台的栏目设置（续）

6.1.4　符合受众浏览习惯

从视觉习惯上来说，人们的视线转移路径一般是从左至右、从上至下，因此，在不同的平台上，由于其包含的信息和界面的不同，其整体栏目的设置位置也不同。

在新媒体平台上，由于手机屏幕所展示的信息有限，因此，进入新媒体平台界面，首先需要设置一些容易吸引受众注意的信息，只有吸引了受众注意，才能使得他们有耐心关注平台内容。在界面上部设置容易引导受众的图文内容，而把栏目设置放在下方，如图 6-4 所示，这是因为在视线区内上部的注目程度比下部高。

图 6-4　微博、微信 App 平台的栏目设置

当然，在新媒体平台上，其栏目设置的位置也要视信息多少而定。新媒体平台的运营者在进行平台页面设计时，除了要合理地配置资源，突出页面主要信息之外，也应注重吻合用户的视觉习惯。如果平台页面加入信息比较多，栏目设置一般位于受众关注程度高的位置，如界面的左侧，如图 6-5 所示。

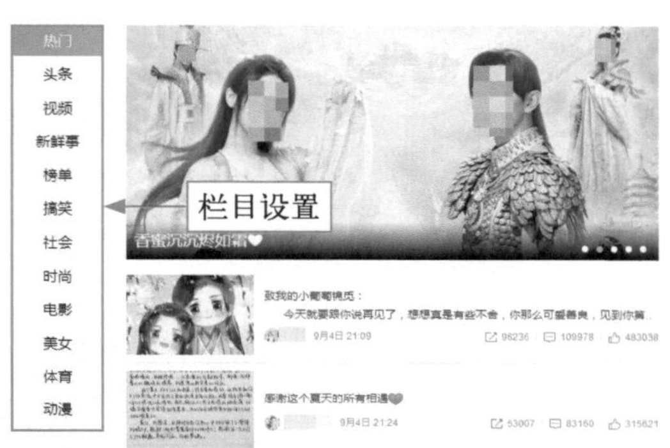

图 6-5　界面左侧的栏目设置

视觉是人类获取信息、观察事物的能力，人们利用视觉能力所察觉到的结果是极具选择性的，这是因为在大脑意识的支配下，眼睛能够对所看到的事物和信息依据一定的习惯进行信息和注意力的分类、筛选，最终形成一定的视觉效果。

而栏目设置作为艺术设计的一部分，是“眼睛”的艺术，受众在阅读文案时，会根据一定的视觉习惯对平台首页的栏目进行有目的性的选择。对于视觉习惯而言，主要是要能让用户便于理解、使用。

就栏目设置的文本方向上来说，基于人的眼睛在横向上的移动相对于纵向移动来说，明显要迅速和不易疲惫，因此，大部分的栏目设置是尽量横向排列的。图 6-6 所示为新媒体平台的横向栏目设置。

图 6-6　新媒体平台的横向栏目设置

6.1.5 加强互动栏目设置

企业或个人在新媒体平台上运营，其最终目的是吸粉引流。为了实现这一目的，平台运营者不仅要在文案内容上提供干货和进行巧妙设置，还需要积极地通过平台的栏目设置来与受众进行互动。为了做到这些，首先需要在主栏目的设置上提供平台与受众互动的活动栏目，如图 6-7 所示。

图 6-7　微信公众平台的互动栏目设置

其次，在新媒体平台的后台处，还应该提供自动回复功能。图 6-8 所示为微信公众平台的后台。通过这一功能与自定义菜单的结合，可以引导受众浏览信息，提升平台主动性和用户体验，最终实现吸粉引流。

图 6-8　微信公众平台自动回复功能设置

6.1.6 分类呈现平台内容

在新媒体平台上，设置分类栏目的在于怎样才能清楚、全面地呈现内容。所谓“清楚”，即受众在看到栏目名称时，就可分辨出该栏目主要的内容是什么，所要寻找的内容在哪一个栏目中可以快速找到。

所谓“全面”，即栏目的分类和取名要全面，既要保证平台的运营内容要全面呈现，能够在栏目的分类中全部找到，又要保证其栏目名称的设置具有概括性和全面性，不能让其中某些内容出现在所有栏目下而无法有序查找的情况。

图 6-9 所示为“湖南邮政 EMS”的微信公众平台栏目，从其名称设置上可以明显得知，该公众平台的运营主要集中在在线的业务受理、各项福利以及综合便民等方面。其中，“综合便民”这一主栏目的名称设置明显是能体现其栏目内容的，且它所包含的 4 个子栏目已经囊括了一般的综合便民业务。

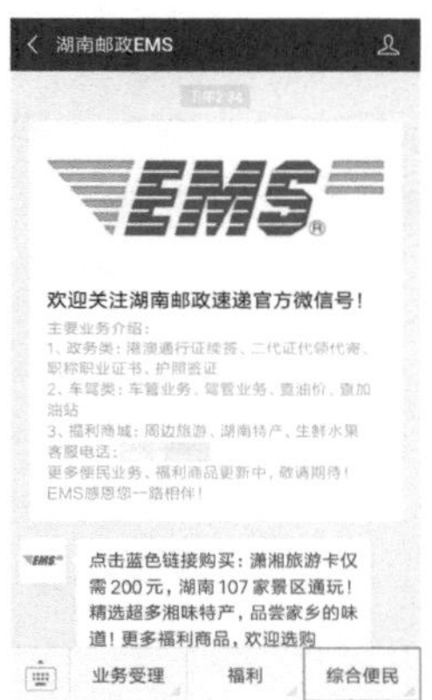

图 6-9 “湖南邮政 EMS”公众平台的栏目内容

6.2 文字：协调性和美观性的统一

对推送文章进行排版时，除了要明确文章各部分应具备的版式要素之外，还应注重整篇文章文字版式的一致性与美观性，慎重对待文章中的一字一句一段，使推送文章的文字版式符合相应标准。本节主要介绍各新媒体平台推送文章的文字排版的相关知识。

6.2.1 突出设置重点内容

平台运营者在对新媒体平台推送的文章进行排版时，为了体现文章的层次感，突出文章的重点内容，可以采取一定的突出设置。突出设置的对象主要指的是正文的重点内容。

在此，以搜狐公众平台为例介绍文字突出设置的相关知识。在搜狐公众平台上，编辑文案正文时，提供了两种字体形式。下面以图解的形式介绍搜狐公众平台常见的两种字体形式，如图 6–10 所示。

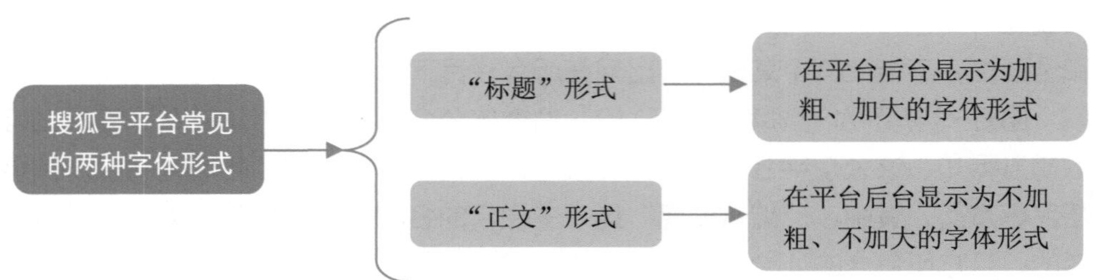

图 6-10　搜狐公众平台常见的两种字体形式

图 6–11 所示为分别设置为正文字体和标题字体的文本效果。通过这样的设置，受众在阅读的过程中能很容易地分辨出突出的重点内容。

图 6-11　搜狐公众号平台的字体设置效果

6.2.2　合理选择字体字号

给文章的内容选择合适的字体字号，也是新媒体平台运营者排版工作中需要考虑到的一个事项。

在一些新媒体平台中，并没有为运营者提供太多的字体。如在微信公众号中，只是提供了斜体的设置，如图 6–12 所示。

图 6-12　微信公众号的斜体设置

除了字体，字号也是文章排版中的一项重要内容。合适的字体大小能让受众在阅读文章时不用将手机离自己的眼睛太近或太远，而且合适的字体大小能让版面看起来更和谐。在微信公众平台后台群发功能中的新建图文消息的图文编辑栏中设有字体大小的选择功能，如图 6–13 所示。

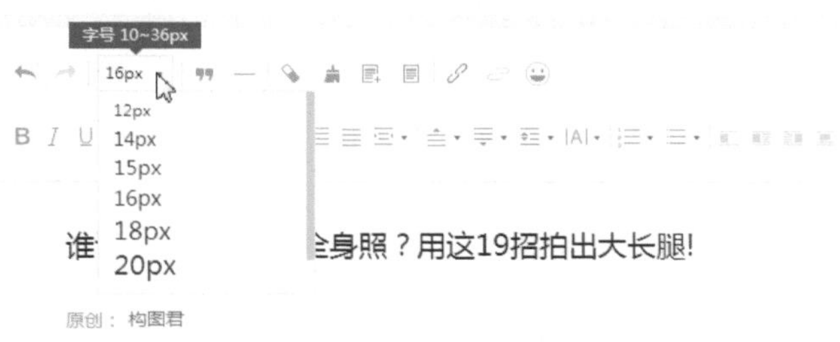

图 6-13　微信公众平台的字体大小设置功能

从图 6–13 中大家可以看见，微信公众平台为运营者提供了多种不同大小的字体设置选项。接下来笔者将为大家展示同一段文字在微信公众号后台设置成不同字体大小后的效果，字号大小从上到下（12px ~ 24px）的顺序，如图 6–14 所示。

谁说小个子不能拍全身照？用这19招拍出大长腿!

原创： 构图君

手机摄影构图大全
手机摄影构图大全
手机摄影构图大全
手机摄影构图大全
手机摄影构图大全
手机摄影构图大全
手机摄影构图大全

图 6-14　同一段文字设置不同字号的效果

从图中可以看出，16px、18px、20px 这 3 种大小的字体看起来会比较舒服，因此运营者在设置文字字体大小时，可以在这 3 种字号中进行选择。

6.2.3　要点内容加粗显示

在新媒体平台上，后台编辑框中的文案字体要求是宋体，这对于需要利用其他字体来进行区分和突出重点的文案来说，是一个亟待解决的问题。在此种情况下，新媒体平台运营者可以通过字体加粗来体现要点。以微信公众号为例，平台运营者可以通过在微信公众号后台单击“加粗”按钮，对文字进行加粗设置，如图 6–15 所示。

谁说小个子不能拍全身照？用这19招拍出大长腿!

原创： 构图君

一、痛点难点

对于小个子的女生和男孩，在拍照时就很忧伤，因为谁都希望自己的照片出来，高！大！上！

图 6-15　微信公众号编辑后台的字体加粗方法

字体加粗是一种比较常用的方法，一般的文本编辑中，都有采用这种方法来标注要点的案例，在微信公众平台上更是比比皆是，如图 6-16 所示。

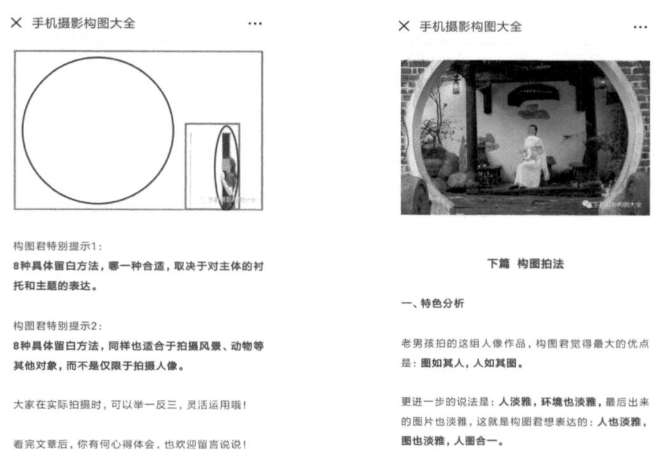

图 6-16 微信公众平台上加粗字体标注要点的案例

6.2.4 多种颜色有效搭配

除了可以通过字体加粗的方法外，还可以通过调节字体颜色的方式实现文案要点的标注。同样以微信公众号为例，平台运营者可以通过在微信公众号编辑后台上，单击“字体颜色”按钮，如图 6-17 所示，在弹出的面板中选择相应的颜色即可完成操作。

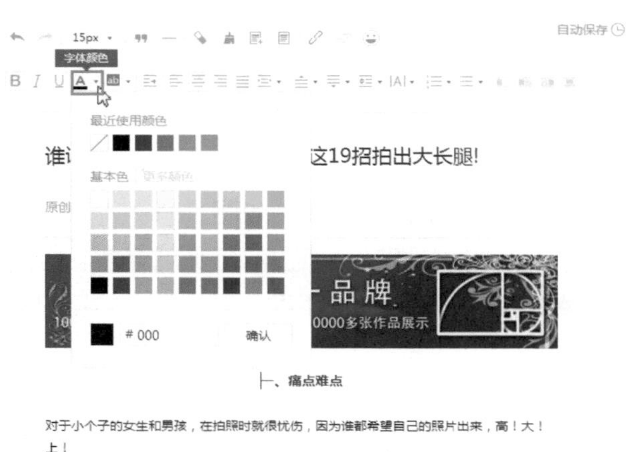

图 6-17 微信公众号编辑后台的字体调色方法

字体调色作为一种突出文案要点的方法，在非官方的新媒体平台上比较常见，如图 6–18 所示。

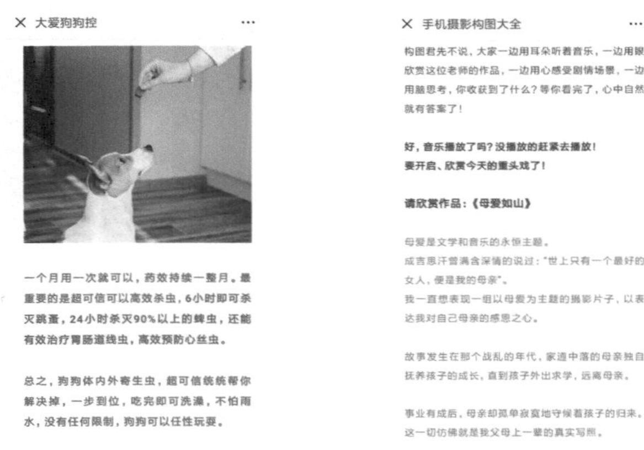

图 6-18　微信公众平台上字体调色标注要点的案例

6.2.5　选好距离增强美感

在新媒体平台中，需要做好 3 个方面的距离选择，分别是字间距、行间距和段间距，接下来笔者就来分别进行解读。

1. 字间距

字间距指的是横向间的字与字的间距，字符间距宽与窄会影响到受众的阅读感觉，也会影响到整篇文章篇幅的长短。在某些新媒体平台的后台并没有可以调节字符间距的功能按钮，如果运营者想要对公众平台上的文字进行字符间距设置，可以先在其他的编辑软件上编辑好，再复制和粘贴到新媒体平台的文章编辑栏中。

以 Word 为例，简单介绍一下文字字符间距的种类。在 Word 中字符间距的标准有三种，分别是标准、加宽、紧缩，如图 6–19 所示。

字间距越宽，同样字数的一段话，所占的行数就会多，相反则会少。同一段文字在 Word 中选择的字符间距的标准不同，最终呈现给用户的视觉效果也会存在较大的差异。

为大家展示将字数相同的一段文字按 Word 中标准、加宽 1.5 磅、紧缩 1.5 磅 3 种形式，分别复制粘贴到微信公众平台后台群发功能中的新建图文消息中，最终在图文编辑栏中所呈现出的文字效果，具体如图 6–20 所示。

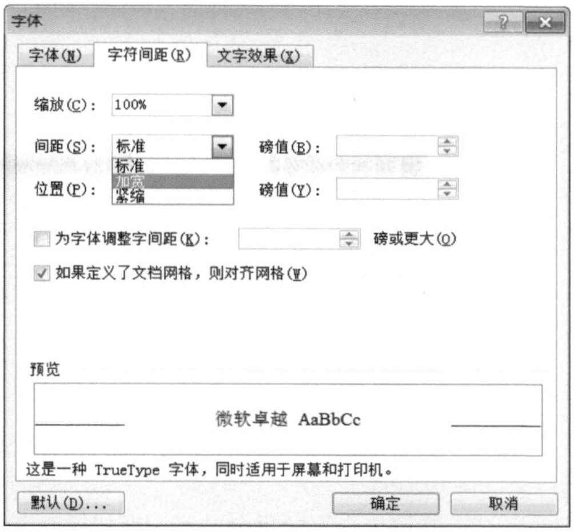

图 6-19　Word 中的字符间距的标准

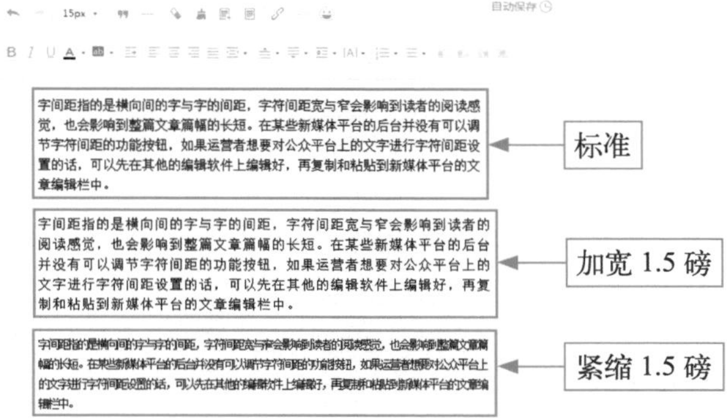

图 6-20　Word 中的字符间距种类

由图 6−20 可以看出，文字的字符间距对新媒体平台上文章的排版是有一定影响的，并且会影响受众的阅读体验，所以新媒体平台的运营者一定要重视对文字间字符间距的排版。

2. 行间距

行间距指的是文字行与行之间的距离，行间距的多少决定了每行文字间纵向间的距离，行间距的宽窄也会影响文章的篇幅长短。不少平台后台设有行间距排版功能，以微信公众号为例，在其后台群发功能中，新建图文消息的图文编辑栏中设有行间距排版功能，其提供的可供选择的行间距宽窄有 7 种，具体如图 6−21 所示。

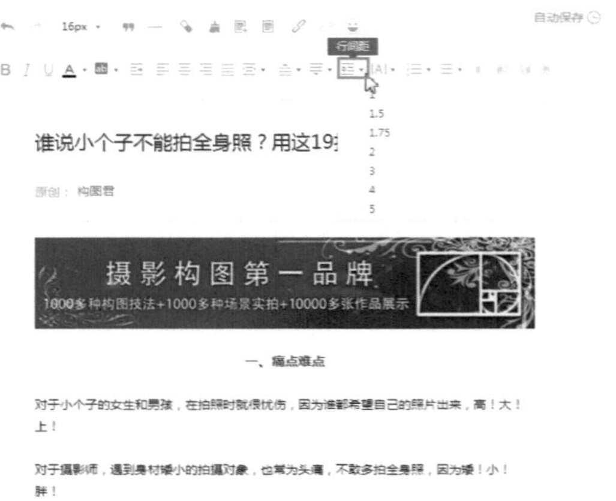

图 6-21　微信公众平台后台的行间距排版功能

图 6-22 所示为将同一段文字复制粘贴在微信公众平台后台，利用新建图文消息的图文编辑栏中行间距排版功能，分别将文字的行间距设置为 1 倍、1.5 倍、1.75 倍、2 倍和 3 倍之后，最终呈现的效果对比图。由图 6-22 可以看出将行间距设置在 1.5 倍到 2 倍之间，其排版效果相比起来视觉体验会较好。

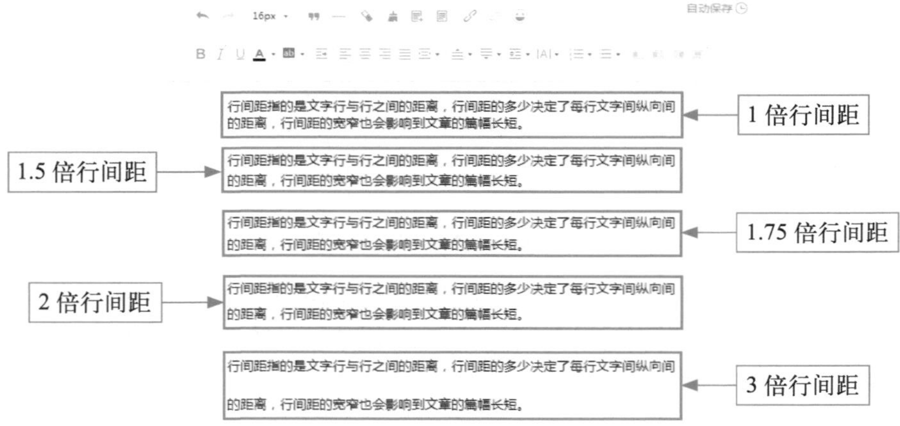

图 6-22　同一段文字设置不同行间距的效果对比

3. 段间距

段间距指的是段与段之间的距离，段间距的多少也同样决定了每行文字间纵向间的距离。新媒体平台运营者在设置文章段间距时，可借助平台后台中自带的段间距排版功能。

以微信公众号为例，在微信公众号后台群发功能中，在新建图文消息的图文编辑栏中，设有段间距排版功能，且分为段前距与段后距两种。运营者可以根据自己平台受众的喜好去选择合适的段间距，从而为平台的用户带来最佳的视觉体验，进而增加用户对公众号的关注度，扩大微信公众号的影响。微信公众号后台提供的这两种段间距功能都提供了 5 种间距范围，如图 6-23 所示。

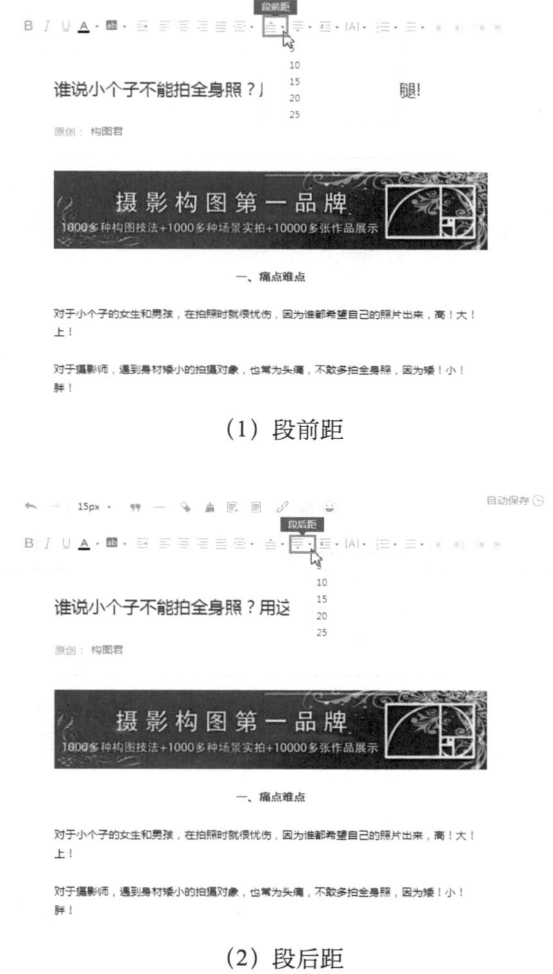

（1）段前距

（2）段后距

图 6-23　微信公众平台的段前距与段后距功能

运营者要弄清楚受众喜好的段间距风格，可以采用给受众提供几种间距版式的文章让受众进行投票选择的方法来得到。

6.2.6 首行缩进便于区分

新媒体平台运营者在对文章进行排版时，时常需要用到首行缩进这一排版功能。在对新媒体平台推送的文章进行排版时，平台运营者可直接在平台后台利用相应的首行缩进功能。以微信公众号为例，在后台群发功能的新建图文消息编辑栏中，设有首行缩进的功能，如图 6-24 所示。

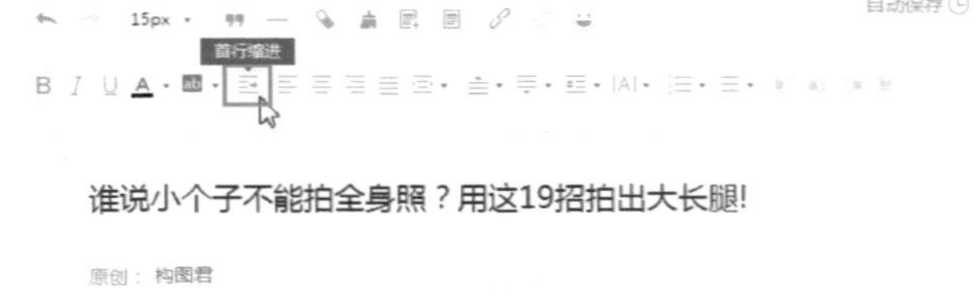

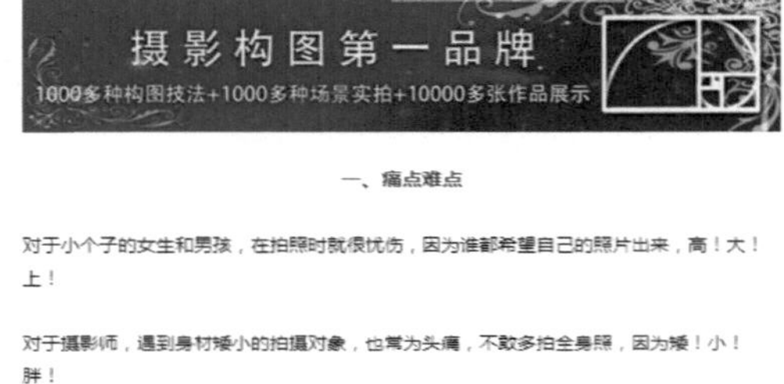

图 6-24 微信公众号后台的首行缩进功能

微信运营者在编辑内容时，可能对一段文字在排版时已经设置了首行缩进，但是显示在手机上时，显示的却是左对齐，这不免让人觉得很奇怪。

其实这个问题是很容易解决的，运营者只要将在 Word 中编辑好的文本内容先“清除格式”，之后再进行“首行缩进”的设置操作，就不会出现已经进行过首行缩进设置而显示在手机上时却依然是向左对齐的情况了。

6.3 版式：文章结构版式管理

新媒体平台运营者要想推送的文章获得较高的访问量，就不得不注重文章版面的美观性。要做好推送文章的排版，首先应弄清楚文章各部分所需要的版式元素，只有具备相应的版式元素，才能使推送的文章带给用户最佳的视觉效果与阅读体验。本节主要介绍文章各个部分所需的版式元素。

6.3.1 开头积极引导阅读

只有了解文章开头应具备的版式要素，才能使平台推送的文章在排版上具备科学性与美观性，从而让文章开头更吸引人。每个新媒体平台上的文章，运营者都会在文章的开头处放上如图 6-25 所示的一段邀请受众关注平台的话语或者图片。这是为了让受众在点开文章时就能够点击从而关注新媒体平台，增加平台关注量。

图 6-25 文章开头排版的案例

对新媒体平台的各账号而言，在排版上也会注意把最能吸引受众关注的和最新推送的信息放在前面显眼的位置，如图 6-26 所示，以便引导受众关注和阅读，增强用户黏性。

图 6-26 平台账号首页的引导关注案例

6.3.2 中间善用分隔区分

分隔线是在文章中将两个不同部分内容分隔开来的一条线。虽然它叫分隔线，但是它的形式不仅仅是线条形式，它还可以是图片或者其他的分隔符号，用户可以根据自身需要任意选择。

分隔线既可用于文章的开头部分，也可用于文章的结尾部分。图 6–27 所示为微信公众号“SEE 小电铺”和“一条”文章的相关界面，可以看到其都在正文的结尾部分用了分隔线。

图 6-27 将分隔线用于文章结尾处的案例

新媒体平台运营者可以借助分隔线将文章的内容分开来，这样能提供给受众一种提醒功能，同时也能增加文章排版的舒适感，给受众带去更好的阅读体验。而对于微信公众平台提供的分隔线形式少的问题，商家可以借助其他的软件来设计更多的分隔线类型。

6.3.3 结尾推文获取关注

很多新媒体平台会在文章的结尾处的排版中，留一个版面对平台上之前已经推送过的文章进行推荐，一般以“查看更多精彩文章”“更多原创文章”等方式进行排版设置。

图 6–28 所示为“蕊希”公众号的文章结尾排版设置，可以看到其便在结尾设置了“往期节目推荐”板块。

还有的公众号拥有自己的网站，他们会在文章的最下面设置一个“阅读原文”按钮，如图 6–29 所示，即可引导受众关注企业网站。

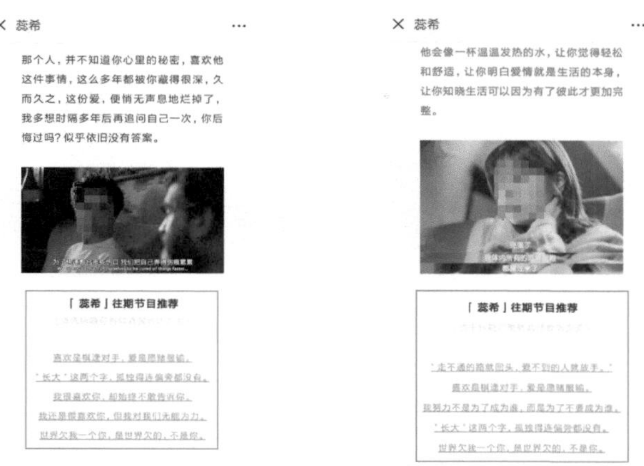

图 6-28　微信公众号文章结尾排版设置

图 6-29　文章结尾排版设置"原文阅读"案例

6.3.4　文末签名做好宣传

在新媒体平台中，个性签名在添加关注时尤为重要，会留下第一印象，所以要特别注意不要在个性签名里面直接列出产品广告，可以在个性签名里展示自己的优势和正能量。

只有做好个人签名的设计工作，才能使用户通过这一信息，了解该新媒体平台的基本情况，最终决定是否对该新媒体平台进行关注，归根结底，设计个性签名的最终目的是吸引粉丝。图 6-30 所示为"手机摄影构图大全"微信公众平台文案末尾的个性签名展示。

图 6-30　个性签名展示

6.4　工具：可用编辑器备忘录

在前面给大家介绍了几种网上常见的可以用于编辑新媒体内容排版的编辑器，接下来就为大家详细介绍这些编辑器中最常用的 3 款，让大家可以轻松搞定新媒体内容编辑与排版。

6.4.1　秀米编辑器

秀米编辑器是一款优秀的内容编辑器，其官网网址为 http://xiumi.us/，秀米编辑器的排版操作流程如下。

步骤 01　进入秀米官方网站，登录秀米，在秀米主页上单击“新建一个图文”按钮，如图 6–31 所示。

图 6-31　单击“新建一个图文”按钮

步骤 02 执行上述操作后，进入“图文模板”界面，单击“我的图库”按钮，如图 6-32 所示。

图 6-32 单击“我的图库”按钮

步骤 03 执行上述操作后，即可进入“我的图库”界面，单击界面中的“上传图片（可多选）”按钮，上传一张图片作为推送消息的封面，如图 6-33 所示。

步骤 04 完成操作后，进入“打开”对话框，❶选择需要上传的图片；❷单击“打开”按钮，如图 6-34 所示。

图 6-33 “我的图库”界面

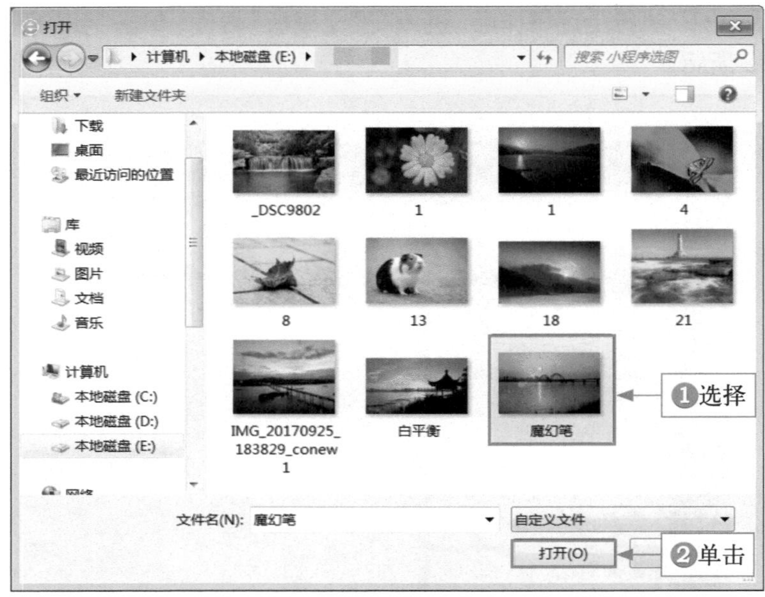

图 6-34 “打开”对话框

步骤 05 完成操作后，选择的图片将出现在“我的图库”界面。此时，只需❶单击编辑界面的左上方封面编辑处；❷选择“我的图库”界面中的图片，便可添加文章的封面图片，如图 6-35 所示。

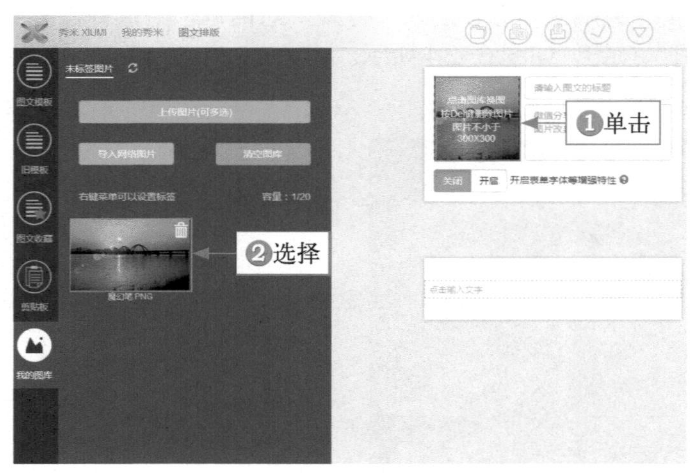

图 6-35 上传封面

步骤 06 在封面图右侧输入图文标题和描述，然后单击“图文模板”按钮，进入“图文模板”界面，如图 6-36 所示。

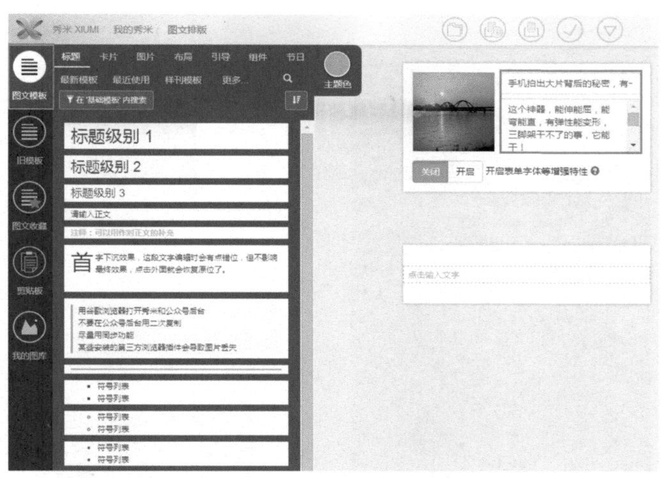

图 6-36　单击“图文模板”按钮

步骤 07　在“图文模板”界面的“标题”板块中❶选择标题级别，在这里笔者选择的是“标题级别 1”；操作完成后，在编辑界面出现的标题编辑栏中❷输入标题内容；标题内容输入后，运营者可以选择上方的按钮，进行相关操作。如❸单击☰图标，让标题居中对齐，如图 6-37 所示。

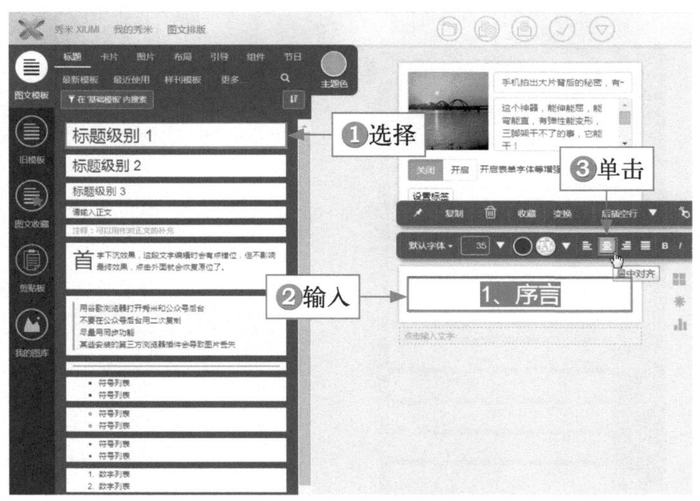

图 6-37　编辑标题内容

步骤 08　标题编辑完成后，运营者再选择“标题”栏下方的“请输入正文”选项，输入文字内容。单击“我的图库”按钮，在“我的图库”界面中选择图片，便可以在正文中插入图片了。图文编辑后的效果如图 6-38 所示。

图 6-38　图文内容编辑效果

步骤 09　完成所有内容的编辑后，单击上方菜单栏中的“预览”按钮，如图 6-39 所示。

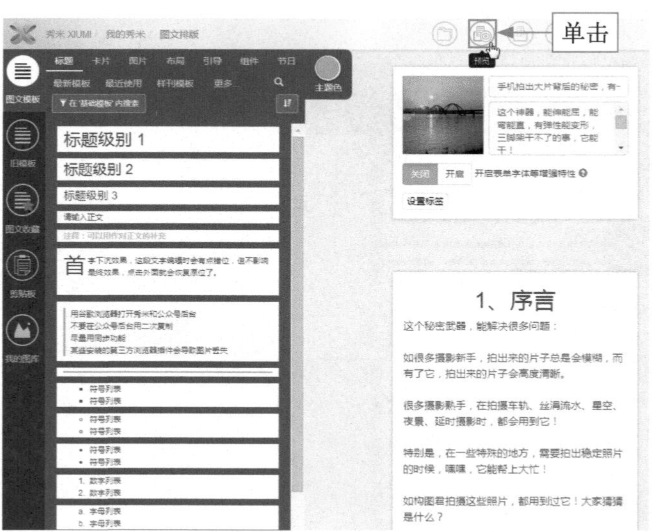

图 6-39　单击“预览”按钮

步骤 10　操作完成后，将弹出内容预览栏。运营者可以通过两种方式预览编辑的内容：一种是直接在电脑上弹出的预览界面中查看内容；另一种是用手机微信扫描二维码，在手机上预览文章，如图 6-40 所示。

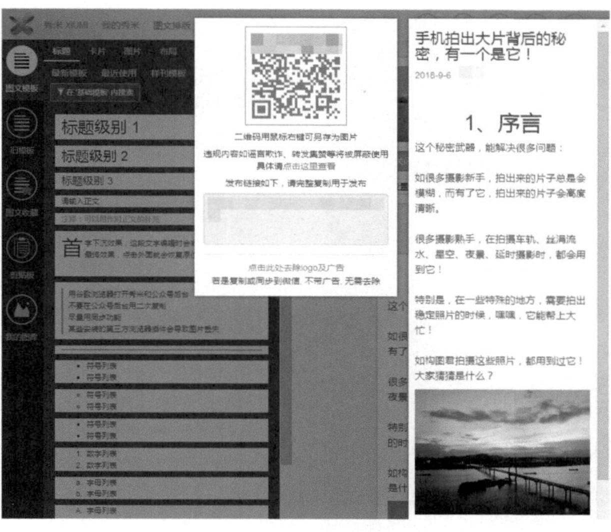

图 6-40　预览文章内容

步骤 11　预览完成后，如果确认内容无误，可以①单击 图标；在展开的菜单中②选择“同步到公众号”选项，如图 6-41 所示。

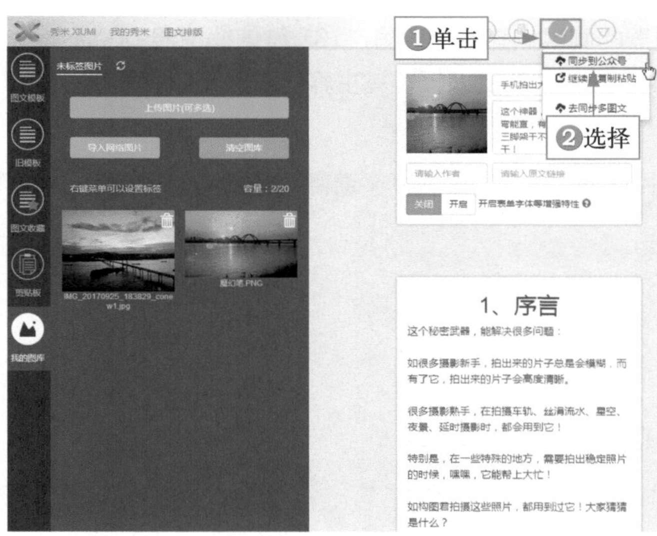

图 6-41　选择“同步到公众号”选项

步骤 12　执行上述操作后，即会出现进度条，提示内容将同步到微信公众号的进度情况，如图 6-42 所示。操作完成后，如果在微信公众号中出现该文章，就说明同步操作成功了。

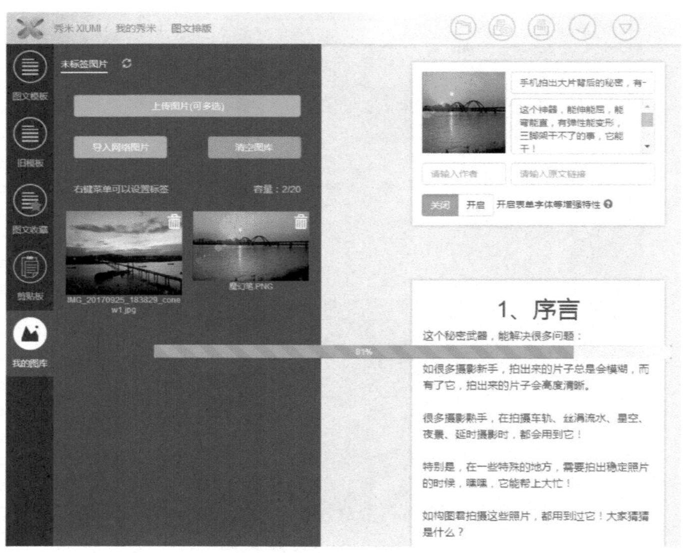

图 6-42　显示同步进度条

6.4.2　135 编辑器

每个编辑器的侧重点都不尽相同，135 微信编辑器（http://www.135editor.com/）主要用于简单的图文编辑，其主界面和秀米编辑器有点类似，如图 6-43 所示。

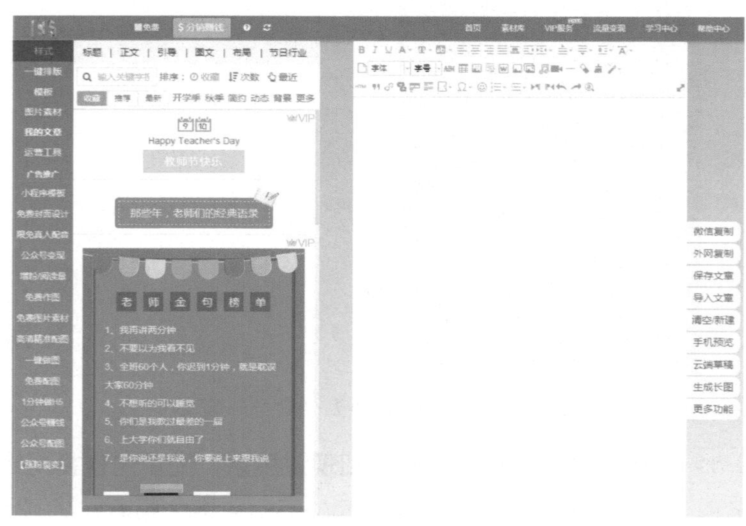

图 6-43　135 微信编辑器主界面

135 微信编辑器的一大优势在于，运营者可以通过复制、粘贴内容的方式，借助一键排版功能，快速完成文章内容的排版。如图 6-44 所示为 135 微信编辑器一键排版功能的相关展示界面。

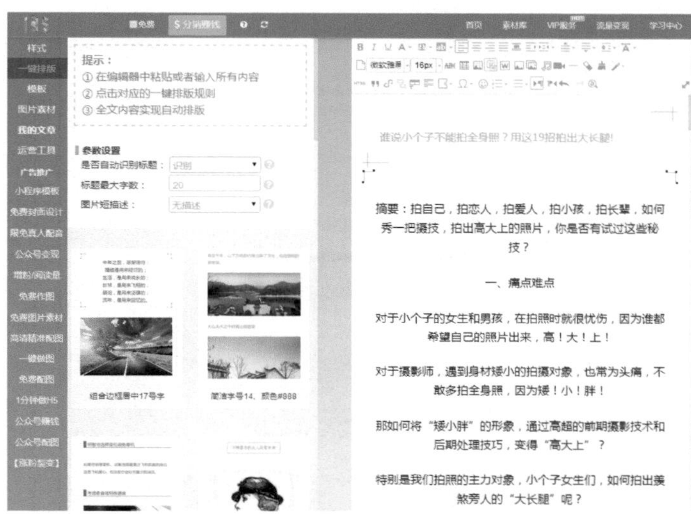

图 6-44　135 微信编辑器的一键排版功能展示界面

图 6-45 所示为两张微信公众平台的图文截图，一张是直接在微信公众平台后台对图文进行编辑的图文效果，另一张是利用 135 微信编辑器进行图文编辑的效果，大家可以将两张图进行对比，看看哪种效果更好。

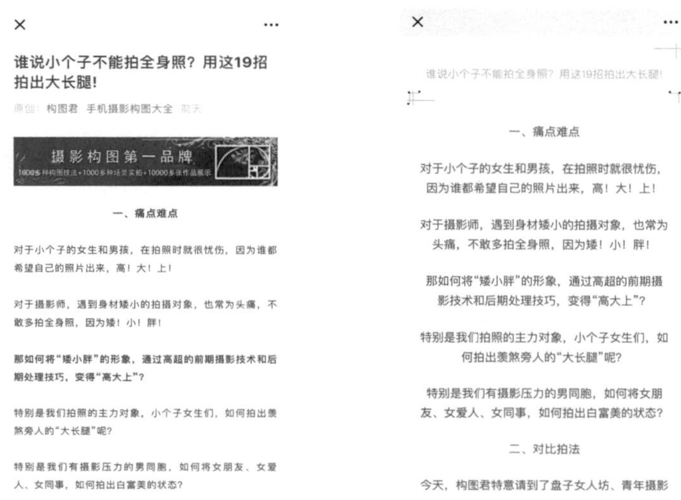

图 6-45　图文对比

6.4.3 i 排版编辑器

i 排版（官网 http://www.ipaiban.com/）是一款用于在线微信图文内容编辑的编辑软件，图 6-46 所示为 i 排版编辑器的默认界面。

图 6-46 i 排版编辑器的默认界面

利用 i 排版编辑器进行文章内容的编辑，有很大的排版优势，具体体现在 3 个方面，如图 6-47 所示。

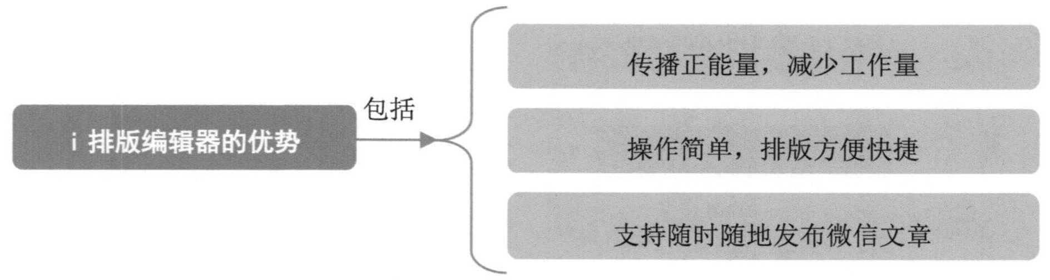

图 6-47 i 排版编辑器的优势

这一款具有上述诸多优势的在线微信图文编辑器，究竟具有哪些功能特点呢？关于这一问题，具体介绍如图 6-48 所示。

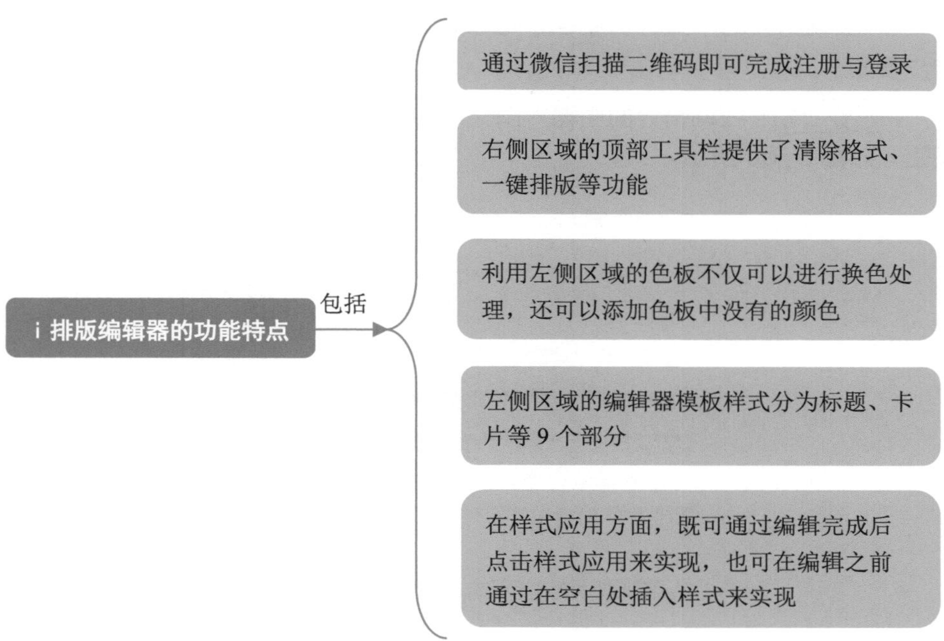

图 6-48　i 排版编辑器的功能特点

i 排版编辑器是一款很不错的内容编辑器，用户进入 i 排版官网，通过微信“扫一扫”功能进行注册，就能下载到电脑端进行操作了。图 6-49 所示为 i 排版编辑器的编辑界面。

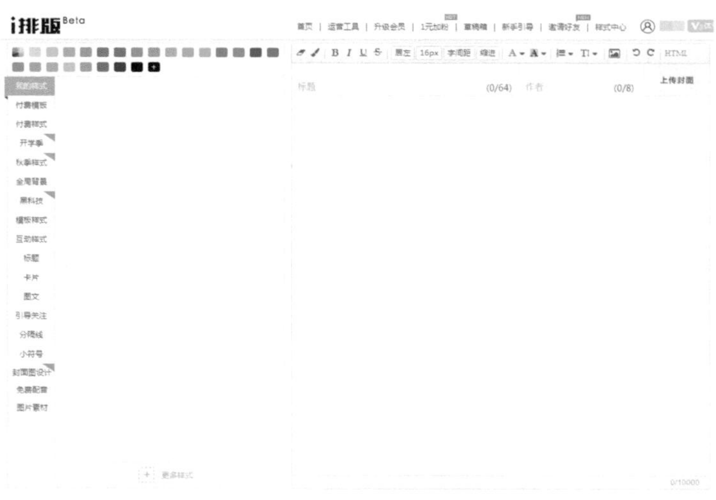

图 6-49　i 排版编辑器的编辑界面

i 排版编辑器的一大优势就在于可以快速将图文内容转化为长图文，具体操作步骤如下。

步骤 01 在编辑界面中输入图文内容，单击右侧菜单栏中的“生成长图”按钮，如图 6-50 所示。

图 6-50　单击“生成长图”按钮

步骤 02 操作完成后，对字体、清晰度和背景样式进行①设置；设置完成后，②单击下方的“生成长图”按钮，如图 6-51 所示。完成操作后，图文信息便可以快速转化为长图文了。

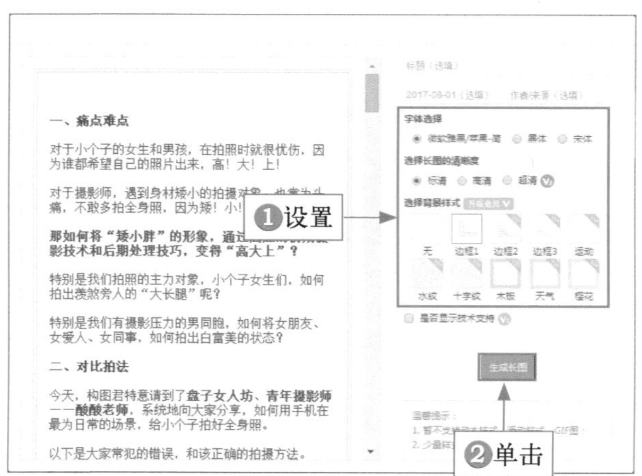

图 6-51　设置长图文信息

除了长图文之外，i 排版还可以设计签名，运营者可以将设计好的签名和二维码一起放在图文的最后。

第7章

引流：挖掘构建亿级流量渠道

学前提示

流量的多少在一定程度上决定了一个新媒体平台的获利能力，只有吸引足够多的流量才能让新媒体平台真正火起来。

本章主要向运营者介绍最常用的平台吸粉引流技巧，为大家详细分解吸粉引流的方法和过程，帮助大家打造只属于自己的亿级流量渠道。

要点展示

- 营销：5个值得拥有的文案引流方案
- 技巧：5个引流高手不外传的秘诀
- 平台：8大新媒体平台助力亿级流量

7.1 营销：5 个值得拥有的文案引流方案

企业从不同的角度，通过文案进行营销运作，可以增加消费者的新鲜感。普通消费者看到不常见的事物，往往会花费一点时间来“摸清底细”。对于许多企业来说，文案的存在就是为了促进相关产品的销售，那么，在这个过程中，又该怎么做呢?

7.1.1 在对比中突出优势

人们常说：“竞争对手不仅仅是敌人，还是自己最重要的老师。”所以如果企业引入外界的竞争者，就很容易激活内部的活力。文案的写作也是一样的，从竞争对手那里获得灵感，也是吸引阅读量和人气的招数之一。

当创作者想通过文章来推广相关的企业产品时，比较适用的方法就是向竞争对手学习，不仅要学习文案的写法，而且要学习产品的特点，具体的学习方法如图 7–1 所示。

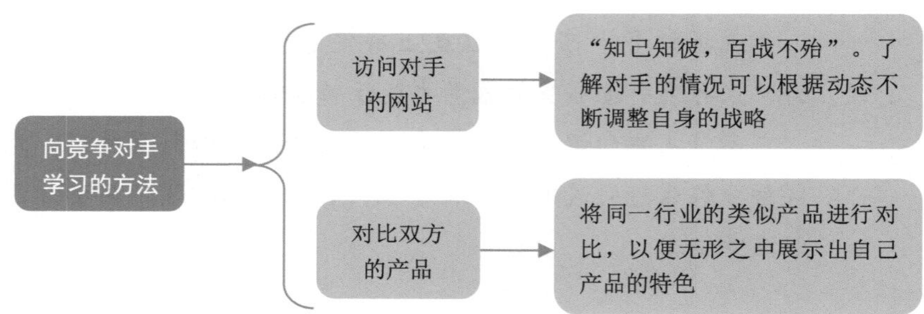

图 7-1　向竞争对手学习的方法

在打造这样的文案过程中，具体应该如何将内容中涉及的产品进行合理的对比呢？或者说，在对比时，又应该注意哪些问题呢？笔者将其诀窍总结为 3 点，如图 7–2 所示。

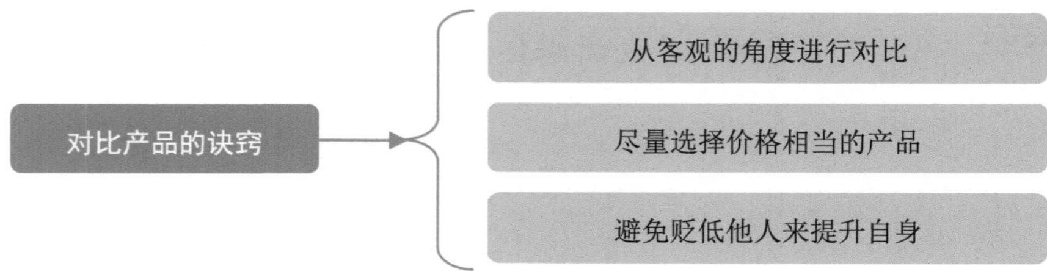

图 7-2　对比产品的诀窍

专家提醒

部分企业的文案会通过挑出其他企业产品的缺点来凸显自己的优势，这种做法是不可取的，既有损品牌的名声，也不是推广产品的长久办法。文案营销，也和做人一样，讲究信义道德，如此才能得到受众的喜爱和支持。

以某手机类公众号推送的一篇文章为例，其便是将荣耀 play 和小米 8 的性价比进行对比，如图 7-3 所示。

荣耀play和小米8哪个性价比高一点?

原创： 6月27日

现在手机的配置还有性能都非常的高，这段时间发布的手机品牌也是挺多的，像小米8se和荣耀play都是最近发布的明星产品，今天我们主要测评对比的就是荣耀play和小米8。

荣耀play的基本配置我们先来看看，采用的是去年的麒麟970处理器，这颗处理器也是往上可以买到一万，往下可以买到2000，我认为去年发布的处理器直到今年还在使用确实是有一些落后了，虽然在理论上说，麒麟970对标的骁龙835处理器，但是今年骁龙都出来845处理器，竟然还用麒麟970和人家对标，即便是有很吓人的技术也不可能有太大的进步。

手机妙策

在手机屏幕上采用的是6.3隐藏的异性全面屏，也就是大家说的刘海屏，其实在外观设计上荣耀10和小米8一样，并没有什么很明显的区别，在电池方面荣耀play搭载的是3750毫安的电量，对于大多数人来说，一天的使用应用没有什么问题了。在拍照方面，荣耀play的实力也是不容小觑的，后置有双1600万像素摄像头，并且还加入人工智能美颜的功能，对于喜欢自拍的用户来说，也是非常实用的功能。

小米8我认为在硬件配置上要强于荣耀10，搭载的是骁龙最新款处理器845，这可以说是目前安卓阵营的顶级配置了，屏幕采用的是三星的OLED 屏幕，这款屏幕整体素质还是非常不错的，色彩饱和，小米8能采用三星的屏幕，还是挺出乎意料的，而且还有后置的1200万双摄像头并且还有一些非常有特色的功能，比如说人工智

图 7-3　对比产品的文章

该文章中主要是对两款手机的性价比进行了对比，结果显示小米 8 的性价比要更胜一筹。这样的对比文案目的只有一个，那就是让受众看了之后对测评效果倍加信任，继而提升对推荐产品的好感度，产生购买产品的欲望。

7.1.2　利用权威获得认可

权威一般有两个重要作用，这两个方面相互作用，相互支撑。

（1）容易获得消费者认可。

（2）容易营造好的口碑。

权威一般代表着不可推翻、值得信赖，因此比较适合在文案中使用这一因素，来提升受众的好感度和信任度，从而顺利推销相关产品。企业在做文案营销时，如果要利用权威，可以通过以下两种方式进行。

1. 新闻报道

通过新闻报道式文案进行营销，实际上与新闻报道感觉是一致的，在写作之前要先研究发布文案的报纸或网站的新闻风格，这包括新闻报道的标题、内文、图片以及版式等。它的可信度高，能让消费者卸下戒备心理，以平常心阅读文案，从而使他们对文案的内容深信不疑。

2. 新闻权威

新闻权威式文案，就是文案营销以权威观点、权威专家论证、权威机构推荐的形式，针对社会热点事件，通过新闻的形式进行报道和隐性传播，增加文案内容的吸引力与可读性。那么，这种新闻权威式的文案，到底应该如何打造呢？笔者将其要点总结为如图 7-4 所示。

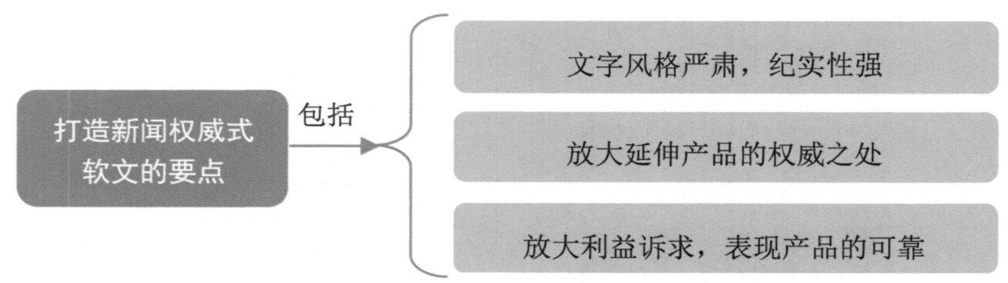

图 7-4　打造新闻权威式文案的要点

以“人民日报”微信公众号发布的文章为例，该文章便是典型的新闻报道式文案，如图 7-5 所示。

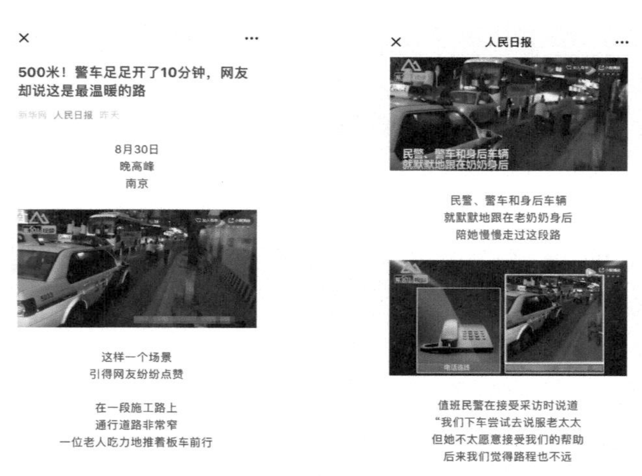

图 7-5　新闻报道式文案

从图 7-5 可以看出，此篇文案不仅清楚地展示了作者的名字、发布的时间，而且还通过比较严肃的文字风格对一则新闻内容进行了详细的解读，这显然是典型的新闻报道式文案。

再来看新闻权威式文案，如图 7-6 所示，为“人民日报”在微信公众平台发布的关于共享单车的内容。其中主要通过纪实性强的文字表达了对共享单车的看法，同时还用数字的形式充实文章内容，提升权威性。

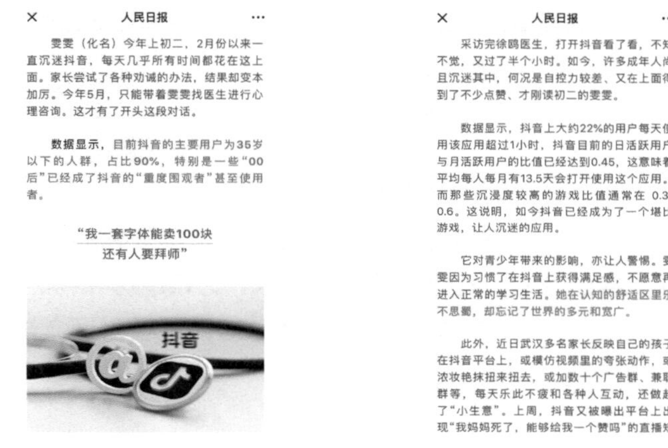

人民日报

雯雯（化名）今年上初二，2月份以来一直沉迷抖音，每天几乎所有时间都花在这上面。家长尝试了各种劝诫的办法，结果却变本加厉。今年5月，只能带着雯雯找医生进行心理咨询。这才有了开头这段对话。

数据显示，目前抖音的主要用户为35岁以下的人群，占比90%，特别是一些“00后”已经成了抖音的“重度围观者”甚至使用者。

“我一套字体能卖100块
还有人要拜师”

人民日报

采访完徐鸥医生，打开抖音看了看，不知不觉，又过了半个小时。如今，许多成年人尚且沉迷其中，何况是自控力较差、又在上面得到了不少点赞、才刚读初二的雯雯。

数据显示，抖音上大约22%的用户每天使用该应用超过1小时，抖音目前的日活跃用户与月活跃用户的比值已经达到0.45，这意味着平均每人每月有13.5天会打开使用这个应用。而那些沉浸度较高的游戏比值通常在 0.3-0.6。这说明，如今抖音已经成为了一个堪比游戏，让人沉迷的应用。

它对青少年带来的影响，亦让人警惕。雯雯因为习惯了在抖音上获得满足感，不愿意再进入正常的学习生活。她在认知的舒适区里乐不思蜀，却忘记了世界的多元和宽广。

此外，近日武汉多名家长反映自己的孩子在抖音平台上，或模仿视频里的夸张动作，或浓妆艳抹扭来扭去，或加数十个广告群、兼职群等，每天乐此不疲和各种人互动，还做起了“小生意”。上周，抖音又被曝出平台上出现“我妈妈死了，能够给我一个赞吗”的直播短

图 7-6　新闻权威式文案

7.1.3　制造稀缺提高价值

中国有一句古话叫作“物以稀为贵”，意思就是越紧缺的资源价值越大。比如说黄金、紫檀木等，这些东西在资源供给方面有一定的限制性，而正是这种限制性，激发了人们想要购买它们的欲望。因为资源紧缺的东西永远不会失去它本身的价值，换句话说就是，这些稀缺的东西，是“值钱”的。

文案撰写者其实也可以把这种心理用在文案的写作之中：一来可以促使受众第一时间阅读文章内容，二来制造产品供不应求的状态会让受众对这种商品充满好奇心，并且想一探究竟，尝试购买。

为了成功引起受众的急迫感，在具体的撰写过程中，到底应该怎么做呢？笔者将其窍门主要总结为如图 7-7 所示的 3 点。

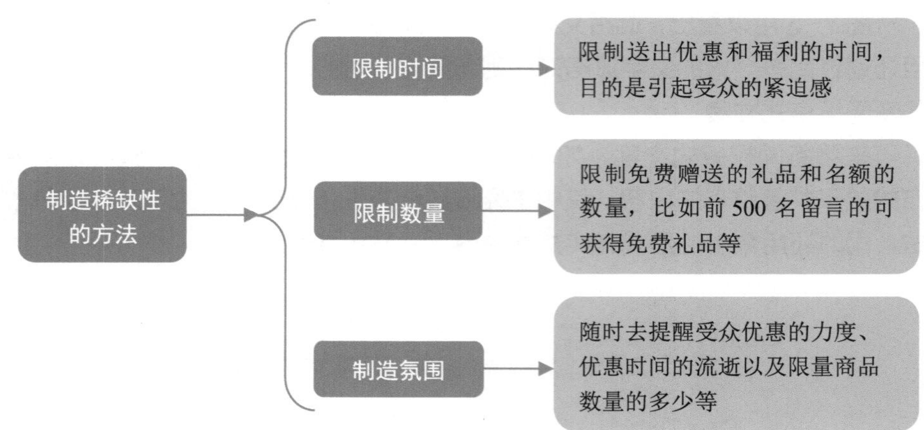

图 7-7　制造稀缺性的方法

当然，需要注意的是，在撰写这种充满急迫感和紧张感的文案时，也要学着给受众提供相应的实际利益，满足其一定的需求，比如赠送礼物、名额及机会等。既然把实际利益写出来了，就一定要进行兑现，这也是吸引受众长期关注运营者的文章并购买推荐产品的保证。

专家提醒

制造稀缺性这一方法利用的是受众的好奇心理，究竟是什么东西如此火爆？怎么还有人排队去购买？不光是在写文案时，在日常的购买行为中，很多人也喜欢抢购这一比较急迫的方式，如电商行业的“双十一”等节日就是由此衍生。

以“必胜客”和“肯德基”在微信公众平台推送的文案为例，两者都是通过一边送福利，一边制造紧张氛围的方式来获取受众的关注。

如图 7-8 所示，“必胜客”是通过限制名额的方式吸引受众的留言、分享，从而提升文章的传播率和阅读率；而“肯德基”则是通过时间限制制造紧张氛围，如图 7-9 所示。

虽然这两篇文案出自不同品牌的微信公众号之中，但它们仍具有相似之处，那就是为了吸引受众，推荐产品，传达品牌理念而努力打造急迫之感。

图 7-8　必胜客制造稀缺性的文案展示

图 7-9　肯德基制造稀缺性的文案展示

专家提醒

一般的企业都会通过制造稀缺性这一方式来吸引消费者的注意力，因此，在撰写推销产品的文案时，最好也着力于紧张氛围的营造，让受众赶紧行动起来，从而获得文案营销的理想效果。

7.1.4 明星效应增加人气

文案的撰写不能忽视明星效应，这种效应不仅可以提升人气，而且还会带动广大人群的积极性，特别容易引起粉丝们的追捧和支持。但需要注意的是，明星效应是利弊兼具的，因此，文案的撰写应重点选择正面形象的明星作为主角，这样才不会有谩骂声或质疑声。

巧妙利用明星效应是营销中的常用手段，在进行文案营销中，这也是一种不可错过的方法。因为借助明星效应进行营销有很多好处，具体如图 7-10 所示。

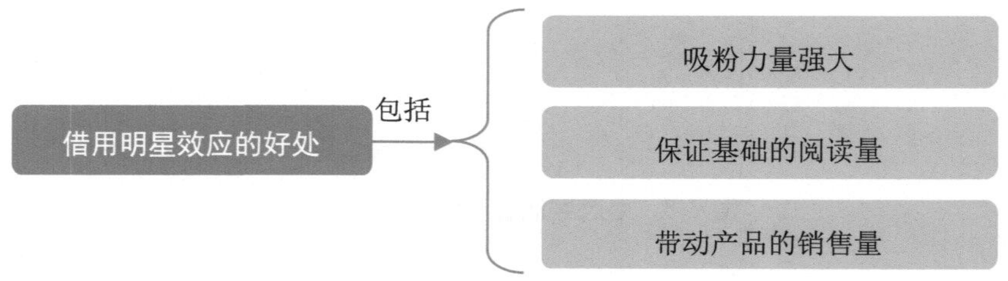

图 7-10　撰写文案借用明星效应的好处

在创作的过程中，我们究竟应该如何将明星效应发挥得恰到好处、淋漓尽致呢？笔者将其主要方法总结为如图 7-11 所示的 3 种。

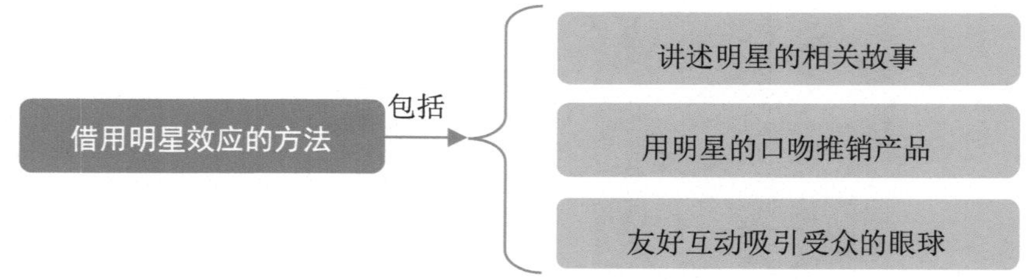

图 7-11　撰写文案借用明星效应的方法

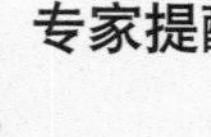

专家提醒

值得一提的是，明星力量固然强大且不可思议，但也不能全然忽视明星素材与产品内容的结合。如果只是机械地生搬硬套，反而达不到文案营销的效果，这样不仅降低了文案的价值，也无法有效推销产品。

首先来看“欧莱雅男士”在微信公众平台推送的关于新产品的文案，它借助的是吴亦凡的人气效应，如图 7–12 所示。一方面展示了吴亦凡个人的保养习惯，另一方面又突出了欧莱雅品牌产品的优势，两者的巧妙结合形成了营销之势。

图 7-12 “欧莱雅男士”借用明星效应文案

其次是通过明星出镜短视频的方式来撰写文案，图 7–13 所示，为“百事中国”发布的公众号文章，其中提到的明星是周冬雨和王嘉尔。

图 7-13 “百事中国”借用明星效应文案

这则文案的特色在于两个方面：①通过明星短视频的方式来吸引人气；②大打感情牌，让产品与明星结合在一起，有效吸引了广大受众的眼球，从而进一步促进了产品的销售。

最后是通过互动赢得粉丝支持的文案形式，当然，这种互动与一般的平台互动不同，它是指文章传达明星与粉丝可以进行互动的信息。图 7-14 所示为“爱奇艺”在微信公众平台推送的文案，其中提及了陈伟霆与粉丝进行互动的内容，引得无数粉丝在评论区留言，他们基本上都是被明星的光环吸引而来。

图 7-14　“爱奇艺”公众号借用明星效应文案

7.1.5　营造场景带动从众

社会上的绝大多数人都喜欢跟风，看到哪里人多就会去哪里，热卖的东西人们喜欢跟着抢，很多人说好的东西就相信是好的，这是很明显的从众和跟风心理。

根据这种心理，企业可以制造热卖情景的文案营销，吸引消费者的眼球。用文案撰写出真实的情景，营造热烈的氛围，让受众产生一种产品热销甚至断货的感觉，从而让他们在热潮中产生购买的冲动和迫切感。

具体而言应该如何制造出产品的热销场面呢？根据笔者的经验，常用的方式有如图 7-15 所示的 3 种。

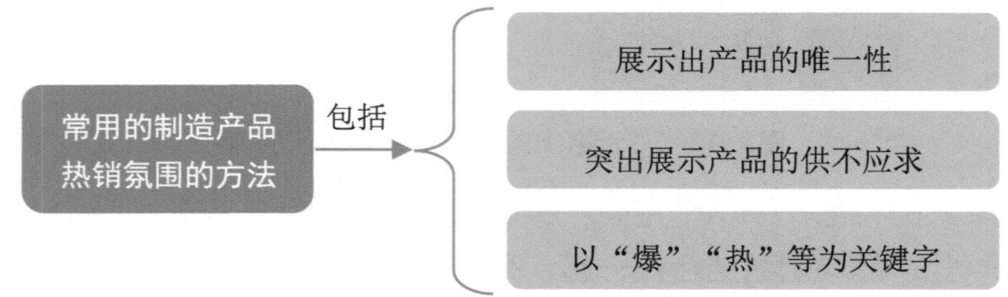

图 7-15　常用的制造产品热销氛围的方法

通常在实体店中，为了营造商品热卖的场面，会采用播放音乐、喊口号及招揽顾客等方式，而事实也证明，大多数人都爱去氛围比较热烈的店铺购物。因此，在撰写文案的时候，制造热销的氛围也是十分必要的，不仅能够吸引受众的眼球，而且还可以提升产品的销售量。

以“饿了么商家学院”在微信公众平台推送的文案为例，如图 7-16 所示，通过极具说服力的数字向受众展示了商品的火爆性。大力吸引受众购买商品，从而实现文案营销的目的。

图 7-16　制造商品热销氛围的文案

其实，制造商品的热销场景并不困难，最重要的就是懂得掌握受众的心理，知道他们想得到什么，是高质量的产品还是贴心的服务，或者是两者都想得到。只有这样，文案营销的效果才能得以体现。

7.2　技巧：5 个引流高手不外传的秘诀

无论是哪种媒体平台，要获得发展，进行宣传引流都是不可或缺的。而宣传引流的效果从一定程度上又取决于引流增粉的技巧。本节笔者将通过 5 种热门引流策略的解读，让运营者的公众号快速火起来。

7.2.1　抱团取暖大号互推

通过爆款大号互推的方法，比如，微信公众号之间进行互推，也就是建立公众号营销矩阵（指的是两个或者两个以上的公众号运营者，双方或者多方之间达成协议，进行粉丝互推），可以达到共赢的目的。

相信大家在很多的微信公众号中，曾见到过某一个公众号会专门写一篇文章给一个或者几个微信公众号进行推广的情况，这种推广就是公众号互推。这两个或者多个公众号的运营者可能是互相认识的朋友，他（她）们甚至会约定好有偿或者无偿给对方进行公众号推广。

运营者在采用公众号互推吸粉引流时，需要注意的一点是，两个互推的公众号之间最好存在互补关系。举个例子，如果运营者的公众号是推送健身用品的，那么在选择互推公众号时，就应该考虑找那些推送瑜伽教程的公众号，这样获得的粉丝才更有价值。

图 7–17 所示，是微信公众号“手机摄影构图大全”与微信公众号“京内网”之间进行的一次大号互推合作。据悉，此次合作之后，双方的粉丝都得到了一定数量的增长。

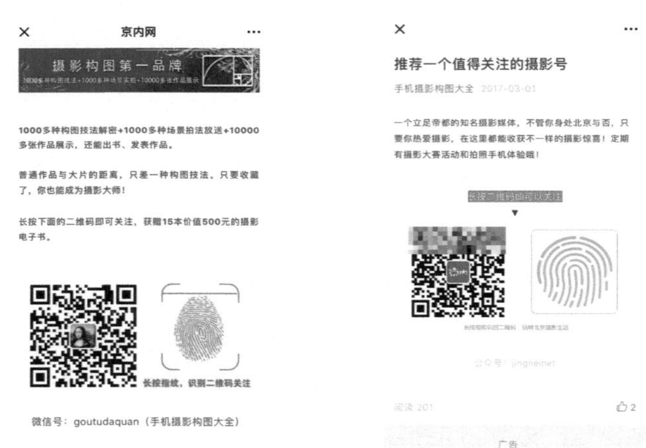

图 7-17　微信公众号“手机摄影构图大全”和“京内网”互推

7.2.2　课程分享增粉导流

线上微课是指按照新课程标准及其教学实践的要求，以多媒体资源（电脑、手机等）为主要载体，记录教师在课堂内外教育教学过程中围绕某个知识点而开展的网络课程。线上微课的主要特点有如下几点。

- 教学实践较短。
- 教学内容较少。
- 资源容量小。
- 资源组成情景化。

- 主题突出、内容具体。
- 草根研究、趣味创作。
- 成果简化、多样传播。
- 反馈及时，针对性强。

比如，公众号“手机摄影构图大全”就推出了一些线上微课，如图 7-18 所示为该公众号某次线上微课的相关页面。

图 7-18　线上微课的相关页面

7.2.3　开展活动加强互动

新媒体内容运营者要吸粉引流，还可以通过文案在公众平台上或者其他平台上开展各种大赛活动，从而获得更多的粉丝。这种活动文案通常在奖品或者其他条件的诱惑下，参加的人会比较多，而且通过这种大赛获得的粉丝质量都会比较高，因为他们会更加主动地去关注公众号的动态。

运营者可以选择的大赛活动类型非常多，其原则就是大赛的类型要尽量跟自己的公众号运营所处的行业、领域有关联，这样获得的粉丝才具有高价值。

接下来，笔者就给大家介绍两种运营者可以开展的大赛，它们分别是：征稿大赛、网络大赛。

1．征稿大赛

运营者可以根据自己的新媒体平台类型，在自己的平台上开展征稿大赛，这种做法可以是为自己的平台要推送的文章进行征稿，也可以是为自己平台的出版物进行的征稿活动。

采用征稿大赛吸粉引流，可以借助设置一定的奖品来提高粉丝的参与度，同时还要设置投票选出最佳得主，并且要设置为只有在关注了运营者新媒体平台之后才可以进行投票。

这样就可以让参赛者主动去邀请他人为自己投票。参赛者的得票越高，那么其邀请关注新媒体平台的人数也就越多。这种活动能够起到粉丝裂变的效应，其吸粉的效果非常明显。

以公众号“手机摄影构图大全”为例，该平台根据其自身的优势，在自己的平台上开展了一个“图书征图征稿”活动。图 7-19 所示，是该公众平台对这次举办活动的相关介绍。

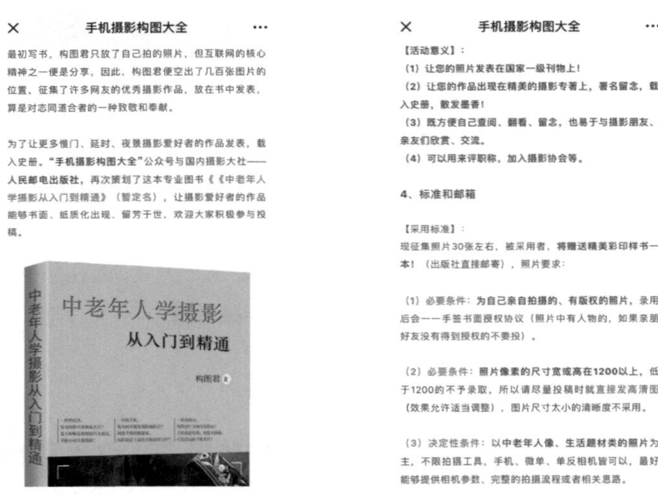

图 7-19　公众平台开展征稿大赛活动的案例

2．网络大赛

开展网络大赛指的是，运营者在自己的微信公众号上举办一个网络比赛活动，并通过文案对相关内容进行展示。

活动的类型可以是多样的，比赛主办方会根据活动的情况设置一定的奖品，参赛者要在公众平台或者其他的网络上报名，由网友提供投票，选出最终的获胜者。整个比赛活动的过程可以采用晋级制，也可以是一轮定胜负。

图 7-20 所示为微信公众号“设计赛”举办的一场名为“中国联通沃品牌卡通形象设计大赛”活动的相关信息的一个文案。虽然这只是一篇相对简短的文章，却将大赛的相关内容讲得清楚明白。

图 7-20　公众号开展网络大赛吸粉引流的案例（1）

图 7–21 所示，则是微信公众号“广汽传祺”举办的一场关于“印象长安”的摄影大赛部分相关信息。

图 7-21　公众号开展网络大赛吸粉引流的案例（2）

7.2.4　借助热词积攒热度

这里的热词包括两方面的内容，一是受众在搜索公众号时输入的热门词汇。许多人在搜索公众号时都会习惯性地输入一些关键词，而运营者需要做的就是，通过受众定位找到目标受众的核心需求，并用关键词将受众的需求进行呈现。

以“手机摄影构图大全”为例，该公众号之所以能获得较多的粉丝量，除了其自身的内容过硬之外，热点关键词的运用也起到了不小的作用。因为其针对核心受众在摄影方面的核心需求，在名称上提炼了“摄影”“手机摄影”和“摄影构图”等关键词，受众只要搜索这些词汇，便可以看到该公众号，如图 7-22 所示。

图 7-22　公众号搜索“摄影”“手机摄影”和“摄影构图”的结果

二是文章，特别是文章标题中的关键词。对于这部分的关键词，运营者可以结合当下的热点事件和热门词汇。比如，在电影《西虹市首富》热映期间，关于“有十个亿应该怎么花？”的话题迅速引发热议，而不少公众号也在此时推出与之相关的文章，并获得了不少关注，如图 7-23 所示。

图 7-23　公众号推出与热议话题相关的文章

7.2.5　组建社群精准引流

在互联网迅速发展的推动下，我国已走进了社群经济时代，每一个社群里的成员或是有共同的爱好，或是有共同的目标。总之，每个社群里的成员都是由某个点来维系的。而运营者在吸粉引流过程中要做的就是撬动这个点，让受众关注自身公众号。一般说来，可以从两个方面着手。

1．组建社群

如今不少的微信群，已经成为消费者搜索产品、品牌，与有共同兴趣爱好的人群进行互动交流的重要场所。微信群组可以实现一对多的沟通，为企业提供接近消费者的互联网平台。

初始微信群的上限是 40 人，后扩展到 100 人，微信沃卡受众可以将 4 个微信群的成员人数上限提高到 150 人。下面就来了解一下社群营销在微信群里的运营方式，如图 7–24 所示。

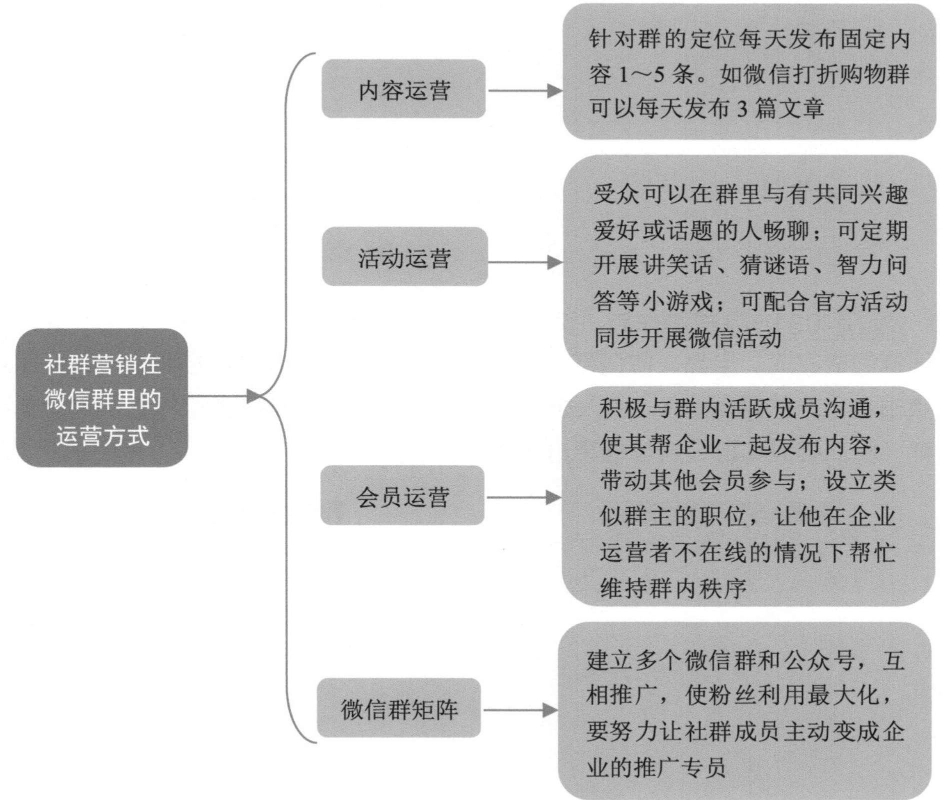

图 7-24　运营好社群的方法

当然，在运营社群之前，首先要保证有社群可以运营。对此，新媒体运营者可以通过一定举措，累积受众群体。如将粉丝拉到同一个群，达到创建社群的目的。比如，新媒体运营者可以通过如下步骤创建微信群。

步骤 01 登录“微信”App，进入“微信”界面，❶点击右上方的+图标；在展开的菜单中，❷选择“发起群聊”，如图 7-25 所示。

步骤 02 执行操作后，进入“选择联系人”界面。在该界面中，❶勾选需要加入社群的微信好友；选择完成后，❷点击右上方的“完成”按钮，如图 7-26 所示。

图 7-25 “微信”界面

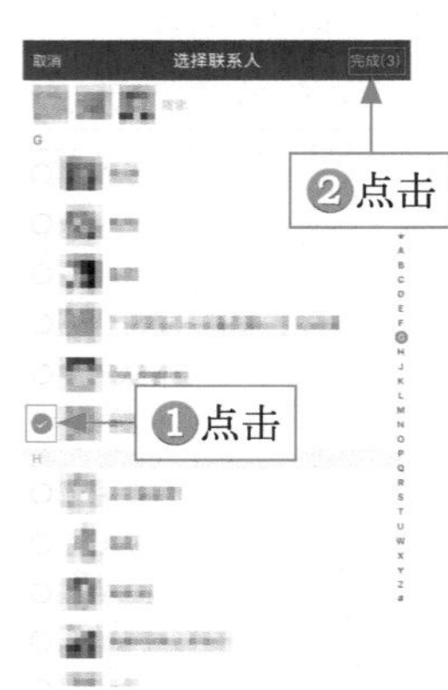

图 7-26 “选择联系人”界面

步骤 03 完成操作后，页面自动转入如图 7-27 所示的“群聊”界面，微信群创建完成。当然，微信群创建成功之后，为了更好地记忆和宣传，商家可以点击右上方的•••图标，进入如图 7-28 所示的“聊天信息”界面，对微信群名称、群二维码和群公告等信息进行修改。

图 7-27 “群聊”界面

图 7-28 “聊天信息”界面

2. 精准引流

有些运营者可能会犯这样的错误，与社群里的成员稍微熟悉之后就疯狂推广，其实这是不明智的。因为同处一个社群的成员都有着个人的喜好和思想，这样的做法只能给他们留下不好的印象。那么运营者应该怎样利用社群引流呢?

（1）培养一定数量的铁杆粉丝。

运营者可以通过制订详细的粉丝计划来大力培养自己的铁杆粉丝，树立相同的观念，最终成功地打造成拥有铁杆粉丝的社群运营平台。运营者在培养铁杆粉丝的过程中，可以从以下 3 个方面出发，一步一步地进行铁杆粉丝的培养计划。

- 聆听受众的心声、与受众互动、耐心与受众对话。只有这样粉丝才能感受到被尊重的感觉，提升受众体验。
- 从粉丝需求出发，通过奖励来提升粉丝的活跃度。分析粉丝的需求、制订好奖励计划，送上受众需要的礼品，这样能大大地增加粉丝的体验，进一步巩固粉丝的留存率。
- 与粉丝进行线下活动。企业可以在社群运营过程中发布一些活动，为粉丝提供参与的机会、有趣好玩的经历以及优质的受众体验，使其获得更强烈的粉丝认同，从而与受众维持亲密关系。

（2）打造口碑，让受众乐于推广。

在社群运营中，要想顺利实现受众的“智造”，就需要使用一些小窍门，比如赠送优惠的礼品、通过受众之间的口碑推荐等来打响企业品牌，为品牌树立良好形象。

而社群运营中口碑的打造需要靠粉丝的努力，主要是在粉丝认可产品、品牌的基础上，心甘情愿地推荐给自己身边的人，从而形成口碑。一般来说，形成口碑的途径主要如图 7-29 所示。

专家提醒

赠送礼品是树立产品好口碑的较好途径，因为受众很多时候在乎的是实际的利益，如果企业在社群之中营造了赠送礼品、优惠券、折扣等良好氛围，那么受众自然而然就会主动帮忙宣传，传播品牌。

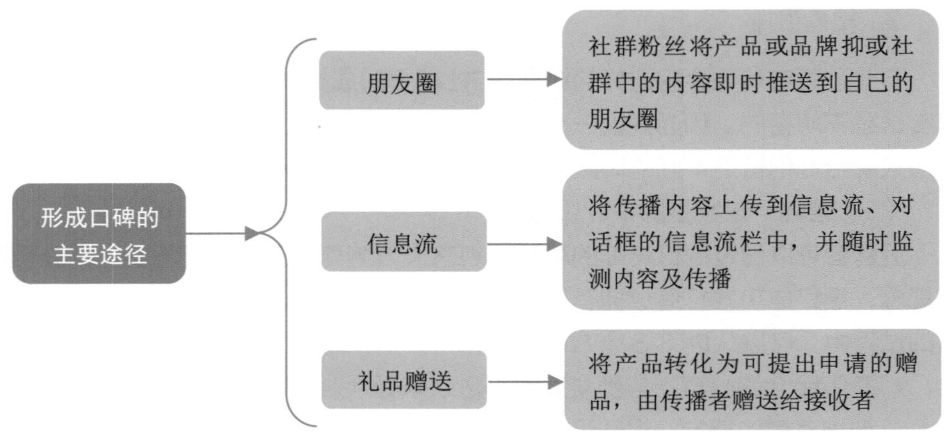

图 7-29　形成口碑的途径

（3）5 大方面，塑造品牌，扩展人气。

公众号运营者在进行社群营销时，需要注意 5 个方面的问题：①有自己的独特观点；②把产品信息介绍详尽；③要学会互动；④要学会分享干货；⑤要传递正能量，树立好口碑。

例如，致力于打造美食的公众号运营者可以通过微信朋友圈发布一些关于美食制作的技巧，或者是配上带有文艺气息的文案，就能有效吸引受众的注意力，从而增加受众黏度，打响企业品牌。

7.3　平台：8 大新媒体平台助力亿级流量

一篇文案如果做到了内容优质、针对人群精确以及营销方式巧妙，就意味着已经成功了一大半。那么，剩下的一小半是什么呢？即宣传推广。虽然在打造文案时就已经考虑到了传播的问题，但还是要在后续的过程中对其进行专门的推广，如此才能获得理想的效果。

而在推广的过程中，平台起到了至关重要的作用。只要平台运用得当，运营者便可以获得可观的流量。本节笔者就通过 8 大新媒体平台的营销推广，帮助大家获取亿级流量。

7.3.1　公众号：微信营销的主阵地

微信公众平台的口号是“再小的个体，也有自己的品牌”，可以看出它对于企业的品牌推广而言是很重要的。因为公众号是微信营销的主阵地，所以，现在大多数企业和商家都开通了专属的微信公众号。

微信公众平台分为服务号、订阅号以及企业号三类平台，不同的平台类型拥有不同的功能，具体如表 7-1 所示。

表 7-1 微信公众号类型和功能

微信公众号类型	功　能
服务号	（1）1 个月内可以发送 1 条群发消息。 （2）发给订阅受众的消息，会显示在对方的聊天列表中，并出现在相对应的微信首页。 （3）服务号会出现在订阅用的通讯录中。通讯录中有一个服务号的文件夹，受众只要点开，就可以查看所有的服务号。 （4）服务号可申请自定义菜单
订阅号	（1）每天 24 小时内可以发送 1 条群发消息。 （2）发给订阅受众的消息，将会显示在对方的“订阅号”文件夹中，点击两次可以打开。 （3）在订阅受众粉丝的通讯录中，订阅号将被放入订阅号文件夹中，受众不用在好友列表里查找。 （4）订阅号不支持申请自定义菜单
企业号	（1）主要受众为企业内部员工。 （2）一般发布企业告示、新闻、员工注意事项等。 （3）消息显示位置出现在好友会话列表首层。 （4）有基础消息接口或自定义菜单。 （5）有高级接口能力。 （6）最高每分钟可群发 1000 次

新媒体运营者可以根据自己的需求选择微信公众号，然后利用微信公众号顺利进行有价值的文案营销，那么，应该如何在公众号平台上进行营销和推广呢？主要的方法如图 7-30 所示。

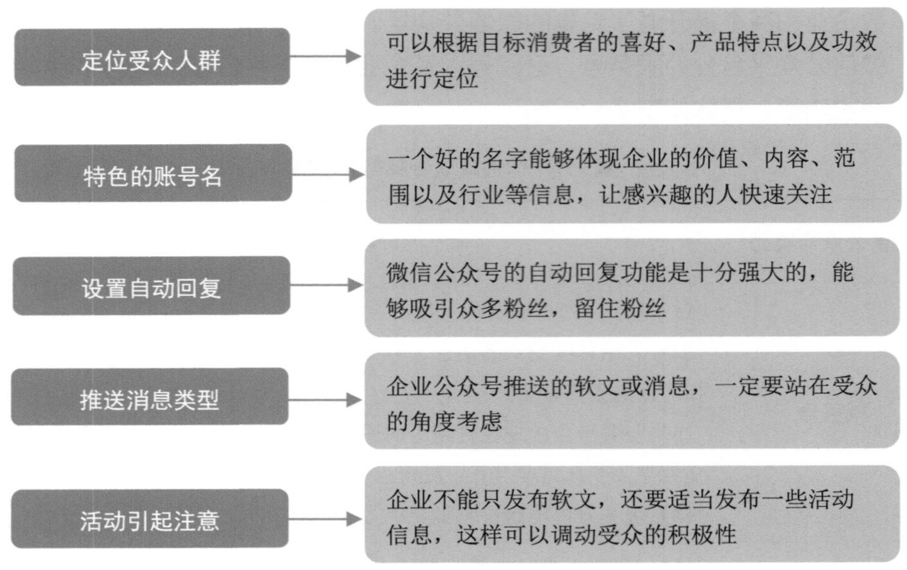

图 7-30　公众平台营销的方法

其中，在为微信公众号取名时，有多种方法可以借鉴，具体如图 7–31 所示。

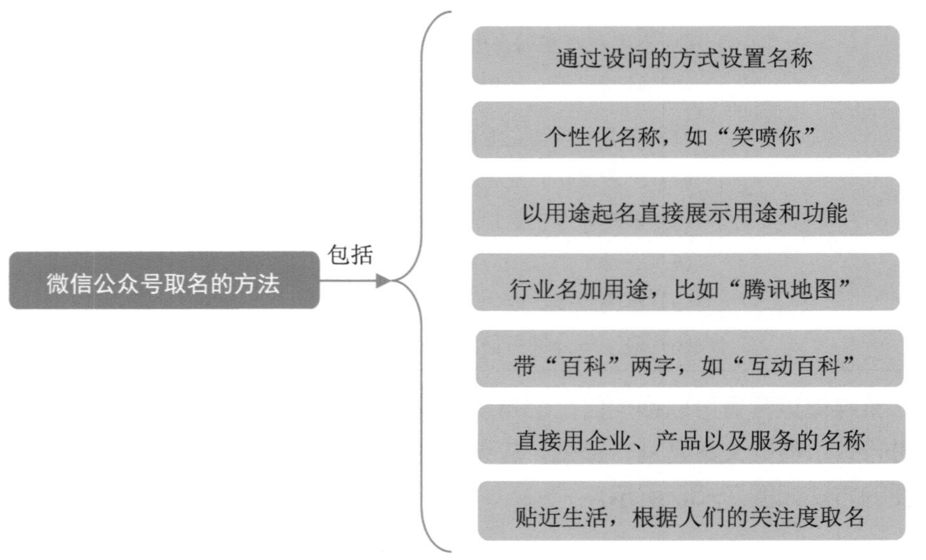

图 7-31　微信公众号取名的方法

同时，在推送消息时，无论是什么类型的公众号，都应该遵循如图 7–32 所示的两个规则。

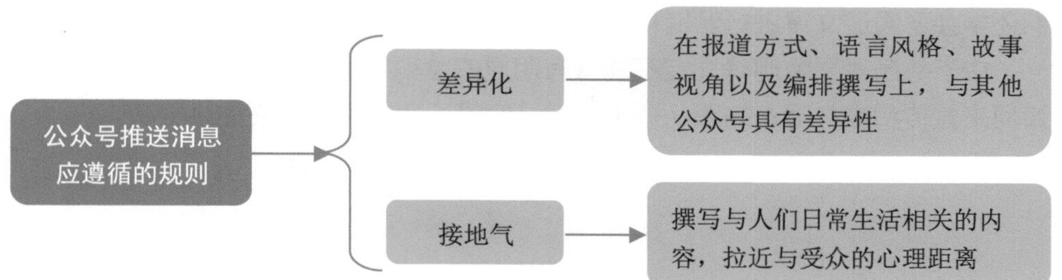

图 7-32　推送消息应该遵循的规则

微信公众平台的营销推广已经愈来愈成熟，不管是企业还是个人，都能够通过推送文章来获得一定的效益。如图 7-33 所示，为“汉堡王中国”公众号推送的文章，它主要通过比较直接的广告形式推广自己的产品，标题采用的则是比较醒目的数字式，有力地吸引了受众的注意力。

值得一提的是，在文末“汉堡王中国”还通过可爱生动的卡通图片吸引受众成为会员，并以赠品为诱惑，大大促进了受众的购买欲望。

图 7-33　微信公众平台的营销推广

7.3.2　头条号：满足需求带动转发

随着自媒体的火热，各大新媒体平台也开始层出不穷地涌现，而“今日头条”就是其中比较著名和火热的一个，如果想借用它来推广文案，可以通过抓住受众的需求，让受众带动文章的转发。

众所周知，头条号是一个资讯丰富且聚集了很多优秀自媒体的新媒体平台，有不少创作者在此平台上找到了自己的位置，实现了自身的价值。不仅如此，他们还学会了通过文章进行营销和推广。

由于头条号平台明确规定不能带有明显的营销字眼，那么，在头条号上应该如何来宣传和推广呢？如图 7-34 所示是值得运营者事先掌握的小秘诀。

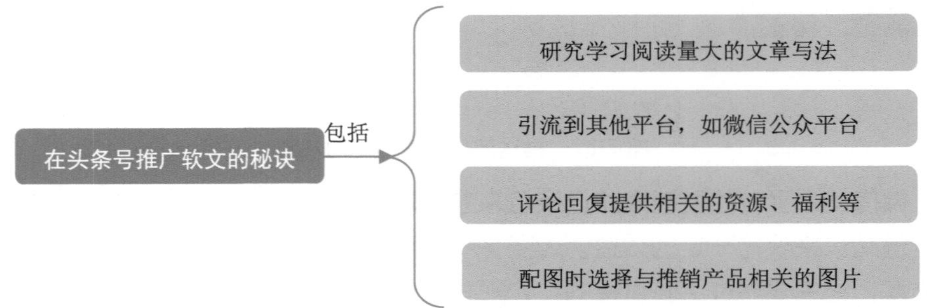

图 7-34　在头条号推广文案的秘诀

在引流到其他平台时，也需要掌握一定的技巧，因为在通过头条平台审核的文章中是不允许出现诸如微信、微信公众号等字眼的，所以在文案营销的过程中，掌握引流的诀窍很重要。对此，笔者总结了如图 7-35 所示的 3 种方法。

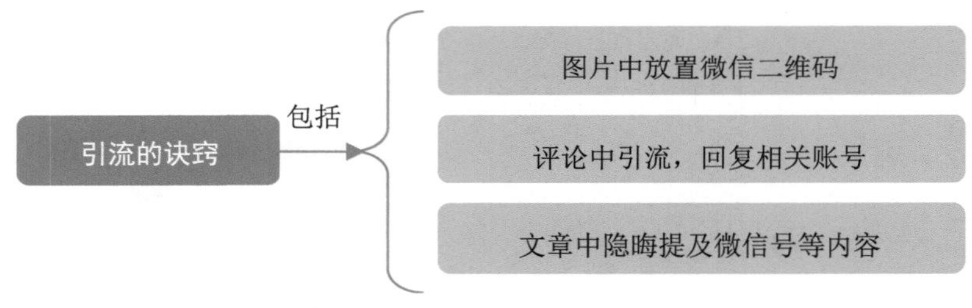

图 7-35　引流的诀窍

专家提醒

学习别人的文章如何撰写和引流十分重要，主要是对其标题的写法、关键词的把握以及引流的技巧进行学习和研究，从中取得经验，然后学以致用。

以“手机摄影构图大全”在头条号上推送的内容为例，它每周都会发布 3 篇文章，而且节假日也会按例发文，如图 7-36 所示，就是它于元宵节发送的文章。

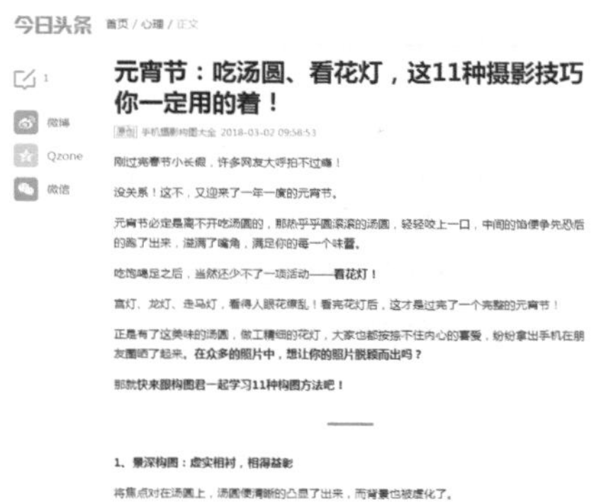
今日头条 首页 / 心理 / 正文

元宵节：吃汤圆、看花灯，这11种摄影技巧你一定用的着！

原创 手机摄影构图大全 2018-03-02 09:58:53

刚过完春节小长假，许多网友大呼拍不过瘾！

没关系！这不，又迎来了一年一度的元宵节。

元宵节必定是离不开吃汤圆的，那热乎乎圆滚滚的汤圆，轻轻咬上一口，中间的馅便争先恐后的跑了出来，溢满了嘴角，满足你的每一个味蕾。

吃饱喝足之后，当然还少不了一项活动——**看花灯！**

宫灯、龙灯、走马灯，看得人眼花缭乱！看完花灯后，这才是过完了一个完整的元宵节！

正是有了这美味的汤圆，做工精细的花灯，大家也都按捺不住内心的喜爱，纷纷拿出手机在朋友圈晒了起来。**在众多的照片中，想让你的照片脱颖而出吗？**

那就快来跟构图君一起学习11种构图方法吧！

1、景深构图：虚实相衬，相得益彰

将焦点对在汤圆上，汤圆便清晰的凸显了出来，而背景也被虚化了。

图 7-36　头条号的文案推广

“手机摄影构图大全”在头条号上的发文主要是为了吸引受众关注自己的微信公众号和推销发行的图书，实现双向盈利。针对怎样在头条号上进行文案推广，笔者将其主要方法总结为如图 7–37 所示。

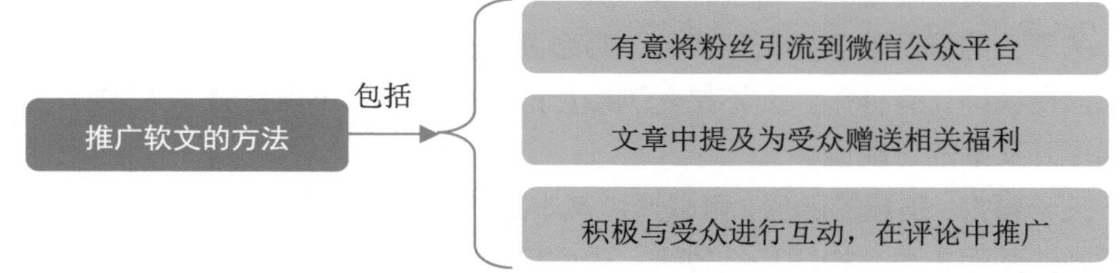

图 7-37　“手机摄影构图大全”推广文案的方法

专家提醒

很多企业和商家之所以选择在头条号的平台上进行推广，一是因为平台资源丰富，受众比较多；二是因为平台的支持政策比较优惠，对于很多创作者而言有实际利益的帮助，因此对他们来说成功的概率更大。虽然今日头条提供了很多便利和优惠，但关键还是要保证发文的质量，如此才能实现推广的理想目标。

7.3.3　抖音：关键把握“颜”“惊”“萌”

“抖音短视频”是一个专注新生代的音乐短视频社区。抖音利用其平台特色，曾连续 16 年占据了苹果应用商店下载量第一的位置，并在 2018 年春节期间吸引了高达 6000 万的受众关注。对于这样一个拥有大流量的视频平台，运营者又怎能将其舍弃在一边呢?

这个在 2017 年年末突然火爆的社交类平台，不仅让多年前的歌曲，如《醉赤壁》《短发》等又火了一把，而且让海底捞、一点点等品牌大放光彩，更带动了重庆洪崖洞、西安摔碗酒和四川稻城的旅游业，其影响力可见一斑。

由此可见，只要处理得当，抖音也能成为一个宣传公众号文案引流的重要阵地。总的来说，抖音引流的关键就是要把握好 3 个字，具体如下。

1. “颜”

关于颜值，从古至今，有众多与之相关的话题，如沉鱼落雁、闭月羞花、倾国倾城等，这些内容除了表示人物的漂亮外，还附加了由漂亮所引发的效果在内。可见，颜值高，不仅能延伸出影响力，有时甚至会起决定作用。

这一现象同样适用于抖音引流。运营者可以通过将具有颜值的人和事物加入文案中，让受众在视频中看到更有“颜”的文案，从而激起受众对文案的关注。

关于人的颜值除了先天条件外，有必要在人的形象和妆容上下功夫：让其看起来显得精神，有神采，而不是一副颓废的样子。这样不仅提升了人的颜值，而且能提升文案的正能量。

关于事物、美景的颜值，可以通过其本身的美再加上高深的摄影技术来实现，如精妙的画面布局、构图和特效等，由此综合打造出一个画面感精致且播放量可观的短视频文案。图 7–38 所示为有着高颜值的美食、美景短视频内容。

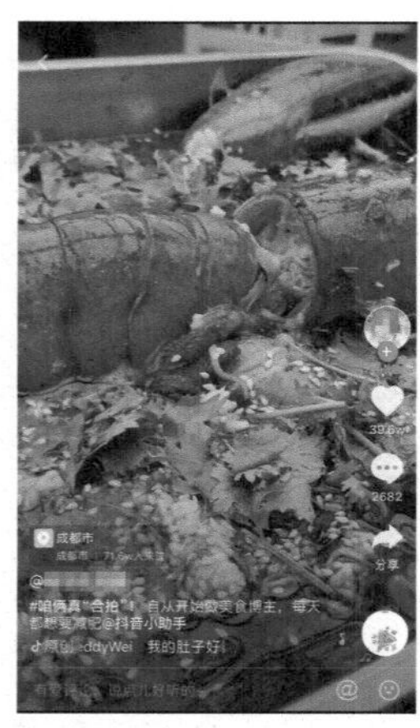

图 7-38　高颜值的美食、美景短视频内容展示

2. “惊”

那些能令人一瞬间感到吃惊的视频，总是会吸引更多人的点击播放。因为“惊”就表示视频内容已经在某一点上触动了受众，进而引发点赞、评论和转发等行为也就顺理成章了。那么，什么样的文案内容会让人吃惊呢？一般说来，主要有 4 种情况，具体内容如图 7-39 所示。

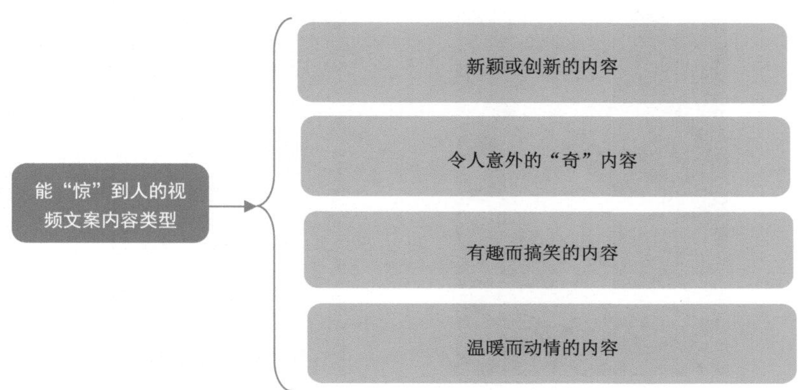

图 7-39　能“惊”到人的视频文案内容类型

3. “萌”

在互联网和移动互联网中，“萌”作为一个特定形象，奠定了其在受众审美中的重要地位，无论男女老少群体，都有它的忠实粉丝。在短视频这一碎片化的内容中，瞬间的“萌态”和具有“萌态”的事物是能一秒吸睛的，“唯萌不破”说的就是如此。

在抖音平台上，以“萌”制胜的视频内容类型通常包括两种，如图 7-40 所示。

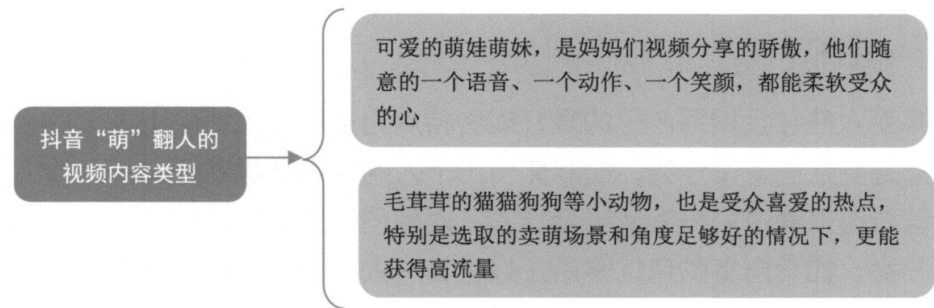

图 7-40　常见的抖音“萌”翻人的视频内容类型介绍

对于一些以提供宠物服务为主的平台来说，在抖音平台中发布萌宠视频文案可以说是一种非常有效的引流方式。比如，录制一些萌态可掬的宠物短视频，来快速获得萌宠爱好者的关注，如图 7-41 所示。

图 7-41　抖音中的萌宠视频文案

当然，无论是哪一个要点，要想打造爆款，都有一个基本点，那就是视频要让人愉悦、让人感动、给人启发等，这些都是视频内容有用、有价值的表现。

7.3.4　微博：把自己打造成网红

在新媒体火热发展的当下，微博不仅是一种流行的社交工具，对企业或商家来说，它也是一个重要的引流和营销平台。运营者可以在微博上借助话题找寻受众的同时把他们吸引到自己的平台上。下面介绍几种寻找微博精确受众和引流的方法。

1．设置标签

微博受众往往会根据自己的爱好或者特点为自己的微博贴上不同的标签，这些标签都是受众自身设定的，最能体现出个人的特点及其喜好。

运营者可以通过分析微博受众标签，对他们进行年龄、职业、身份、爱好等方面的归类，如果自身的目标客户正好和某一人群重合，则这类微博受众就会是运营者的目标客户。

图 7-42 所示为某文案类平台的新浪微博的基本信息界面，从中可以看到，

其不但在名称中直接加上了“文案”两个字，更在标签设置中加入了“文案策划”“文案”等词条，这样便可以起到快速吸引目标受众的作用。

图 7-42　某文案类平台的基本信息界面

2. 话题互动

文案运营者可以通过微博搜索直接参与某个话题，增加与目标受众的互动。比如，在微博中搜索“文案”，选择话题，便可以看到大量与文案相关的话题，如图 7–43 所示。

图 7-43　搜索“文案”话题

3. 发布内容

对于新媒体文案运营者来说，最不缺的就是内容。对此，运营者可以将精品文案内容发布到微博中，这样一方面可以向受众展示自身水平，另一方面也可以通过内容起到引流的作用。图 7–44 所示为某运营者发布的文案内容。

图 7-44　发布文案内容

7.3.5　QQ：充分发挥社群力量

作为最早的网络社交平台，QQ 的资源优势和底蕴及庞大的用户群，都是新媒体运营者必须争取和巩固的前沿阵地。而且随着生活方式的转变，越来越多的人开始用 QQ 等社交工具进行日常联系。因此，QQ 引流对公众号运营者来说意义重大。

现在QQ群分出了许多热门分类，新媒体运营者可以通过查找同类群的方式，加入进去，进入群之后，不要急着推广，先在群里与大家保持熟络，之后可以在适当时期再发布推广广告。以“手机摄影构图大全”公众号为例，运营者可以通过如下操作在 QQ 群中进行精准的文案引流。

步骤 01　登录 QQ，❶点击“消息”页面右上角的＋按钮；在弹出的菜单中❷选择“加好友 / 群”选项，如图 7–45 所示。

步骤 02　操作完成之后，即可进入“添加”页面，❶点击页面中的“找群”按钮；然后在搜索栏中❷输入群关键词，如图 7–46 所示。

步骤 03　上述操作完成后，页面中将呈现搜索结果。如图 7–47 所示为搜索“摄影”的结果。从搜索结果中❶选择一个群；然后再❷点击下方的“申请加群”按钮，如图 7–48 所示。

图 7-45 选择“加好友 / 群”选项

图 7-46 “添加”页面

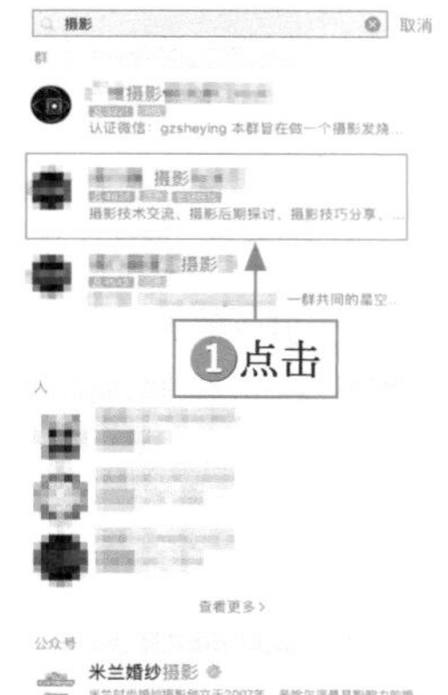

图 7-47 搜索“摄影”的结果

图 7-48 点击“申请加群”按钮

步骤 04 加入群之后，想办法与大家熟络，然后找适当的时机发布广告。运营者既可以直接对公众号进行介绍，也可以分享公众号的相关内容。如图 7-49 所示为在 QQ 群中发布摄影图片的相关页面。在该图片的右下角对公众号二维码进行了展示，如图 7-50 所示。这样一来，QQ 群成员只需扫码便可以进入公众号，直接起到引流作用。

公众号运营者在 QQ 群推广过程中，需要特别注意的是，广告应尽可能地进行软化，否则，管理员很可能会因为广告痕迹太重直接将运营者移出群。

图 7-49　分享公众号摄影图片

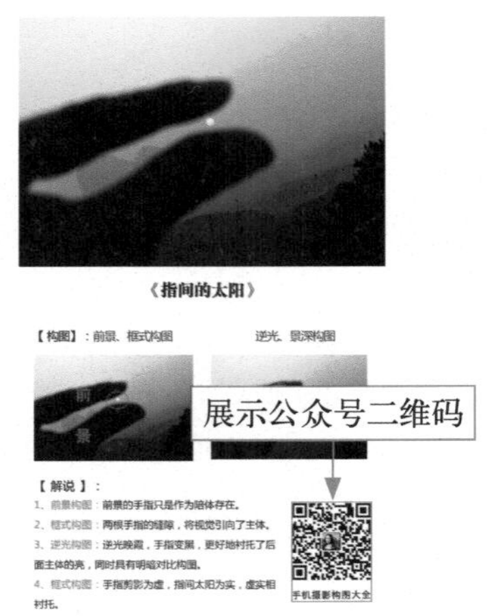

图 7-50　展示公众号二维码

7.3.6　百度：多个板块综合运用

百度是由每天 2.5 亿次访问所构筑起来的商务交易平台，每天有超过 6000 万人次查询信息，是使用量最大的中文搜索引擎，也是网民最常使用的中文搜索引擎。而百家号和百度论坛作为百度平台里最好的新媒体平台，值得运营者好好利用。

首先来介绍百家号。百家号是百度旗下的一个自媒体平台，于 2013 年 12 月份正式推出。运营者入驻百家号平台后，可以在该平台上发布文章，然后平台会根据文章阅读量的多少给予运营者收入，与此同时百家号还以百度新闻的流量资源作为支撑，能够帮助运营者进行文章推广、扩大流量。

在这个内容分享平台上，运营者可以发布自己的所见、所闻和所感。运营者只需登录账号，便会自动进入如图 7−51 所示为百家号官网首页，可以看到，在该界面中运营者不仅可以直接发布内容，更可以查看发现、工具、分析和收益等信息。

基于百度新闻的流量、浏览的便捷和内容的多样性，众多用户还是愿意关注这一平台上的新闻内容的。因此，运营者也可以进驻这一平台来引流。

接下来介绍百度论坛平台。百度论坛是网民空闲时喜欢集聚的地方，许多运营者都会选择在百度论坛里做网络营销推广，利用发布软文的方式与网民互动、交友。百度论坛里设有广告发布专用帖，运营者只要输入需要发布的广告内容，即可直接提交。

图 7-51　百家号官网首页

运营者在百度论坛里不要做潜水人员，而应该参与到各论坛及帖子里，体现出自己的积极活跃性。下面介绍几种在平台上积极参与互动的方法。

1．解答疑问

在论坛中，解答网友问题可增加经验值或积分。运营者在解答问题前应选择自己比较熟悉的问题，比如，运营者可以专门找一些与新媒体文案相关的问题；在回答问题时，最好用上自己在论坛上写的文章和相关内容以提升文章的关注度。

2．主动回应

针对论坛上的热门帖，运营者应该主动积极地去评论，并且写出自己的感悟。如“赞”“太棒了”“好帖”等客套敷衍式词语，作为回应语意义不大，运营者应少用或不用，以免给他人造成混经验的印象。

论坛推广是一个循序渐进的过程，如果一味单方面地推广自己的网站，缺少与网民互动，很容易让人感觉到这是广告帖，所以只有把握好这个度，并持之以恒才会有很大的收获。

3．发帖回帖

在论坛百度贴吧中最重要的引流工具就是帖子，新媒体运营者可以通过发帖和回帖的方式，增加自身在目标受众中的曝光度。比如，新媒体运营者可以在文案类贴吧中发布帖子，将对文案感兴趣的人群集中起来，如图 7–52 所示。

图 7-52　在贴吧中发布帖子

除了发帖之外，新媒体运营者还可以积极回帖，踊跃地把首页火爆的帖子顶上去，增加存在感和网民对运营者的印象，此外，还可以针对自己产品用户群选择一些比较火的文章进行顶帖，最好能抢到帖子沙发或板凳。

注意顶帖时不要回复“好帖”“路过”和“打酱油”等一系列苍白的评论。管理员发现了以后，会直接删除帖子，如果运营者顶帖太多，并且处于持续被管理员删除的状态，很容易造成网站降权。

7.3.7　知乎：独到见解俘获粉丝

知乎平台，是一个社会化问答类型的平台，目前月访问量上亿。知乎平台的口号是：“与世界分享你的知识、经验和见解。”

在知乎这样的问答平台上，运营者可以以提问题和回答问题的方式进行推广和引流。而且问答推广又具体分为发布内容、自问自答和回答问题。

1. 发布内容

虽然知乎是一个问答型平台，但并不是发布的所有内容就一定是回答他人的提问。公众号运营者也可以通过在知乎上发布文章，详细解读某一方面的内容，为特定受众答疑解惑。

图 7–53 所示为“手机摄影构图大全”在知乎上发布的一篇文章，其通过一篇文章对微距摄影的相关知识进行解读，也成功地在知乎上吸引了不少粉丝。

图 7-53　“手机摄影构图大全”在知乎上发布的文章

2．自问自答

在知乎的推广和引流方法中，自问自答型以自己提出的问题，自己做出答复的方式进行，所以，这种方法的效率相对来说比较高。新媒体运营者可以根据自身平台所在的行业、产品信息和网民的搜索习惯，选取与文案相关的有搜索量的目标关键词，然后去回复平台提问。

3．回答问题

回答问题型比自问自答型难度更大，因为运营者需要去选择适合推广公众号产品的问题进行回答，而回答的答案又不能太过于凸显推广产品的意图，所以把握好度是关键。下面介绍几种回答问题型的推广方法。

（1）答案要有质量。回答问题时，一定要有质量，不能胡乱回答。如果运营者提供了靠谱或具有影响力的答案，极有可能会被设置为最佳答案，由此可以提升账号的信誉度和账号等级。

（2）控制好回答的数量。同一个账号，每天回答的问题最好不要超过 10 个，否则容易被封号。

（3）慎留链接。账号级别低时，回答的内容里一定不要放置链接，以防账号被封或链接被屏蔽。账号级别高时，可将链接放置在“参考资料”一栏，且不要多放。

回答问题的关键就在于，选择正确的问题，回答得有含金量。图 7–54 所示为知乎平台中某个文案问题，以及某位文案专家的回答。因为该回答显示出了一定的专业度，所以，该文案专家的回答获得了大量用户的赞同，并获得了不少人的关注。

图 7-54　在知乎上回答文案类问题

7.3.8　简书：内容致胜作品说话

简书平台，它是一款集写作与阅读于一体的社交型互联网产品，同时它也是一个基于内容分享的社区，图 7-55 所示是为简书 PC 端首页。

图 7-55　简书平台 PC 端首页

简书平台拥有以下 4 项功能，这些功能能够满足简书受众大部分需求，同时也能够为受众提供更好的使用体验，如图 7–56 所示。

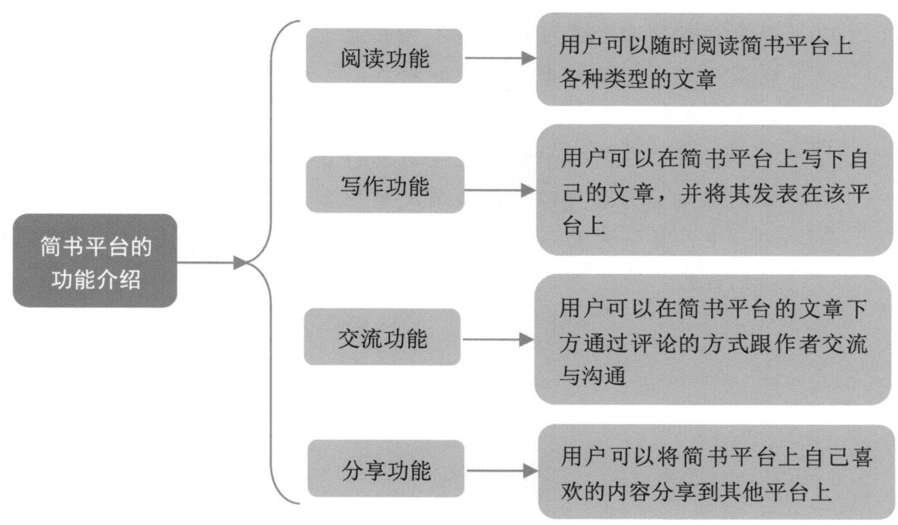

图 7-56　简书平台的功能介绍

以写作功能为例，新媒体运营者可以在简书平台上发布文案类文章，将自身的经验、技巧分享给目标受众，如图 7–57 所示。这一方面可以让对文案感兴趣的人群看到运营者的水准，另一方面也可以通过干货内容，将路人转变为自己的粉丝。

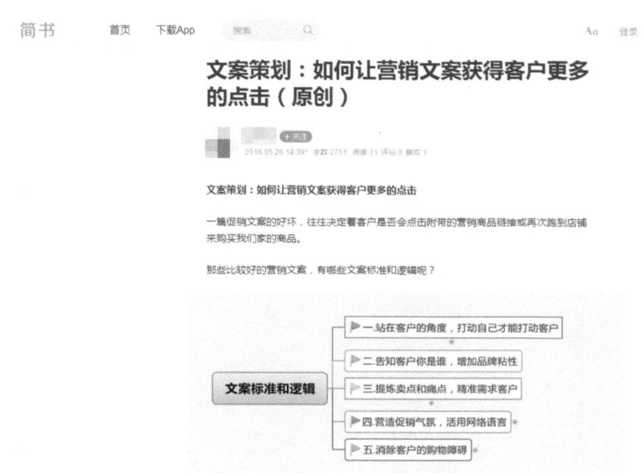

图 7-57　在简书平台上发布文案类文章

专家提醒

简书平台的 4 项功能都是新媒体运营者吸粉不可缺少的，并且只要运营得当，便可以获得不错的流量，不仅可将简书平台的用户转变为运营者在简书平台中的粉丝，甚至可转变为运营者在其他平台中的粉丝。

另外，在简书平台上还要留意打赏功能，借助这一功能，一方面新媒体运营者可以通过优质文案内容的打赏把受众吸引到自己的平台上，另一方面还可以通过打赏别人，引起对方关注从而达到吸粉的目的。

第 8 章

变现：让新媒体文案价值增值

学前提示

对于每一个新媒体运营者来说，文案变现一直以来都是需要重点把握的一项内容。运营者要想让文案变现获得更好的效果，就必须清楚变现的方式及一些变现的注意事项。

本章笔者将重点为大家介绍文案变现的方式及相关的注意事项，帮助大家找到更具价值的文案变现思路。

要点展示

- 注意：变现的 4 大要点
- 方式：变现的 10 种方法

8.1 注意：变现的 4 大要点

对于每一个进行内容运营与推广的企业、商家或者个人来说，其最终目标都离不开获得实际收益这一点。而新媒体运营者要实现文案变现的目标，在文案市场中获得红利，就必须清楚商业变现的一些注意事项。

8.1.1 时机变现

新媒体运营者要想通过文案获得粉丝来实现变现目标，首先这些文案内容应该能够引起大家的共鸣，这需要一个时机来体现。只有在正确的时间里用内容与用户共鸣，才能获得更精准的粉丝与流量，这样内容在变现时才能更有价值。

在用文案变现时，新媒体运营者可以有意识地选择一些特殊的日子，如节日、周年庆。接下来，笔者将分别进行具体说明。

1. 节日

对于新媒体运营者，特别是产品销售类运营者来说，节日绝对是一个不可错过的变现时机。这主要是节日期间，受众心情往往会比较好一些，再加上有时间和精力用于购物，所以，产品的购买率相对要高一些。

因此，在此时通过文案进行营销，更容易成功变现。图 8-1 所示为某超市在七夕节期间推出的营销文案。

图 8-1 某超市的七夕节营销文案

每个节日都带有自身的属性，而新媒体运营者需要做的就是让营销的产品和节日挂钩。比如，七夕期间营销的产品应该是可以用于送给另一半的，或者在情人间用得上的。图 8–2 所示为某超市在七夕期间的产品营销信息页，其中的产品可以说就选择得很好。

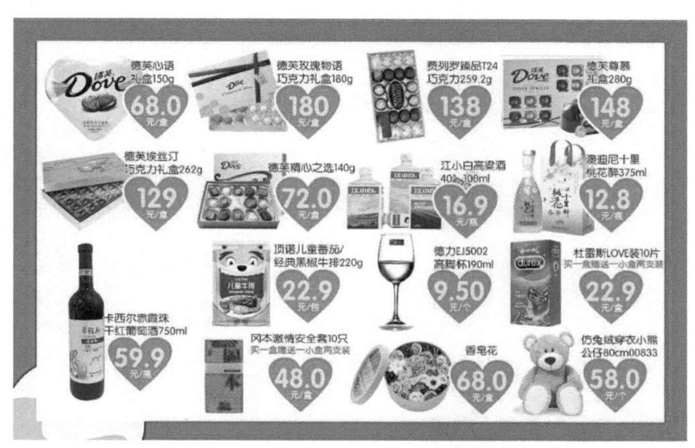

图 8-2　某超市七夕期间的产品营销信息页

2．周年庆

除了节日之外，对于各大品牌、商家来说，还有一个重要的变现时机，那就是周年庆。而许多新媒体运营者也很好地运用了这一变现时机，图 8–3 所示为某品牌的周年庆营销文案。

图 8-3　某品牌的周年庆营销文案

周年庆对于品牌或商家来说自然是一件值得开心的事，新媒体运营者需要明白的一点是，要想营销只有自己开心是不够的，还得将自己的快乐传递给潜在消费者。对此，新媒体运营者可以通过文案营销，以福利、抽奖等方式，适当地给受众一些“好处”，如图 8–4 所示。

图 8-4　适当地给受众一些“好处”

8.1.2　平台变现

企业、商家或者个人在进行内容运营的时候，要想达到最终的变现目的，选择内容投放的平台是非常重要的，如果运营者的内容投放到一个错误的平台，那么，想必没什么人去关注。

因此，选择正确的内容发布平台是一个重要的举措，这样才能更好地让内容对接用户需求。总之，在最有效和恰当的时机内，把握住有效的平台来推广内容，获得流量，才能更好地实现变现目标。

在变现之前，新媒体运营者可以根据文案的类别，选择文案的投放平台，让文案获得更好的营销效果。笔者就以视觉文案和听觉文案为例，介绍变现平台的选择技巧。

1．视觉文案

视觉文案就是以文字、图片等内容为主，用视觉便可以接收所有信息的文案。适合投放视觉文案的平台有很多，新媒体运营者可以通过将同一文案投放到不同平台的方式，扩大文案的影响范围，从而增强文案的变现引导能力。

这一点“手机摄影构图大全”就做得很好，比如，同样一篇文案，它会发表在微信公众平台和今日头条中，如图 8–5 所示。

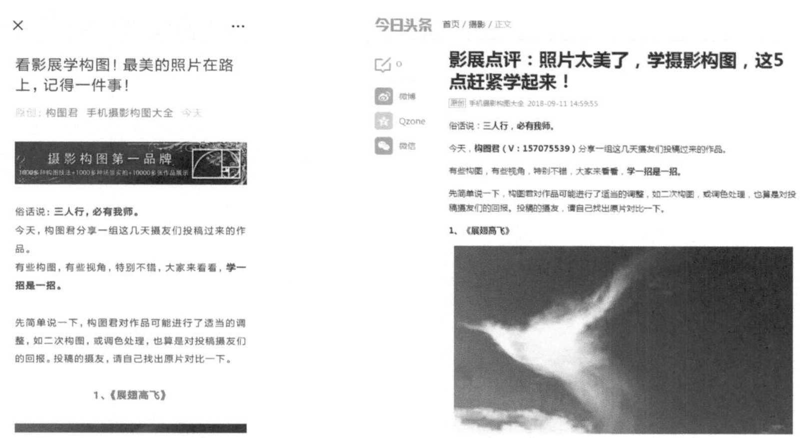

看影展学构图！最美的照片在路上，记得一件事！

原创：构图君 手机摄影构图大全 今天

摄影构图第一品牌

俗话说：**三人行，必有我师。**

今天，构图君分享一组这几天摄友们投稿过来的作品。

有些构图，有些视角，特别不错，大家来看看，**学一招是一招。**

先简单说一下，构图君对作品可能进行了适当的调整，如二次构图，或调色处理，也算是对投稿摄友们的回报。投稿的摄友，请自己找出原片对比一下。

1、《展翅高飞》

今日头条 首页 / 摄影 / 正文

微博 Qzone 微信

影展点评：照片太美了，学摄影构图，这5点赶紧学起来！

原创 手机摄影构图大全 2018-09-11 14:59:55

俗话说：三人行，**必有我师。**

今天，**构图君（V：157075539）**分享一组这几天摄友们投稿过来的作品。

有些构图，有些视角，特别不错，大家来看看，**学一招是一招。**

先简单说一下，构图君对作品可能进行了适当的调整，如二次构图，或调色处理，也算是对投稿摄友们的回报。投稿的摄友，请自己找出原片对比一下。

1、《展翅高飞》

图 8-5 “手机摄影构图大全”在微信公众平台和今日头条发布的文案

2．听觉文案

听觉文案即以音频播报内容为主的文案。因为其固有的属性，该类文案通常比较适合投放在音频平台中。蕊希电台是一个以传播音频内容为主的栏目，图 8–6 所示为蕊希电台在蜻蜓 FM 平台中的相关界面。

图 8-6 蕊希电台在蜻蜓 FM 中发布的内容

除了音频平台之外，听觉文案还可作为音频资料插入文案中。比如，可以在微信公众平台中，将音频文案插入对应的位置，如图 8-7 所示。

图 8-7　在公众号中插入音频内容

3. 综合文案

很多情况下，新媒体运营者的文案是融合图片、文字、音频和视频的综合内容。对于这一类文案，新媒体运营者通常可考虑将其投放在视频网站中。图 8-8 所示为视频网站的视频广告文案。

图 8-8　视频网站的视频广告

8.1.3 内容变现

近些年来“内容”开始成为一个热词，仿佛大家都在讨论内容创业，使之在不知不觉间已经变成了一个“明星概念”，从简单文字到长微博，从短视频到直播，越来越多的创作者进入内容创业这一火热的领域中。

那么，制作这么多内容究竟是为什么？答案其实就是“卖钱”，也就是变现，即将我们的一技之长变成现金。当然，并不是什么内容都可以拿来变现，内容要想变现，还要具备 3 种价值，如图 8-9 所示。

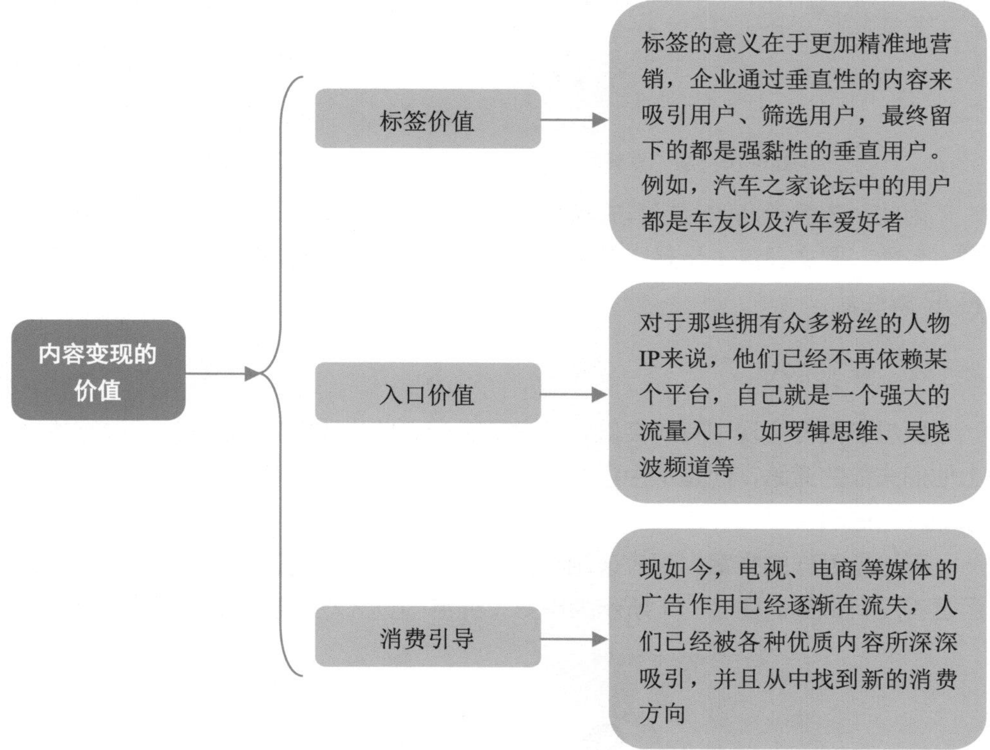

图 8-9　内容变现的 3 种价值

因此，企业、商家或者个人在挑选内容进行文案变现时，就需要选择具有这 3 种价值的内容。从“罗辑思维”中，即可看出这些价值的变现作用，具体如图 8-10 所示。

目前来看，内容变现的主要形式包括内容付费、广告变现、媒体电商、IP 衍生、社群经济、买断版权等。

如今，很多优质内容已经可以直接产生付费，而且这个趋势还在不断扩大。这种变现模式已经超越了淘宝等平台的内容电商模式，他们还需要借用内容来引领，然后通过出售商品来赚钱，但有时商品卖的钱可能还填补不了创作内容所花费的成本。

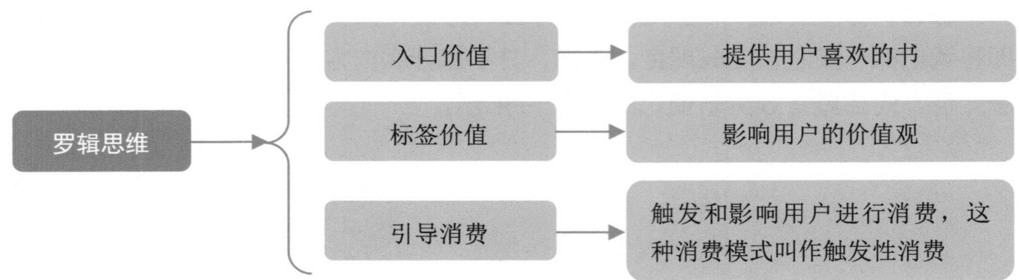

图 8-10　从“罗辑思维”中看内容变现的 3 种价值的作用

因此，内容电商的终极模式应该是内容可以直接卖钱，就像“罗辑思维”那样，当然，要实现这一步是比较难的，内容电商不但需要内容 3 大价值，还需要有 IP 属性。

8.1.4　经验教训

要想在内容变现中有所突破，还需要牢记那些失败的变现案例，不能重复走上他们失败的道路，而是从中汲取经验教训，对自己的内容变现模式加以完善，才能获得成功。

无论是怎样的文案，都应该用心、用诚意来制作，而这一点却有很多新媒体运营者没有做到。图 8−11 所示为电影《纯洁心灵 · 逐梦演艺圈》的宣传海报。

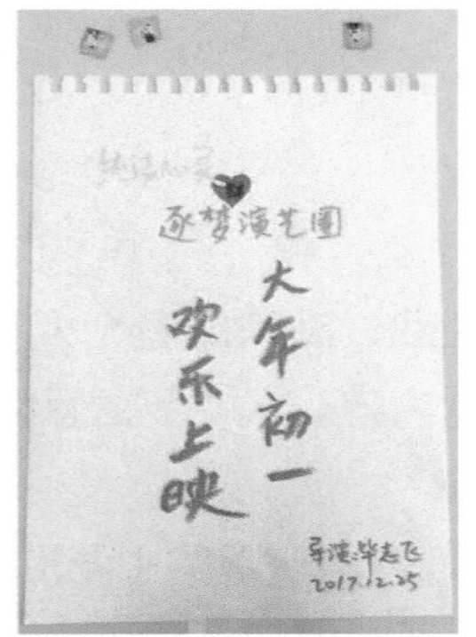

图 8-11　电影《纯洁心灵 · 逐梦演艺圈》的宣传海报

该海报推出之后，迅速被大量业内人士吐槽。图 8-12 所示为某网友对于该电影海报的评价，其中的讥讽之意不言而喻。

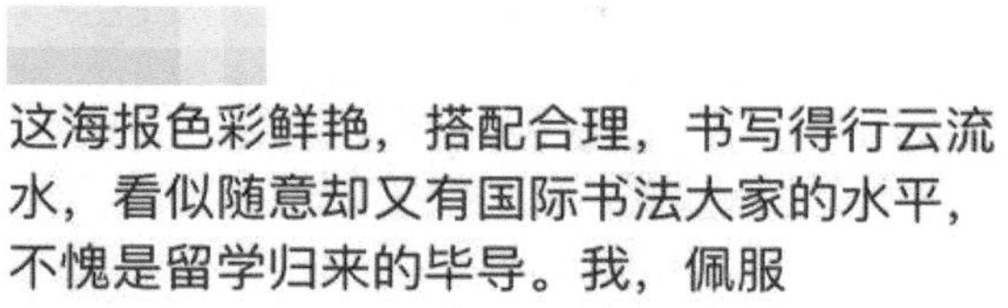

这海报色彩鲜艳，搭配合理，书写得行云流水，看似随意却又有国际书法大家的水平，不愧是留学归来的毕导。我，佩服

图 8-12　某网友对电影《纯洁心灵·逐梦演艺圈》宣传海报的评价

或许是看到海报被很多人吐槽，“电影纯洁心灵”对海报问题作出了一些解释，如图 8-13 所示。

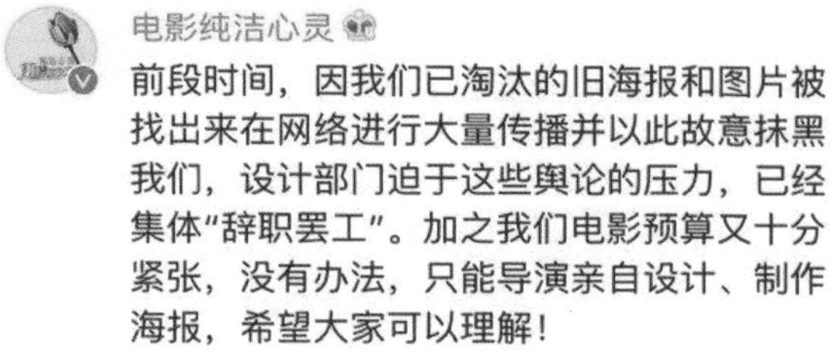

电影纯洁心灵

前段时间，因我们已淘汰的旧海报和图片被找出来在网络进行大量传播并以此故意抹黑我们，设计部门迫于这些舆论的压力，已经集体“辞职罢工”。加之我们电影预算又十分紧张，没有办法，只能导演亲自设计、制作海报，希望大家可以理解！

图 8-13　“电影纯洁心灵”对海报问题作出的解释

虽然看到解释之后，部分网友表示理解，但是，海报造成的负面影响已经无法挽回了。所以，新媒体运营者在制作文案时，还得更用心一些，千万不要用过不了关的内容糊弄受众。

8.2　方式：变现的 10 种方法

在清楚了文案变现需要注意的相关事项之后，新媒体运营者要实现内容变现的目标，还需要掌握一定的变现方式。这一节笔者将重点介绍 10 种文案变现方式，大家可以从中选择适合自己的变现模式。

8.2.1　有偿提供内容

对于内容电商变现来说，内容和流量是相辅相成的，内容可以带来流量，而流量可以让内容的价值变成现金。其中，内容付费是最直接的变现方式，很多自媒体平台、社交平台以及直播平台都非常专注于原创内容的生产和变现模式。

那么，什么是内容付费呢？就是用户为想要看的内容支付一定的费用。一般情况下，人物 IP 会制造一些热点话题、优质视频内容来吸引粉丝关注和参与，当参与的粉丝达到一定数量时，或者是这些话题的单链接、视频浏览量达到一个足够的高度时，此时会员资格或 VIP 就可以卖到几元钱甚至十几元钱。

除此之外，只要新媒体运营者的内容足够有含金量，还可以直接对内容进行收费。受众要查看你的内容，就必须先支付一定的费用。这一点“吴晓波频道”小程序就做得很好。

受众进入“吴晓波频道”小程序之后可以在“首页”界面中看到最新内容。点击某内容之后，受众并不会看到对应的内容，而是被提醒要查看该内容需支付一定的费用，如图 8-14 所示。

图 8-14 “吴晓波频道”小程序的相关界面

也就是说，该平台是有偿向受众提供内容的。虽然许多人对于要支付费用的内容都是避而远之的，但是，因为该平台只需 180 元就可以查看 1 年的内容，平均每天不过几毛钱。所以，当该平台提供的内容中有一些是自己非常想要看的，受众可能也会主动掏腰包。

在这里需要特别说明的是，对于有偿提供内容的变现方式，新媒体运营者最好是先为受众提供一些免费的精品内容。这一方面可以让受众看到内容的含金量，另一方面也是抛出诱饵，刺激受众的购买欲望。

这一点“少数派 Pro”小程序就做得很好，在该小程序中，受众可以选择性地查看自己需要的内容，而且还可以免费查看部分内容，但是想要查看全部内容，就必须支付一定的费用，图 8-15 所示为“少数派 Pro”小程序的相关界面。

图 8-15 “少数派 Pro”小程序的相关界面

8.2.2 带动产品销售

很多文案，特别是广告文案，最直接的目的就是用来带动产品销售。如图 8-16 所示的江小白广告文案显然就是这一类。

图 8-16 江小白的广告文案

当然，除了直接用图片的方式给产品打广告之外，新媒体运营者还可以通过其他方式，运用文案的力量来带动产品的销售。比如，通过链接让受众可以更方便购买自己的产品。接下来，笔者就从平台链接和文章链接这两个方面，更好地引导受众购买产品，利用文案实现变现目标。

1．平台链接

许多新媒体运营者可能会开设自己的微店店铺，在这种情况下，新媒体运营者便可以利用运营的平台设置链接，让受众可以从新媒体平台，直接进入微店平台，带动产品的销售。

比如，在“手机摄影构图大全”公众号的菜单栏中便设置了微店链接。受众在进入该公众号之后，只需点击“摄影工具”栏目，在展开的选择栏中，选择“实体书”选项，便可进入该公众号的微店，如图 8–17 所示。这便让该公众号利用文案内容积累的粉丝力量，变成了产品的购买力。

图 8-17　“手机摄影构图大全”公众号的微店链接

可能部分新媒体运营者不知道如何在公众号中设置链接，接下来笔者就来对具体步骤进行详细的解读。

步骤 01　登录进入微信公众号平台后台首页，❶单击功能栏中的“自定义菜单”按钮；进入“自定义菜单”界面，❷单击界面下方的“+ 添加菜单”按钮，具体如图 8–18 所示。

进入“菜单编辑中”页面，在这个页面已出现了一级菜单，只要在页面中的“菜单名称”栏中，❸输入自己想要设置的名称即可，如图 8–19 所示。

图 8-18　进入“自定义菜单”界面　　　　图 8-19　完成一级菜单名称设置

专家提醒

一级菜单名称设置成功后，新媒体运营者还需要进行菜单内容的设置。在菜单内容设置中，有“发送消息”和“跳转网页”两个选项可以选择，运营者可以根据自己的需要进行选择。

步骤 02 ❶单击 + 图标；在子菜单栏中，❷输入“电子书”“实体书”和“小伙伴”，对名称内容进行完善，如图 8-20 所示。

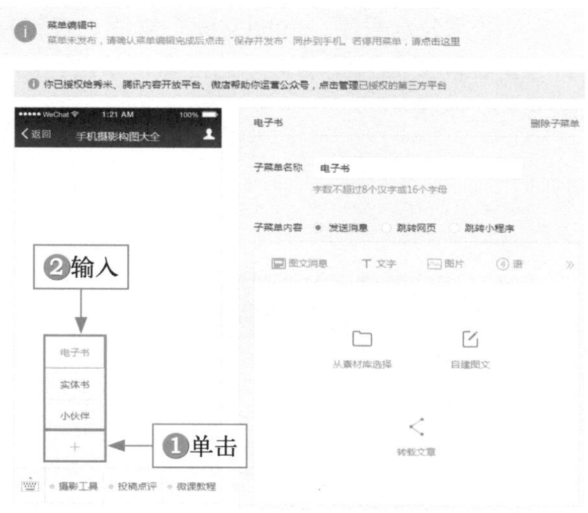

图 8-20　完善二级菜单栏

步骤 03 ❶选择菜单栏的"实体书"选项；❷输入子菜单名称；❸在子菜单内容中选择"跳转网页"选项；❹在页面地址中输入微店网址，如图 8-21 所示。操作完成后，新媒体运营者便完成了微信公众平台的微店链接设置。

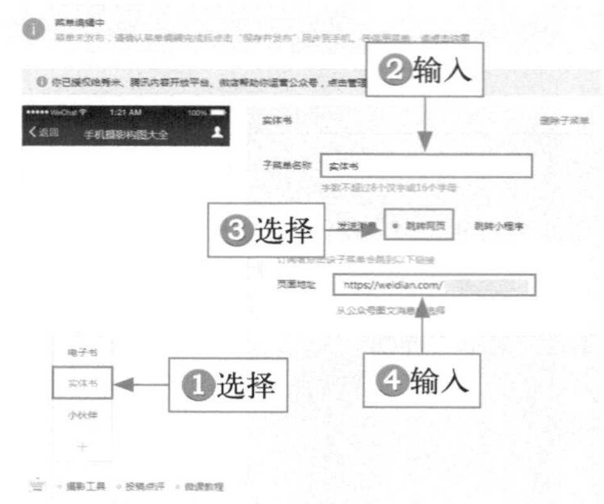

图 8-21　输入微店网址

2. 文章链接

除了在平台菜单栏中设置链接外，新媒体运营者还可以通过在文章中设置链接的方式，给受众一个直达购物平台的渠道，从而增加产品的销售量。笔者以微信公众号为例，详细地对在文章中插入图书购买链接的步骤进行说明。

步骤 01 进入微信公众号后台的图文编辑界面，在链接前方编写相关引导语，将鼠标指针停留在需要插入图书链接的位置，单击右侧菜单栏中的"电影图书"按钮，如图 8-22 所示。

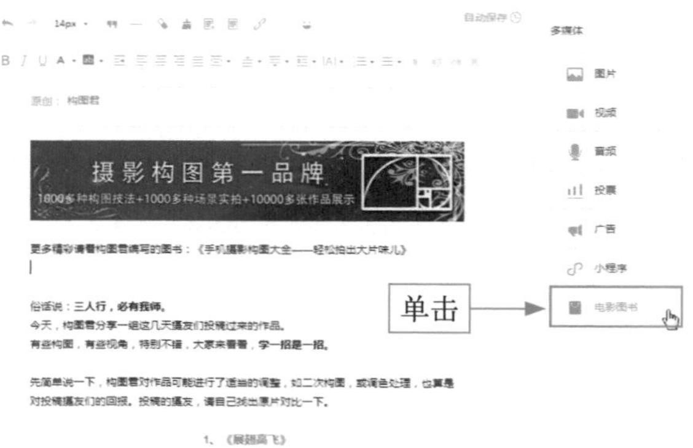

图 8-22　单击"电影图书"按钮

步骤 02 操作完成后，进入“选择商品”界面。在该界面中❶单击“图书”按钮；在搜索栏中❷输入图书名称；在搜索结果中❸勾选对应图书；❹单击下方的“确定”按钮，如图 8-23 所示。

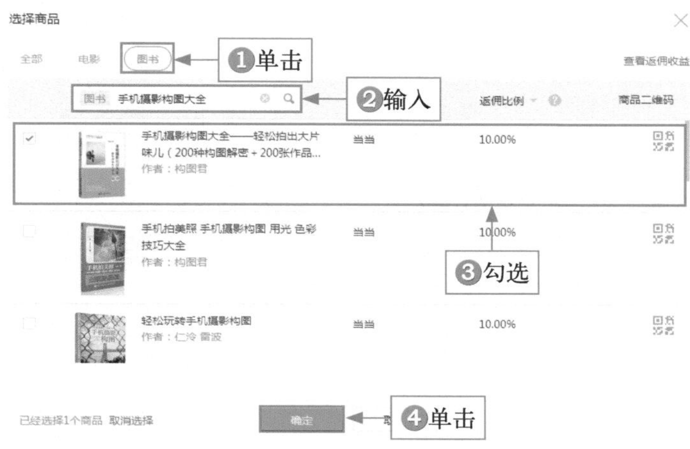

图 8-23 “选择商品”界面

步骤 03 操作完成后，图书的当当链接将作为广告，以卡片的形式出现在所选位置，如图 8-24 所示。

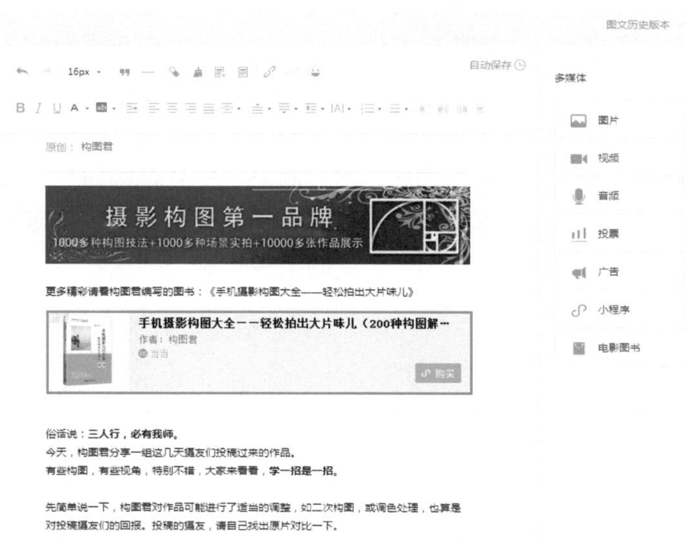

图 8-24 当当链接出现

步骤 04 保存编辑内容，并将内容发送至手机预览。如果在手机预览中也能看到图书的当当链接，并且点击后可直接进入该图书的购买渠道，就说明链接设置成功了，如图 8-25 所示。

图 8-25 手机预览内容

8.2.3 获取广告收入

新媒体文案主要可以通过两种方式获得广告收入：①直接为广告主提供有偿文案；②利用文案打造一个有影响力的平台，从而借助自身平台的流量，获取广告主的广告投入。

以微信公众平台为例，在微信后台，有一个“流量主”功能，流量主功能是腾讯为微信公众号量身定做的一个展示推广服务，主要是指微信公众号的管理者将微信公众号中指定的位置拿出来给广告主打广告，然后收取费用的一种推广服务。图 8-26 所示，是微信公众平台对其的相关介绍。

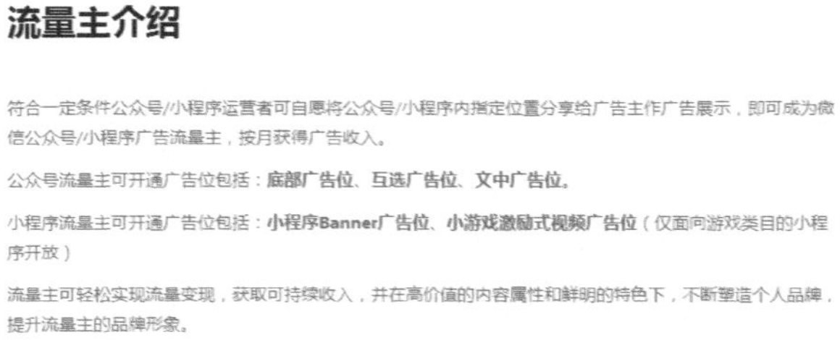

流量主介绍

符合一定条件公众号/小程序运营者可自愿将公众号/小程序内指定位置分享给广告主作广告展示，即可成为微信公众号/小程序广告流量主，按月获得广告收入。

公众号流量主可开通广告位包括：**底部广告位、互选广告位、文中广告位。**

小程序流量主可开通广告位包括：**小程序Banner广告位、小游戏激励式视频广告位**（仅面向游戏类目的小程序开放）

流量主可轻松实现流量变现，获取可持续收入，并在高价值的内容属性和鲜明的特色下，不断塑造个人品牌，提升流量主的品牌形象。

图 8-26 微信公众平台对流量主的功能阐述

如图 8-27 所示，是公众号“创业邦”推送的文章最底部以“关注卡片”形式展现的流量主广告（左）和公众号“手机摄影构图大全”推送的文章最底部以“图片”形式展现的流量主广告（右）。

图 8-27 “关注卡片”和“图片”的流量主广告

要想做流量广告，微信公众运营者就要首先开通流量主，流量主在哪里开通呢？运营者可以通过如下步骤开通流量主。

步骤 01 微信公众运营者打开微信公众平台，单击微信公众号后台左边的“流量主”按钮，如图 8-28 所示。

图 8-28 单击“流量主”按钮

步骤 02 完成操作后，进入“流量主”页面，单击右上方的“申请开通”按钮，如图 8-29 所示。

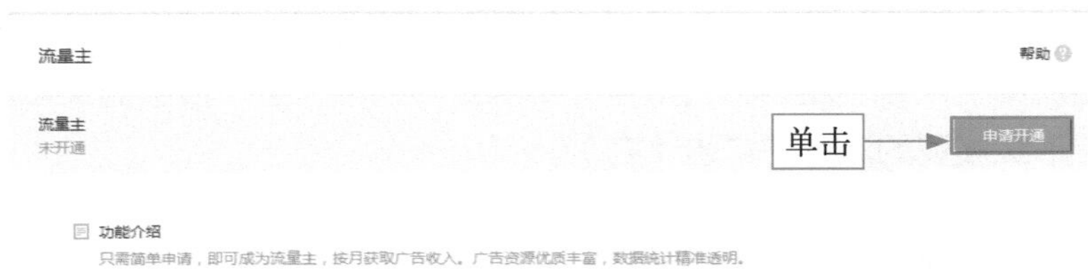

图 8-29　“流量主”页面

步骤 03　执行上述操作后，就能进入开通页面。当然，如果没有达到相关的要求，就不能开通流量主功能，平台会跳出“温馨提示”对话框，如图 8-30 所示。

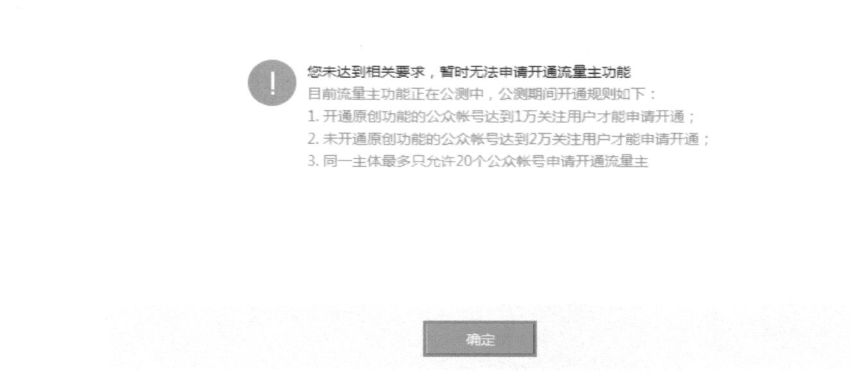

图 8-30　“温馨提示”对话框

对于想要通过流量广告进行盈利的商家而言，首先要做的就是把自己的用户关注量提上去，只有把用户关注量提上去了，才能开通流量主功能，进而盈利。

8.2.4　内容点赞打赏

为了鼓励优质内容，一些新媒体平台中推出了点赞打赏功能，只要新媒体运营者的内容精彩，便可以获得一定的收入。例如微信公众平台便推出了赞赏功能，当然要开通赞赏功能，必须满足一定的条件，具体如图 8-31 所示。

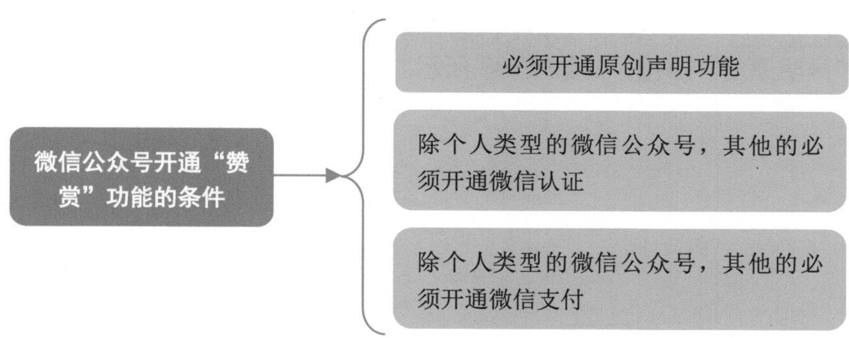

图 8-31 微信公众号开通“赞赏”功能的条件

如图 8-32 所示，为“正经婶儿”微信公众号和“霍老爷”微信公众号的赞赏功能的示例。

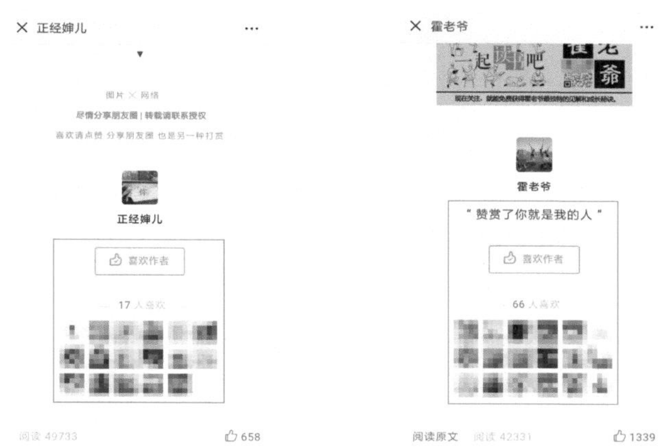

图 8-32 赞赏功能示例

新媒体运营者要想让自己的微信公众号开通赞赏这一功能，需要经历两个阶段，具体如下。

第一阶段：坚持一段时间的原创后，等到微信公众平台发出原创声明功能的邀请，企业就可以在后台申请开通原创声明功能了。

第二阶段：企业在开通原创声明功能后，继续坚持一段时间的原创，等待微信后台发布赞赏功能的邀请，这时，企业就可以申请开通赞赏功能了。

需要特别说明的是，在微信公众号开通了赞赏功能之后，新媒体运营者还须在文章中另行设置才能使用赞赏功能。接下来，笔者就来对赞赏功能的设置步骤进行具体说明。

步骤 01　进入微信公众平台后台，在完成文章内容的编辑之后，单击下方的“声明原创”按钮，如图 8-33 所示。

图 8-33　单击“声明原创”按钮

步骤 02　操作完成后，进入“声明原创”界面。在该界面中❶打开“赞赏”功能；❷选择赞赏用户和文章类别；❸单击“确定”按钮，如图 8-34 所示。

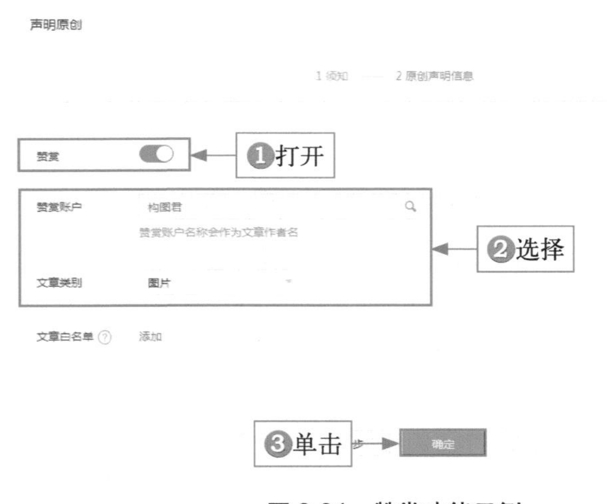

图 8-34　赞赏功能示例

步骤 03　完成操作后，返回微信公众号编辑界面，与此同时，显示“原创：已声明”，如图 8-35 所示。

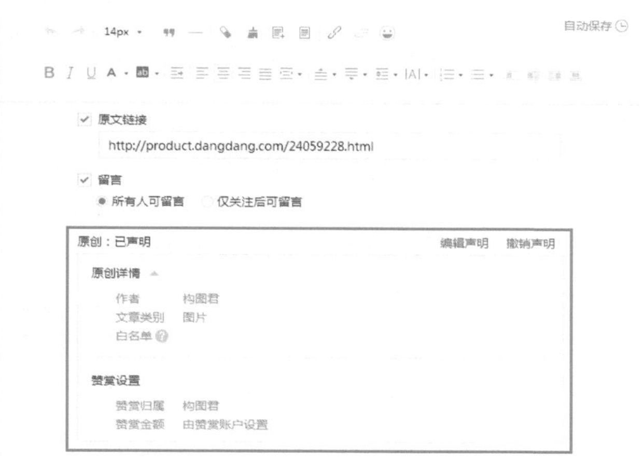

图 8-35 显示“原创：已声明”

步骤 04 执行操作后，用手机预览内容，如果出现如图 8-36 所示的“喜欢作者”板块，就说明赞赏功能设置成功了。

图 8-36 出现“喜欢作者”板块

8.2.5 收取会员费用

招收付费会员也是微信公众平台运营者变现的方法之一，最典型的例子就是“罗辑思维”微信公众号，罗辑思维推出的付费会员制如图 8-37 所示。

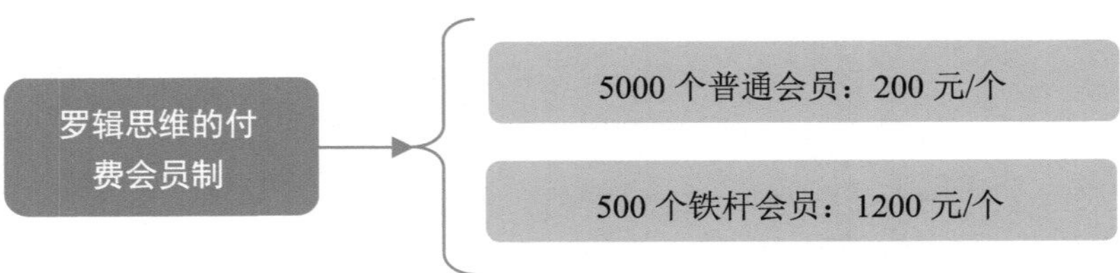

图 8-37　罗辑思维的付费会员制

普通会员是 200 元 / 人，而铁杆会员是 1200 元 / 人，这个看似不可思议的会员收费制度，其名额却在半天就售罄了。而且仅仅是借助这个会员制度，罗辑思维便获得了 160 万元的费用，该收入可以说是相当可观了。

专家提醒

罗辑思维为什么能够做到这么牛的地步，主要是罗辑思维运用了社群思维来运营微信公众平台，将一部分属性相同的人聚集在一起，就是一股强大的力量。

罗辑思维在初期的任务也主要是积累粉丝，他们通过各种各样的方式来吸引用户，如写作、开演讲、录视频和做播音等。

等粉丝达到了一定的量之后，罗辑思维便推出了招收收费会员制度，招收会员其实是为了设置更高的门槛，留下高忠诚度的粉丝，形成纯度更高、效率更高的有效互动圈，图 8-38 所示为罗辑思维微信公众平台的相关界面。

图 8-38　罗辑思维微信公众平台的相关界面

除了在自己的新媒体平台中设置会员制度外，还可以将自身的内容上传到其他平台的会员板块中。图 8-39、图 8-40 所示分别为蜻蜓 FM 的“会员畅听”界面和优酷的“VIP 会员”界面。如果新媒体运营者的内容列入其中，那么，只要受众点击查看，新媒体运营者便可以获得一定的收入。

图 8-39 蜻蜓 FM 的“会员畅听”界面

图 8-40 优酷的“VIP 会员”界面

8.2.6 开设在线课程

线上培训是一种非常有特色的新媒体运营者可以用来获得盈利的方式，也是一种效果比较可观的吸金方式。如微信运营者要开展线上培训，首先他必须在某一领域比较有实力和影响力，这样才能确保教给付费者的东西是有价值的。图 8-41 所示为部分新媒体文案专家在千聊平台中开设的课程。

图 8-41 部分新媒体文案专家在千聊平台中开设的课程

从图 8-41 中可以看到，新媒体方面的在线课程还是比较多的。如图 8-42 所示为某文案课程的相关界面，可以看到该课程的收听量已突破了 6 万次，获得的总收益达到数百万元。

图 8-42　某文案课程的相关界面

当然，课程开设之后，为了增强变现能力，新媒体运营者还可以适当地进行宣传。比如，“手机摄影构图大全”公众号中便对自身的课程进行了详细的介绍，甚至放置了课程二维码，如图 8-43 所示。

图 8-43　“手机摄影构图大全”公众号对课程的宣传界面

8.2.7　社群经济赋能

社群的范围比较广泛，大到一些协会，如手机摄影协会、互联网协会等；小到一些微信群，都可以成为社群。社群经济属于一种间接的内容变现模式，主要基于社交平台来运营优质内容，其流程如图 8-44 所示。

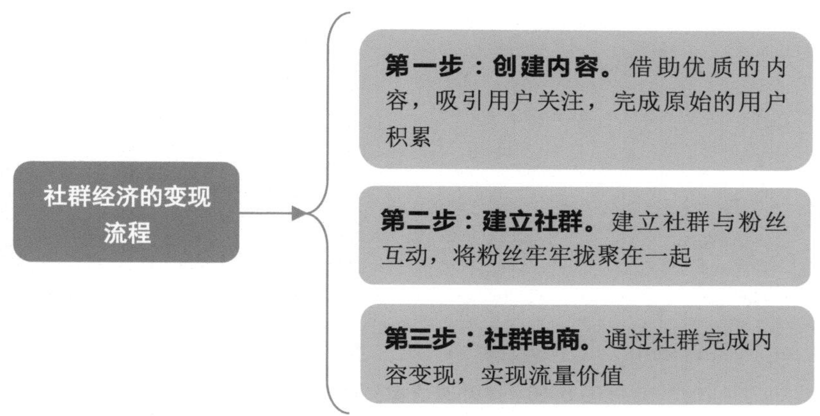

图 8-44　社群经济的变现流程

当然，社群经济并不是建一个微信群就可以实现盈利目标的，还需要对社群进行规划和运营，能够盈利的社群特征如图 8-45 所示。

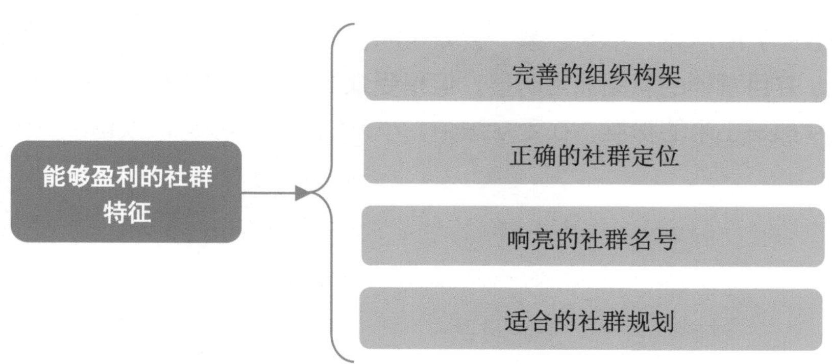

图 8-45　能够盈利的社群特征

将社群建立好并拥有一定的粉丝基础后，可以采用一种最直接的盈利模式，那就是会员收费。例如，很多大 IP 基于微信群建立了一个完整的社群体系，其他人要想加入共享其中的资源，则需要按月、按季或者按年来缴费。

另外，当社群形成一定规模后，新媒体运营者还可以通过文案推荐或销售一些垂直型的产品。图 8-46 所示为“小米之家”微信公众号，这里是“米粉”的交流聚集场所。

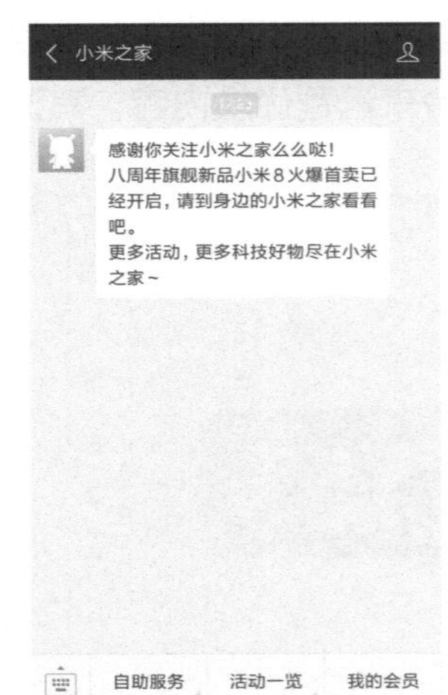

图 8-46 “小米之家”微信公众平台

“小米之家”实际上就是由小米公司创建的一个社群，而这个社群的主要成员则是小米的粉丝。正是因为“小米之家”公众号的性质，在该平台中聚集了大量小米粉丝。所以，当该公众号推出营销文案时，通常可以快速增加产品的销售量，加速产品的变现效率。

图 8-47 所示为“小米之家”公众号的营销文案，其实这只是一个比较寻常的文案，并且营销的意图非常明显，但是受众却不会对其产生反感，这主要就是因为受众都是小米的粉丝，在受众眼中，小米的一切都是可以获得加分提成的。

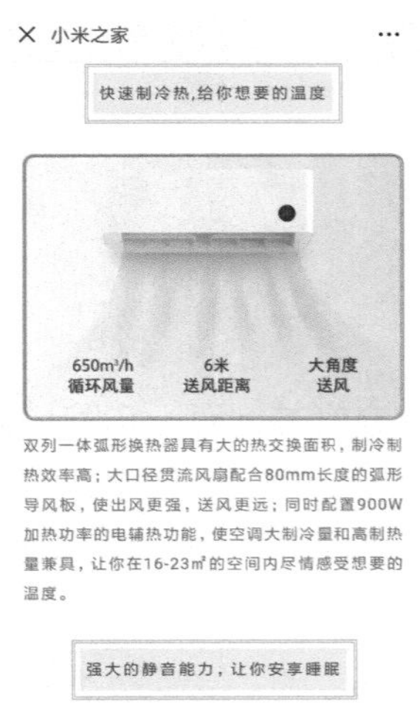

图 8-47 “小米之家”公众号的营销文案

专家提醒

社群经济这种内容变现模式的关键在于“凝聚力量”，即首先必须建立一个稳定的社群。因此，社群需要一个强大的组织者，同时还需要有内容来串联粉丝的共同价值观以及与粉丝进行互动，保持持续的影响力，不断落袋为安，进而围绕品牌或产品实现商业价值变现，才能成为真正的赢家。

8.2.8　图书出版变现

图书出版盈利法，主要是指微信公众平台在某一领域或行业经过一段时间的经营，拥有了一定的影响力或者有一定经验后，将自己的经验进行总结，然后进行图书出版以此获得收益的盈利模式。

微信公众平台采用出版图书这种方式去获得盈利，只要平台运营者本身有基础与实力，那么收益还是很乐观的，例如微信公众平台“手机摄影构图大全”“凯叔讲故事”等都曾采取这种方式去获得盈利，效果也比较可观。图 8-48 所示，为部分文案人出版的纸质图书封面。

图 8-48　部分文案人出版的纸质图书封面

图书出版后，新媒体运营者还可以通过一定的方式，加大图书宣传力度，增强图书的变现能力。以微信公众号平台为例，新媒体既可以借助“电影图书”功能，将购买链接插入文章中；也可以通过制作二维码购买链接图片的方式，开辟受众可以直达图书的购买渠道。

如图 8-49 所示为“手机摄影构图大全”公众号中某文章的部分内容，可以看到其便是通过二维码购买链接图片的方式，为受众提供购买渠道的。

× 手机摄影构图大全 …

想培养摄影眼和深度学习构图，推荐看看：**《摄影之眼的培养：摄影构图从入门到精通》。**

图 8-49 “手机摄影构图大全”公众号中某文章的部分内容

8.2.9 版权即收益

内容的核心是 IP，而 IP 在狭义上是指内容的知识产权（Intellectual Property），意指“权利人对其创造的智力劳动成果所享有的财产权利”。各种发明创造、艺术创作，乃至在商业中使用的名称、外观设计等，都可以被认为是权利人所拥有的知识产权。

如今，国内一些大型平台都采用了买断版权的内容变现战略，将特殊版权与强力 IP 相结合，以增加付费用户的数量，如腾讯视频、QQ 音乐、爱奇艺和蜻蜓 FM 等都喜欢用买断版权的方式来操作。

例如，2018 年暑假期间，湖南卫视播放的几部电视剧连续出现口碑和收视率的双低。而赵丽颖作为青年演员中比较有流量和演技的演员，其作品一直被业内看好。因此，为了挽回收视率，湖南卫视斥资 8 亿元买下了赵丽颖的新剧《知否知否应是绿肥红瘦》，图 8-50 所示为买断版权的相关资讯。

可能部分新媒体运营者看到这里会认为，要想让大型平台买下自己的文案版权，并不是一件容易的事。但是，大家需要明白的一点是，需求是由市场决定的，只要有足够的需求，文案内容成为买断内容也并非是一件不可能的事。

另外，退一步来说，即便运营者的文案内容没有被大型平台买断版权，只要内容足够优质，也可以通过有偿提供内容的方式获得一定的收益。

湖南卫视为了挽救这段时间收视率一直下降的情况，根据内部消息透露斥资8亿买断了由赵丽颖和冯绍峰主演的电视《知否知否应是红肥绿瘦》，大家都知道赵丽颖本人已经是成为了收视率的保证，由她出演的《花千骨》和《楚乔传》这些电视剧自从播出之后就收获了许多好评，赵丽颖的演技也得到了许多观众的肯定。

图 8-50　湖南卫视买断电视剧《知否知否应是绿肥红瘦》版权的相关资讯

8.2.10　促进周边销售

当一种事物成为 IP 时，其周边的产品便具有了更大的价值。对于新媒体运营者来说，IP 打造成功之后，可以通过两种方式促进周边销售，增强文案营销的变现能力。

1．平台的标签化

所谓平台的 IP 标签化，就是指打造具有代表性的新媒体平台，在用户心目中留下深刻印象。这一方面，做得比较好的有吴晓波的“吴晓波频道”小程序和得到商城的“知识礼物”小程序。

吴晓波借助经济学专家的身份，其“声音”在经济学行业内具有一定的权威，所以，其推出的“吴晓波频道”小程序的音频节目，受到了许多人的欢迎，图 8-51 所示为其小程序的相关界面。

而得到商城则更多的是因为其 CEO 罗振宇借助“罗辑思维”这个 IP 积累了大量人气，所以，即便其在“知识礼物”小程序中提供的只是一些虚拟产品——课程，也能让许多用户乐于掏钱购买，图 8-52 所示为“知识礼物”小程序的相关界面。

这两个新媒体平台之所以获得成功，总结起来就是因为“吴晓波频道”和“罗辑思维”都已经成为 IP，而对于这两个 IP 的粉丝来说，其推荐的产品就具有了极大的附加值。

因此，在平台中推出的一些周边产品就变成了粉丝们眼中的“香饽饽”，而这些周边产品的销量自然也就得到了保障。新媒体运营者要想让自己的平台具有如此号召力，首先需要通过文案营销获得足够的影响力，在受众心目中塑造起一个有分量的 IP。

图 8-51　“吴晓波频道”小程序相关界面

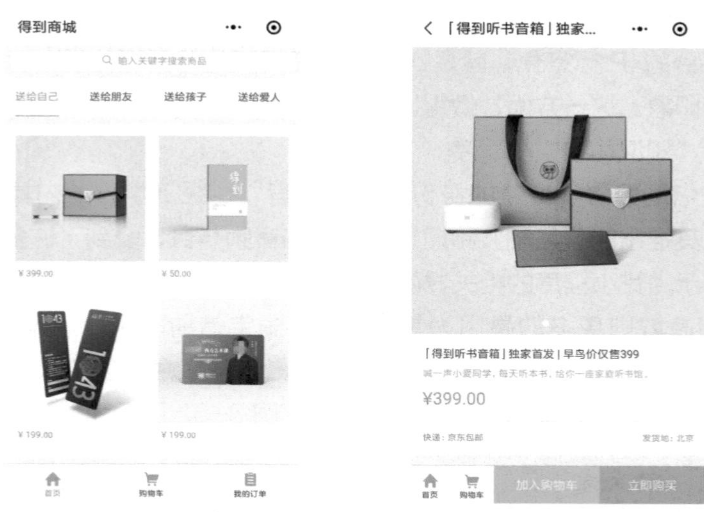

图 8-52　“知识礼物”小程序相关界面

2. 内容的标签化

内容的 IP 标签化，简单的理解就是选取具有影响力的内容，打造专栏，将内容的粉丝转化为平台的粉丝。然后将平台的流量转化成购买力，促进平台周边产品的销售。

比如，“京东”App 中有一个“京东到家”板块，该板块主打的就是附近的商品快送服务。所以，许多人要想快速买到某些商品，可能会选择该板块。再加上京东在周年庆典期间为该板块推出了营销文案，如图 8-53 所示，这便让更多受众将“京东到家”作为快速购物的一个渠道。

图 8-53 “京东到家”的营销文案

这看似只是将“京东到家”这个内容板块在受众心目中贴上了一个标签，实则会给整个京东平台带来不错的流量。虽然很多人可能起初只是冲着“京东到家”去的，但是，在进入“京东”的过程中，如果看到了想买的东西，或者突然想起有什么东西要买，很可能也会直接选择在京东购买。这样“京东到家”之外的商品的销量，自然也将会相应地提高。